CLV

Benedikt Peters

Geöffnete Siegel

Auslegung zur Offenbarung

CLV

Als Bibeltext wurde die unrevidierte Elberfelder Bibel verwendet.

1. überarbeitete Auflage (CLV) 2008
2. Auflage (CLV) 2011
3. Auflage (CLV) 2023

Ravensberger Bleiche 6 · 33649 Bielefeld
Internet: www.clv.de
(früher erschienen im Betanien Verlag bzw. im Schwengeler Verlag)

Umschlaggestaltung: Lucian Binder, Marienheide
Satz: CLV
Druck und Bindung: ARKA, Cieszyn, Polen

Artikel-Nr. 256203
ISBN 978-3-86699-203-0

Meiner lieben Helene

Inhalt

Ein Wort zur Neuauflage

Ich schrieb das vorliegende Buch vor über zehn Jahren. Es ist vielen zum Segen geworden. Das hat mich überrascht, und dafür will ich dem Herrn danken. Ich habe keine der darin gegebenen Erörterungen zum endzeitlichen Geschehen zurücknehmen müssen. Das ist mir Ursache zu besonderem Dank an den Herrn und Lehrer der Gemeinde. Zu fast jedem Kapitel habe ich Ergänzungen geschrieben; am wenigsten zu den sieben Sendschreiben. Ich habe die Sprache ein wenig geglättet, Sachliches habe ich fast nichts ändern müssen. Aber eine Sache habe ich sehr bewusst ausführlicher und eindringlicher dargestellt: die Souveränität Gottes in Seinem Walten über der Welt und in der Errettung von Sündern. Je mehr ich in den vergangenen Jahren über Gottes Heilsplan nachgedacht habe, desto klarer ist mein Blick geworden für die Alleinursächlichkeit Gottes in der ganzen Heilsveranstaltung. Ich fand, das müsse seinen Niederschlag finden in der vorliegenden Neuauflage.

Benedikt Peters, Arbon am Bodensee im Dezember 2001

Einleitung

Eine Gabe Gottes

Etwas vom Größten, was Gott dem Menschen mit der Bibel geschenkt hat, ist die zuverlässige Enthüllung zweier Dinge, die dieser nicht anders als durch Offenbarung wissen kann; denn niemand als der Ewige, der über Zeit und Raum erhaben ist, kann dem Geschöpf sagen, welches sein Anfang und welches sein Ende ist. Im ersten Buch der Bibel werden wir über unsere *Herkunft*, im letzten Buch der Bibel über unsere *Zukunft* unterrichtet.

Halten wir einen Augenblick inne und bedenken wir, wie reich uns solches Wissen macht:

Erstens kann nur ein Wissen um unsere Herkunft Licht in die rätselhaften Bedingungen menschlicher Existenz bringen. Woher kommt es, dass wir einerseits Sinn für das Schöne, das Gute und das Wahre haben, uns an Harmonie in Farbe, Form und Klang erfreuen, andererseits aber so widerliche Züge wie Lüge, Neid, Hass und Gier besitzen? Und woher kommt denn Leid? Warum tun Dinge weh? In den ersten drei Kapiteln der Bibel gibt uns Gott auf diese sonst unlösbaren Fragen Antwort.

Wenn das Wissen um die Herkunft erklärt, *woher* menschliches Leid rührt, dann sagt uns ein Wissen um die Zukunft, *wozu* alles Leid dient; denn der Gang des Menschengeschlechts durch die Jahrtausende hat ein Ziel. Und diesem Ziel dient alles, auch Leidvolles, was der Einzelne in den flüchtigen Jahren individuellen und was die Menschheitsfamilie in den Millennien gemeinschaftlichen Daseins durchmacht. Kurz und gut: Unser Leben wird erst dann sinnvoll, wenn wir wissen, woher wir kommen und wohin wir gehen.

Drittens lehrt uns das Wissen um Woher und Wohin, wie wir unseren persönlichen Weg durch die verwirrend komplexe Welt der Erscheinungen, Mächte, Kräfte und Ideen zum Ziel der Zeit finden können.

Was uns das prophetische Wort gibt, hat uns der alte Apostel Petrus kurz vor seinem Heimgang gesagt: »*So besitzen wir das prophetische Wort befestigter, auf welches zu achten ihr wohl tut, als auf eine Lampe, welche an einem dunklen Ort leuchtet, bis der Tag anbricht und der Morgenstern aufgeht in euren Herzen*« (2Petr 1,19).

Der Titel des Buches

Wie in so vielen Fällen nennen wir das ganze Buch nach dem ersten Satz oder nach dem ersten Wort desselben. Wir haben es hier mit der *Offenbarung Jesu Christi* zu tun. Das bedeutet zweierlei, je nachdem, wie man den Wesfall deutet: Offenbarung, die Jesus Christus offenbart. Er ist dann *Gegenstand* der Offenbarung. Oder aber: Offenbarung, die von Jesus Christus stammt. Er ist dann *Urheber* der Offenbarung. Natürlich stimmt beides. Jesus Christus ist das ewige Wort. Alle und jede Offenbarung an den Menschen geht daher von Ihm aus. Das sagt uns auch der erste Vers des Buches: »Offenbarung Jesu Christi, welche Gott ihm gab, seinen Knechten zu zeigen, was bald geschehen muss …« Es ist also die Enthüllung, die der Herr Jesus dem Menschen zeigt. Macht das uns beim Lesen des Buches nicht zuversichtlich? Er hat es uns gegeben, weil Er uns Seine Absichten zeigen will. Und wenn Er will, dass wir sie erkennen und verstehen, dann dürfen wir Ihm doch wohl vertrauen, dass Er uns Verständnis schenkt. Das Problem ist meist, dass wir Ihm zu wenig vertrauen, auch hierin.

Aber Er ist auch Gegenstand aller Offenbarung. Und wir wollen dieses Buch auch so lesen. Wir wollen in *erster Linie* den Sohn Gottes selbst darin erkennen, Ihn in Seiner beharrlichen Liebe und Treue zu den Erlösten, Ihn in Seiner Heiligkeit und unbeugsamen Majestät gegenüber aller Gottlosigkeit des Menschen; wir wollen Ihn als den Schöpfer und als den Erlöser sehen, der deshalb kommt, um eines Tages über Seine Schöpfung zu regieren; und als den Ewigen, der im Anfang war, der ist und der sein wird, und den Allmächtigen. Wir wollen Ihn als das geschlachtete Lamm sehen, das uns erst das Herz aller göttlichen Regierung aufdeckt.

Was will uns Gott mit diesem Buch sagen?

Kann es ein Zufall sein, dass alle Mitteilungen an den alten Apostel Johannes mit einer Schau des Menschensohnes selbst beginnen? Ist es nicht so, dass wir auch dieses Buch umso besser verstehen, je inniger wir zuvor Jesus Christus selbst erkannt haben? Wenn auch wir danach trachten, in all diesen Weissagungen Ihn zu erkennen, dann werden wir sicher nicht irren, selbst wenn wir manches Detail nicht verstehen und im Ablauf der prophetischen Ereignisse korrekt einzuordnen vermögen; suchen wir hingegen in den Prophezeiungen lediglich unsere Neugierde zu befriedigen, wollen wir nichts als aufregende Enthüllungen über zukünftige politische, militärische und wirtschaftliche Geschehnisse, werden wir ganz gewiss in die Irre laufen, wir werden dann am Sinn des Buches vorbeigehen. Gott hat es uns nicht gegeben, um menschliche Neugierde oder Lust an Spekulation zu befriedigen.

Warum enthüllt uns Gott denn die Zukunft?

Warum uns Gott das Ziel aller Dinge geoffenbart hat, das wurde in der Einleitung bereits gesagt. Es bleibt aber die Frage: Warum zeigt uns der Herr Ereignisse auf dem Weg zu diesem Ziel, die den allergrößten Teil der Erlösten nicht direkt betreffen, weil sie einmal längst nicht mehr leben oder vorher in den Himmel aufgenommen worden sind (1Thes 4,16.17; Phil 3,20.21)?

Gott enthüllt uns die kommenden Gerichte, die über eine gottlose Menschheit hereinbrechen werden, *um uns zu erziehen*. Er will uns lehren, in dieser Welt nach Seinen Gedanken zu leben. Dazu ist auch eine Kenntnis des wahren Wesens der Welt – sie ist götzendienerisch und rebellisch (Offb 9,20.21; 16,9) – wie auch des Endes dieser Welt nötig.

Das Buch der Offenbarung zeigt, dass Gottes gerechter Zorn die Welt treffen wird, weil ihr Wesen Gott so vollkommen entgegengesetzt ist. Daher kann ich als Erlöster nicht mit diesem System sympathisieren oder, schlimmer noch, paktieren. Tue ich es doch, verrate ich meinen Erlöser, der sich für uns dahingegeben hat, »damit er uns herausnehme aus dem gegenwärtigen bösen Zeitlauf« (Gal 1,4). Das Buch der Offenbarung zeigt mir, dass die Welt, angeführt vom Fürsten dieser Welt, »Krieg führt mit dem Lamm« (Offb 17,14). Die Welt hasst den Sohn Gottes (Joh 15,9) und sie hasst alles, was an Ihn erinnert, und das sind besonders die an Ihn Glaubenden (Offb 12,17; 18,24). Und so wird die Welt nicht etwa erst während der sogenannten »Drangsalszeit« sein; nein, sie ist jetzt schon so. Daher will ich hier und jetzt *in Absonderung von* aller Eitelkeit, allem Götzendienst und aller Selbstgefälligkeit der Welt leben und stattdessen in entschlossener *Hingabe dem Sohn Gottes* nachfolgen.

Kenntnis über die fortschreitende Degenerierung der menschlichen Zivilisation, bis sie endlich von Gott weggefegt werden muss, will mich auch rechtschaffen nüchtern machen, will mich befreien von allen naiven Utopien von Weltverbesserern. Um es noch deutlicher zu sagen: *Der Christ hat keinen Auftrag, die Welt zu verbessern.* Seine Aufgabe ist es, durch ein Leben und Lehren der Wahrheit des Evangeliums, Menschen für Jesus Christus und damit für die ewige Herrlichkeit, für die zukünftige Welt zu gewinnen. Das Buch der Offenbarung will uns also davor bewahren, unsere Zeit und unsere Energie am falschen Ort und für das falsche Ziel einzusetzen.

Das Thema des Buches

Das Thema des letzten Buches der Bibel ist das Kommen Jesu Christi, des Messias Israels, des Schöpfers und Retters der Welt. Er kommt, um Sein lange verheißenes Reich aufzurichten (Dan 7,13.14; Jes 11,1-10; Ps 96-100).

Er hat alles erschaffen und hat daher als Schöpfer Anrecht auf den Dienst aller Seiner Geschöpfe (Kapitel 4), und Er ist darüber hinaus der Erlöser, der deshalb ein doppeltes Besitzrecht auf den Menschen hat (Kapitel 5). Weil nun der Mensch – vom Widersacher Gottes angestiftet und angeführt – sich diesem Verfügungsrecht widersetzt, muss ihn sein Schöpfer richten; und weil er den Erlöser schmäht, trifft ihn dessen, nämlich des Lammes Zorn

(6,16). Das ist der Grund, weshalb in diesem Buch Gerichte einen so breiten Raum einnehmen. Das Ziel und das Ende aller Gerichte ist aber eine herrliche Zukunft, in der das Böse auf immer gerichtet ist und eine erlöste Menschheit die Herrlichkeit des Erlösers selbst teilt (21,11).

Das Buch ist »Offenbarung« oder »Enthüllung«. Es enthüllt uns neben dem Sohn Gottes auch die im Verborgenen wirkenden Mächte und Kräfte, die das Tun des Menschen treiben und lenken. Es zeigt, dass der Mensch, anstatt von Gott geführt, von Satan verführt wird, und dass er, anstatt Gott ähnlich, dem Verführer gleich wird. Nicht Wahrheit und Liebe, sondern Lüge und Hass kennzeichnen ihn (Joh 8,44). Ein wahrhaft erschütterndes Bild!

So zeigt uns dieses Buch, dass der Mensch sich nicht emporentwickelt, immer zivilisierter und humaner wird; das Gegenteil ist der Fall. Er degeneriert zusehends, wird immer barbarischer, um am Ende mehr bestialisch denn menschlich zu sein: Die Menschheit bewundert einen Mächtigen, der ein Tier ist (Offb 13,4).

Enthüllt uns dieses Buch den gefallenen, dann auch den erlösten Menschen; und offenbart es das Ende des Sünders, dann auch das Ziel des Heiligen. Wird der Sünder am Ende dem Tier gleichen, dann sehen wir am Ende den Erlösten seinem Herrn vollkommen gleich sein.

Schließlich: Die Offenbarung ist das große Trostbuch des Neuen Testaments. Wir sehen in ihm, wie der ewige Gott über allem waltet; wie Er alles lenkt, auch den Bösen und das Böse; wie Er gegen den Widerstand Seiner Feinde und trotz Versagen Seiner Erwählten Seinen Heilsrat erfüllt. Unser Herr und Retter ist der Allmächtige, der alle Fäden in der Hand hält und der vor allem uns in Seiner Hand hält. Sein Rat kann nicht fehlschlagen; keiner Seiner Erwählten kann umkommen.

Eine Einteilung

In Kapitel 1,19 sagt der Herr dem Apostel Johannes: »Schreibe nun, was du gesehen hast, und was ist, und was geschehen wird nach diesem.« Genau das hat Johannes mit dem Buch der Offenbarung getan. Es lässt sich entsprechend in die drei Hauptteile gliedern:

I. »Was du gesehen hast« – Kapitel 1
II. »Was ist« – Kapitel 2 und 3
III. »Was sein wird nach diesem« – Kapitel 4-22.

Man kann das ganze Buch dann wie folgt einteilen:

1. Einleitung: 1,1-8
2. »Was du gesehen hast«:
   Die Erscheinung des Menschensohnes: 1,9-20
3. »Was ist«:
   Die Sendschreiben an die sieben Gemeinden: 2,1 - 3,22
4. »Was sein wird nach diesem«:
   Von der Entrückung der Gemeinde bis zum Offenbarwerden des Königs der Könige: 4,1 - 22,5
5. Schlusswort: 22,6-21

Ich biete hier noch eine ausführlichere Inhaltsangabe:

Kap. 1,1-8: Geber, Empfänger, Ziel und Verheißung der Offenbarung

1. Kap. 1,9-20: Gegenstand der Offenbarung:
   Der Menschensohn, Richter und Herrscher aller Enden
   - Erbarmen inmitten des Zornes: 1,17.18

2. Kap. 2-3: Das Gericht muss beginnen am Hause Gottes
   - Erbarmen inmitten des Zornes: 2,7.17.26; 3,5.10-12.21

3. Kap. 4-5: Schöpfung und Erlösung, die Grundlage der gerechten Gerichte Gottes
   - Erbarmen inmitten des Zornes: 4,4; 5,9.10

4. Kap. 6-16: Siegel, Posaunen und Schalen: Der Menschensohn richtet Israel und die Nationen und rettet einen Überrest aus Israel und den Nationen
    - Erbarmen inmitten des Zornes: 7; 10; 14,1-5; 15,1-4

5. Kap. 17-18: Glanz und Gericht der großen Hure
    - Erbarmen inmitten des Zornes: 18,4

6. Kap. 19-20: Gericht der Lebenden und Toten
    - Erbarmen inmitten des Zornes: 19,6-10; 20,4-6

7. Kap. 21,1-8: Der neue Himmel und die neue Erde

8. Kap. 21,9 - 22,5: Die Herrlichkeit der Braut des Lammes

Kap. 22,6-21: Geber, Empfänger, Verheißung und Warnung der Offenbarung

Kapitel 1,1-8: Der Anfänger und Vollender aller Dinge

Dieses erste Kapitel legt den Grund zum ganzen Buch. In ihm wird alles vorweggenommen, was nachher ausführlicher erörtert wird. Das Kapitel lässt sich in sechs Teile gliedern:

1.	Göttliche Offenbarung und Notwendigkeit	1,1.2
2.	Verheißung des Buches	1,3
3.	Gnade und Lobpreis	1,4-6
4	Wehklage, Umkehr oder Gericht	1,7.8
5.	Anfeindung und Beistand	1,9-11
6.	Der Menschensohn, Herrscher und Richter aller	1,12-20

Johannes beginnt mit der Herkunft der Offenbarung und findet darin einen ausreichenden Grund dafür, dass alles in ihr Gesagte sich mit Notwendigkeit erfüllen muss (V. 1-2). Darum kann nur der glückselig heißen, der die Worte der Weissagung hört und bewahrt (V. 3). In den Versen 4 bis 8 fasst der Prophet die ganze Heilsgeschichte zusammen: Alles geht vom ewigen Gott, vom Gott aller Gnade aus; die ganze Heilsgeschichte verwirklicht sich durch den Sohn, der mit Seinem Blut Erlösung gewirkt hat und einst erscheinen und alle niederwerfen wird, die nicht an Ihn geglaubt haben. Wer an dieser Botschaft festhält und sie in dieser Welt verbreitet, muss von dieser Welt verfolgt werden (V. 9).

Göttliche Offenbarung und Notwendigkeit (1,1.2)

»Offenbarung Jesu Christi, die Gott ihm gab, um seinen Knechten zu zeigen, was bald geschehen muss; und durch seinen Engel sendend hat er es seinem Knecht Johannes gezeigt, der bezeugt hat das Wort Gottes und das Zeugnis Jesu Christi, alles, was er sah.«

Dieses Buch ist eine Offenbarung, die Gott Seinem Sohn gab. Es ist eine Gabe des Vaters an Seinen Sohn. Das sagt uns etwas aus über ihren Wert und über ihre Gewissheit.

Jesus Christus zeigt Seine Offenbarung »seinen Knechten«, solchen also, die Ihm dienen, nicht solchen, die sich selbst suchen. Und ist nicht genau das allzu oft gerade im Zusammenhang mit der Offenbarung geschehen? Einige wollen mit originell sein wollenden »neuen Einsichten« Aufmerksamkeit erregen und sich eine Gefolgschaft sichern; andere suchen lediglich ihren Hang zu Spekulation und Gedankenspielerei zu befriedigen. Wer nicht dem Sohn Gottes und damit auch den Kindern Gottes dienen will und damit in der einen oder anderen Form sich selbst sucht, wird den eigentlichen Sinn auch dieses biblischen Buches nicht verstehen.

Sodann gab Jesus Christus Seinen Knechten dieses Wort, damit sie, gleich Johannes, »das Wort Gottes und das Zeugnis Jesu Christi« bezeugen. Gott hat uns nie Sein Wort gegeben, damit wir uns bloß privat daran ergötzen, sondern damit wir das, was Er uns anvertraut, bezeugen, *den Glaubensgeschwistern zum Segen und Ungläubigen zum Heil*. Vergessen wir diese beiden Voraussetzungen nicht zum Verständnis dieses wie auch jedes anderen biblischen Buches.

Und überlesen wir nicht dieses kostbare »muss«! Die Offenbarung ist das Buch der Vollendung der Wege Gottes mit dem Menschen. Alles, was Gott sich vorgesetzt und verheißen hat, vollendet Er. Es geschieht mit Notwendigkeit. Nichts und niemand kann das verhindern: weder die Torheit noch der Unglaube des Menschen, auch nicht die List und die Bosheit des Teufels. Hier stehen lauter Dinge geschrieben, die geschehen müssen (siehe auch 4,1). Das ist ein seliges Wissen.

Die Verheißung des Buches (1,3)

»Glückselig, der da liest und die da hören die Worte der Weissagung und bewahren, was in ihr geschrieben ist; denn die Zeit ist nahe.«

»Glückselig« ist, wer die Worte dieses Buches hört und bewahrt. Die Verheißung lässt uns an die Tragödie im Garten Eden denken. Dort hatte der Mensch Gottes Wort für nichts geachtet, hatte der Lüge der Schlange geglaubt und war so unter den Fluch gekommen. Heil und damit Glückseligkeit kann für den Menschen nicht anders kommen, als dass er die Sünde seines Ungehorsams und Unglaubens bekennt und beginnt, auf Gottes Wort zu hören. Das Wort »glückselig« kommt siebenmal vor in unserem Buch; außer hier noch in 14,13; 16,15; 19,9; 20,6; 22,7.14. Die letzte Stelle erinnert uns daran, dass es diesen Wandel von Fluch zu Glückseligkeit nur deshalb geben kann, weil ein Unschuldiger für uns zum Fluch wurde (Gal 3,13) und uns in Seinem Blut von unseren Sünden reinwusch (siehe auch Offb 1,5). Das ist aber nichts als Gnade.

Gehen wir in Gedanken noch einmal zurück ins Paradies: Der Mensch war von Gott unter die Bedingung gestellt worden, Ihm zu gehorchen, wollte er das Leben nicht verlieren (1Mo 2,17). Er vermochte der Verantwortung nicht zu genügen. In Jesus Christus wird dem Glaubenden das Leben geschenkt, und zwar so, dass er es anders als Adam nie mehr verlieren kann; denn der Sohn Gottes übernimmt als der »Bürge eines besseren Bundes« (Hebr 7,22) letztlich die Verantwortung für die Bewahrung der Seinen. So macht die Gnade Gottes alles auf ewig fest (Röm 11,29). Wahrlich, glückselig, wer Sein Wort hört und dem glaubt, der Ihn gesandt hat, denn der hat ewiges Leben und kommt nie ins Gericht, sondern *ist vom Tod zum Leben hinübergegangen* (Joh 5,24).

Gnade und Lobpreis (1,4-6)

»Johannes den sieben Versammlungen, die in Asien sind: Gnade euch und Friede von dem, der da ist und der da war und der da kommt, und von den sieben Geistern, die vor seinem Thron sind, und von Jesus Christus, welcher der treue Zeuge ist, der Erstgeborene der Toten und der Fürst der Könige der Erde!«

Der ewige Gott, »die sieben Geister Gottes« und Jesus Christus, d.h. der dreieinige Gott, gewährt dem Glaubenden *Gnade*, und weil Er sie gewährt, ist das Ergebnis *Friede*. Anders kann es keinen Frieden geben, aber so: Wie groß, wie gewiss der Friede!

Nur im Buch der Offenbarung wird der Geist Gottes »die sieben Geister Gottes« genannt. Die zahl sieben, die in diesem Buch so häufig vorkommt, steht für Vollständigkeit und Vollkommenheit. Der Ausdruck umschreibt das Wirken des Heiligen Geistes in Seiner ganzen Fülle und Vollkommenheit. Es heißt, dass diese sieben Geister Gottes »vor seinem Thron« sind. Was bedeutet das? Alles Wirken des Heiligen Geistes in der Welt und in den Herzen der Gläubigen hat dieses eine hohe Ziel: uns vor Gottes Thron zu führen und uns dem zu unterwerfen, der auf dem Thron sitzt. Kein Mensch will von Natur aus und kein Mensch kann von sich aus Gott gehorchen. Die Kraft des Heiligen Geistes neigt unsere Herzen Gott zu und macht uns gehorsam.

Von Jesus Christus wird gesagt, dass Er der »treue Zeuge« ist: Zum Heil (Joh 5,24) wie zum Gericht (Joh 12,48) wird Er alles erfüllen, was Sein Wort je gesagt hat. Für die Gewissheit Seiner Worte bürgt Seine Auferstehung. Als Er als »der Erstgeborene der Toten« auferstand, bewies Er, dass Er »den Tod zunichtegemacht und Leben und Unverweslichkeit ans Licht gebracht« (2Tim 1,10) hatte, bewies Er, dass keines Seiner Worte »auf die Erde gefallen« (1Sam 3,19) war. Das ganze vorliegende Buch will gewiss dieses eine bewusst machen: Gottes Worte gehen in Erfüllung. Keine Verheißung, keine Gerichtsandrohung ist je ein leeres Wort gewesen. Am Ende wird der »treue Zeuge« sagen können: »Es ist geschehen« (Offb 21,6).

»Dem, der uns liebt und uns von unseren Sünden gewaschen hat in seinem Blut und uns gemacht hat zu einem Königtum, zu Priestern seinem Gott und Vater: Ihm sei die Herrlichkeit und die Macht von Ewigkeit zu Ewigkeit! Amen.«

Johannes unterbricht hier seine Gedanken und bricht in Anbetung aus, wie es auch ein Paulus in Römer 11,33-36 tut. Er konnte nicht anders. Dass der Herr »der treue Zeuge« ist, bewies auch Sein Kreuzestod. Dort erfüllte Er Sein unumstößliches Wort: »Des Tages du davon issest, wirst du gewisslich sterben« (1Mo 2,17). Den Lohn der Sünde, den Tod, nahm der Schöpfer des Menschen für Seine Geschöpfe selbst auf sich. Er trug unsere Sünde, Er wusch uns in Seinem Blut rein, rein vor einem unbestechlichen Richter, der Sünde in Seiner Gegenwart nicht dulden kann. Und nicht genug damit, dass Er uns reinigte: Er, der als »Fürst der Könige der Erde« einst über die ganze Schöpfung herrschen wird, lässt uns an Seiner Herrschaft teilhaben: Wir werden ein »Königtum« genannt. Und wir heißen »Priester«. Was ist ein Priester? Ein Priester ist jemand, der in Gottes Gegenwart treten darf und kann. Das ist ein ungeheures Vorrecht. Ein höheres gibt es nicht. Wir sind berufen, vor Gott zu treten und Ihn anzubeten. Dazu hat Er uns ehemalige Empörer und Gotteslästerer erlöst (1Petr 2,3-5).

Wehklage, Umkehr oder Gericht (1,7.8)

»Siehe, er kommt mit den Wolken, und jedes Auge wird ihn sehen, auch die ihn durchstochen haben, und wehklagen werden seinetwegen alle Geschlechter der Erde. Ja, Amen.«

Das Wissen um Sein Kommen ist den Erlösten Grund zur Freude und Anbetung, wie eben sichtbar wurde; den Ungläubigen wird es ein Tag des Schreckens sein. Die »sieben Geister Gottes« (V. 4) sind »über die ganze Erde gesandt« (5,6) und geben Zeugnis von der Sünde des Sünders und vom Heil des Sünderheilands. Wohl dem, der diesem Zeugnis gefolgt ist und an den Sohn Gottes geglaubt und sich Ihm unterworfen hat. Wehe dem, der sich diesem Zeugnis widersetzt hat. Den wird der Sohn Gottes bei Seinem Erscheinen im Zorn und mit Macht unterwerfen. Das Wort »wehklagen« kommt in Kap. 18 wieder vor. Dort steht es für das Entsetzen und den Schmerz, den der Sturz Babylons, der großen Stadt, bei allen auslösen wird, die an ihr reich geworden waren (18,9). Mit einem Male wird ein jedes Auge Ihn sehen. Für den sündigen Menschen ist das ein unerträglicher Anblick. Aber Er wird kommen, »Ja, Amen.« Amen ist Hebräisch und bedeutet »gewiss; fest«. Man könnte auch sagen: »So ist es.«

Nun kann man das griechische Wort *gê*, »Erde«, auch mit »Land« wiedergeben, und statt »Geschlechter« müsste man eigentlich »Stämme« (*phylai*) übersetzen. Dann lautet der Satz: »Wehklagen werden seinetwegen alle Stämme des Landes.« Das erinnert uns an Sach 12,10. Die Stämme Israels werden dann ihren Messias erkennen und leidtragen über ihre Sünde, dass sie Ihn bei Seinem ersten Kommen verwarfen.

»Ich bin das Alpha und das Omega, spricht der Herr, Gott, der da ist und der da war und der da kommt, der Allmächtige.«

Jesus Christus ist der große »Ich bin«, dem wir im Johannesevangelium so oft begegnen. Er ist das Alpha und das Omega, der erste und der letzte Buchstabe des griechischen Alphabets. Er ist also »der Erste und der Letzte« (1,17). Die Buchstaben des Alphabets bedeuten natürlich auch, dass er »das Wort Gottes« (Joh 1,1; Offb 19,13) ist. Gleichzeitig ist Er »Gott, der Herr«, das ist der im Alten Testament geoffenbarte Jahwe Elohim. Er ist »der da ist und der da war«, der ewig Seiende. Das ist eine neutestamentliche Wiedergabe Seiner Selbstoffenbarung an Mose im Dornbusch: »Ich bin, der ich bin – ich werde sein, der ich sein werde« (2Mo 3,14). Und Er ist der Kommende, das ist der von den Juden erwartete Messias (vgl. Mt 11,3; Joh 4,25). Und schließlich ist Er der Allmächtige.

Es ist dieses eines der eindrücklichsten Bekenntnisse zur Gottheit Jesu Christi im ganzen Neuen Testament. (Man vergleiche auch 22,13.) Darum beten wir Ihn an und fallen gleich einem Thomas vor Ihm nieder und bekennen: »Mein Herr und mein Gott!« (Joh 20,28).

Beide Titel, »das Alpha und das Omega« und »der da ist und der da war und der da kommt«, sind für die Offenbarung charakteristisch. Sie finden sich nur in diesem Buch (siehe auch 1,17.18; 2,8; 3,14; 4,8; 11,17; 22,13), in dem uns gezeigt werden soll, wie Gott, der im Anfang war, am Ende alles vollenden wird. Er ist der Ewige, der immer war: Mit ihm beginnt alles. Er ist der Kommende: Er wird alles zum Abschluss bringen. Er ist der immer Seiende: Er ist es, der beständig alles wirkt. Alles ist von Ihm; alles geschieht durch Ihn; alles führt darum zu Ihm (Röm 11,36).

Auch der Titel »der Allmächtige«, *pantokratôr*, eigentlich »Allherrscher«, ist für das Buch der Offenbarung charakteristisch. Er kommt hier sieben Mal vor (1,8; 4,8; 11,17; 15,3; 16,7; 19,6; 21,22), im Neuen Testament sonst nur noch in 2Kor 6,18.

Teil I: »Was du gesehen hast« Kapitel 1,9-20

Anfeindung und Beistand (1,9-11)

»Ich, Johannes, euer Bruder und Mitgenosse in der Drangsal und dem Königtum und dem Ausharren in Jesus, war auf der Insel, genannt Patmos, um des Wortes Gottes und des Zeugnisses Jesu willen. Ich war an des Herrn Tag im Geist, und ich hörte hinter mir eine laute Stimme, wie die einer Posaune, die sprach: Was du siehst, schreibe in ein Buch und sende es den sieben Gemeinden: nach Ephesus und nach Smyrna und nach Pergamus und nach Thyatira und nach Sardes und nach Philadelphia und nach Laodicäa.«

Das Schicksal des Johannes ist beispielhaft: Wer am Königtum teilhat, muss zuerst »ausharren in Jesus« (Kol 1,11; Hebr 12,1; Offb 2,2.3.19; 3,10; 13,10; 14,12). Wir müssen, wie Paulus sagt, »durch viele Trübsale hindurch in das Reich Gottes eingehen« (Apg 14,22; 1Thes 3,3.4). Und was ist der Anlass zu den Trübsalen? Was war der Anlass zur Verbannung auf die Insel Patmos? Das Festhalten am Wort Gottes und das Bekenntnis zu Jesus Christus. Johannes hat bis heute viele treue Nachfolger gehabt, die mit ihm und mit Paulus erlebten: »Wer gottselig leben will in Christus Jesus, wird verfolgt werden« (2Tim 3,12). Die Welt hat sich seit den Tagen Jesu und der Apostel nicht verändert, und Er hat uns gesagt: »Wenn ihr von der Welt wäret, würde die Welt das Ihrige lieben; weil ihr aber nicht von der Welt seid, sondern ich euch aus der Welt auserwählt habe, darum hasst euch die Welt« (Joh 15,19). Das Wort Gottes ist auch heute der Welt anstößig, das Zeugnis Jesu Christi ist ihr ein Gräuel. Warum? Weil es, bevor es ihr Gnade und Vergebung verheißt, ihre Eitelkeit bloßstellt und ihre Sünde verurteilt. Darum muss die Welt diese Botschaft hassen, und das heißt, dass sie ihre Boten hasst. Glaubten wir dem Herrn, dann würden wir uns freuen, wenn die Welt uns hasst und schmäht (Mt 5,11.12; Apg 5,41).

Denken wir gerade an die besondere Botschaft dieses Buches: Es bezeugt, dass die Bosheit der Menschen zunimmt, dass die Zivilisation zusehends degeneriert, dass sie sich nicht verbessern und nicht retten lässt, sondern vielmehr im göttlichen Gericht untergehen muss. Das hört man heute gar nicht gern. Wer das offen ausspricht, wird gehasst, gehöhnt, mit Worten gegeißelt, als Defätist und Weltflüchtiger verschrien. Ich befürchte, das ist der Grund, warum immer mehr »Evangelikale« oder »Bibelgläubige« oder wie immer sie sich nennen diese besondere Wahrheit verwässern und ganz langsam das Schwergewicht auf Mitmenschlichkeit und Geselligkeit verlagern. Der uralte Götzendienst, der aus dem Geschöpf mehr macht als aus dem Schöpfer, zieht ein. Bewahrung der Schöpfung droht mancherorts wichtiger zu werden als Buße vor dem Schöpfer und irdischer Friede wichtiger als Frieden mit Gott (Röm 5,1).

In noch einer Hinsicht ist Johannes beispielhaft, und das ist besonders kostbar: Da er seiner Überzeugungen wegen von den Menschen verstoßen wird, begegnet ihm der Herr in außergewöhnlicher Weise. Als der ehemals Blinde vor den Juden seinen Glauben an den, der ihn sehend gemacht hatte, nicht verleugnen konnte, stieß man ihn aus der Synagoge: »Und sie warfen ihn hinaus« (Joh 9,34). Aber der Herr wusste darum und suchte ihn deshalb auf: »Jesus hörte, dass sie ihn hinausgeworfen hatten; und als er ihn fand, sprach er zu ihm …« (9,35).

Als Ausgesetzter empfängt Johannes die Offenbarung. Wie muss ihn das ergriffen haben! Und welch ein Trost ist er und ist sein Buch in allen nachfolgenden Jahrhunderten verfolgten und gejagten Christen gewesen!

»An des Herrn Tag«, das ist der erste Tag der Woche, der Tag der Auferstehung des Herrn. Im Griechischen steht wörtlich: »der *dem Herrn gehörige* Tag«. Das Wort *kyriakos* kommt im Neuen Testament nur noch in 1. Korinther 11,20 vor: »das dem Herrn gehörige Mahl«. Der dem Herrn gehörige Tag ist der erste Tag der Woche, der Tag, an dem die Jünger regelmäßig zusammenkamen, »um Brot zu brechen« (Apg 20,7). Johannes war da »im Geist«. Wir können uns gut denken, dass er just an diesem Tag an all die Gemeinden in Kleinasien dachte, wo er jahrzehntelang gelehrt und gedient hatte. Er dachte daran, wie die Christen sich versammelten, um ihren Herrn anzubeten, um in der Mahlfeier Seiner zu gedenken (1Kor 11,24). Er wird wohl auch für die von ihm gegründeten Gemeinden gebetet haben, er wird um sie besorgt gewesen sein, wie es auch ein Paulus immer war (2Kor 11,28). Da erscheint ihm der Herr und gibt ihm eine Botschaft an sieben dieser Gemeinden. Obwohl hier eine ganz besondere Situation vorliegt und Johannes eine Botschaft empfing, die einmalig ist, gilt im Prinzip das Gleiche für uns. Wo wir ein Herz haben für das Werk des Herrn, für das Wohl und Wehe der »kleinen Herde« (Lk 12,32), hat der Herr der Gemeinde ein Wort an die Gemeinde, sei es zum Trost, sei es zur Ermahnung. Dass heute, wie in den Tagen Samuels, das Wort Gottes und die Propheten (im Sinne von 1Kor 14,3) selten geworden sind (1Sam 3,1), liegt wohl daran, dass wir so satt und so gleichgültig sind.

Der Menschensohn, Richter und Herrscher aller (1,12-20)

»Und ich wandte mich um, die Stimme zu sehen, welche mit mir redete, und als ich mich umgewandt hatte, sah ich sieben goldene Leuchter, und inmitten der sieben Leuchter einen gleich dem Sohn des Menschen, angetan mit einem bis zu den Füßen reichenden Gewand, und an der Brust umgürtet mit einem goldenen Gürtel; sein Haupt aber und seine Haare weiß, wie weiße Wolle, wie Schnee, und seine Augen wie eine Feuerflamme, und seine Füße gleich glänzendem Kupfer, als glühten sie im Ofen, und seine Stimme wie das Rauschen vieler Wasser; und er hatte in seiner rechten Hand sieben Sterne, und aus seinem Munde ging hervor ein scharfes, zweischneidiges Schwert, und sein Angesicht war, wie die Sonne leuchtet in ihrer Kraft.«

Johannes wendet sich um und sieht zuerst »sieben goldene Leuchter«, dann erst den Menschensohn. Ist es nicht auch heute so, dass man die Gemeinde sieht, die Gläubigen also, und von da erst auf den Herrn schließen kann? Wie entscheidend ist dann aber der Wandel der Gemeinde, wie groß die Verantwortung, ein glaubwürdiges Zeugnis zu sein! Und genau darum wird es in den Sendschreiben gehen: inwiefern nämlich die sieben genannten Gemeinden durch ihre Lehre, ihren Glauben und ihre Werke den Herrn bezeugten oder verleugneten.

Alle Merkmale sprechen vom Herrn in Seiner Würde als *Richter*, nicht als Retter. Er erscheint als der *Menschensohn*. Das ist der universale Herrscher (Dan 7,13.14), und Er ist der große Richter, dem Gott alles Gericht in die Hand gegeben hat (Joh 5,27). Alles zeugt von Seiner unbeugsamen Majestät: Sein Angesicht leuchtet wie die Sonne, vor deren Glut nichts verborgen ist (Ps 19,7) – und von Seiner unbestechlichen Wahrheit und Heiligkeit: Seine Haare sind weiß wie Schnee. Seine Augen sind wie eine Feuerflamme; ihnen entgeht nichts, und was Er an Sündigem ans Licht stellt (Ps 90,8), muss Er im Feuer richten. Mit Seinen Füßen ist Er selbst durchs Feuer des Gerichts gegangen; und weil Er selbst das Gericht über alle Sünde erduldet hat, ist Seine alle Sünde verurteilende Stimme so unwiderstehlich: wie das Rauschen vieler Wasser. Der Richtspruch, der aus Seinem Munde ausgeht, ist ein zweischneidiges Schwert, das Wort Gottes (Eph 6,17; Joh 12,48). Dieses Schwert »scheidet« (Hebr 4,12). Es kennt nicht das diplomatische »sowohl als auch«, das bequeme »Jein«, den sich nicht festlegen wollenden Kompromiss.

»Und als ich ihn sah, fiel ich zu seinen Füßen wie tot. Und er legte seine Rechte auf mich und sprach: Fürchte dich nicht! Ich bin der Erste und der Letzte und der Lebendige, und ich war tot, und siehe, ich bin lebendig von Ewigkeit zu Ewigkeit und habe die Schlüssel des Todes und des Hades. Schreibe nun, was du gesehen hast, und was ist, und was geschehen wird nach diesem. Das Geheimnis der sieben Sterne, die du in meiner Rechten gesehen hast, und die sieben goldenen Leuchter: die sieben Sterne sind Engel der sieben Gemeinden, und die sieben Leuchter sind sieben Gemeinden.«

Wir verstehen, dass Johannes vor einem solchen Herrn niederfällt wie tot. Auch wir als Erlöste, die wir wissen, dass der Herr unsere Sünden getragen hat, würden zusammenbrechen, begegnete uns der Herr in Seiner richterlichen Heiligkeit. Und wir müssten vor Ihm auch sterben, hätte Er nicht Seine Hand auf uns gelegt. Handauflegung bedeutet Identifikation (3Mo 1,4). Er hat sich mit ehemals sündigen Menschen einsgemacht, ja, Er hat unsere Sünde zu der Seinigen gemacht (2Kor 5,21). Der Trost dieses Wortes ist unaussprechlich: »Fürchte dich nicht! Denn *ich* war tot.« Er ging in den Tod für uns. Und jetzt lebt Er, und weil Er lebt, werden auch wir leben (Joh 14,19). Er hat ja die Schlüssel des Todes in Seiner Hand. Wenn wir nun in dieser starken Hand (Joh 10,28) sind, was will uns dann der Tod anhaben (Röm 8,38.39)? Brauchten wir nicht alle mehr von beidem: Erkenntnis der unnahbaren Heiligkeit Gottes und den daraus fließenden Trost, dass wir uns nicht fürchten müssen, da Er für uns alles auf sich genommen hat? Dann würden wir die Sünde mehr hassen und den Herrn inniger lieben.

»Das Geheimnis der sieben Sterne, die du in meiner Rechten gesehen hast, und die sieben goldenen Leuchter: die sieben Sterne sind Engel der sieben Gemeinden, und die sieben Leuchter sind sieben Gemeinden.«

Versuchen wir, das Einfachere zuerst zu verstehen. Die Gemeinden werden als Leuchter gesehen, das heißt als Lichtträger. Die Glaubenden als Einzelne und entsprechend die örtliche Gemeinde als Ganzes sind Lichter in der Welt (Phil 2,15). Unser Licht ist unser Zeugnis in Wort und Wandel (Mt 5,14-16). Die Gemeinden werden als Leuchter symbolisiert, weil ihr Zeugnis in Wort und Wandel, Glauben und Lehre beurteilt werden soll.

Die Sterne sind Engel der Gemeinden. Das griechische Lehnwort »Engel« heißt ganz einfach »Gesandter«. Ein Gesandter ist nun dem verantwortlich, der ihn gesandt hat. Ein Engel verkörpert damit in seiner Person Verantwortlichkeit. Entsprechend drückt die Bezeichnung »Engel der Gemeinde« in symbolischer Weise die Verantwortlichkeit der Gemeinde gegenüber ihrem Auftragsteller aus. Auf keinen Fall ist mit dem »Engel der Gemeinde von Ephesus« oder Smyrna etc. der »Vorsteher« oder »Gemeindeleiter« oder »Bischof« oder »Pastor« gemeint, wie verschiedentlich behauptet worden ist. Solches widerspräche der unzweideutigen neutestamentlichen Lehre, dass jeder Gemeinde als geistliche Führer *eine Mehrzahl von Ältesten* vorstehen sollte, *nie ein Einzelner*. Zudem widerspräche diese Deutung der Tatsache, dass *jedes* Glied – Mitglieder kennt die neutestamentliche Gemeinde natürlich nicht – der Gemeinde verantwortlich ist für den Wandel und das Zeugnis der Gemeinde.

Die sieben Sterne in der Hand des Herrn sind den sieben Gemeinden zugeordnet. Sie wollen besagen, dass der Herr in den nachfolgenden Sendschreiben die *gesamte* Gemeinde in ihrer Verantwortlichkeit vor dem Herrn der Gemeinde anspricht. Darum fühlt ja jeder, dem der Wandel der Gemeinde nicht gleichgültig ist, sich beim Lesen der sieben Sendschreiben angesprochen.

Teil 2: »Was ist«
Kapitel 2 und 3

1.	Das Sendschreiben an die Gemeinde in Ephesus	2,1-7
2.	Das Sendschreiben an die Gemeinde in Smyrna	2,8-11
3.	Das Sendschreiben an die Gemeinde in Pergamus	2,12-17
4.	Das Sendschreiben an die Gemeinde in Thyatira	2,18-29
5.	Das Sendschreiben an die Gemeinde in Sardes	3,1-6
6.	Das Sendschreiben an die Gemeinde in Philadelphia	3,7-12
7.	Das Sendschreiben an die Gemeinde in Laodicäa	3,14-22

Wir kommen mit dem Kapitel 2 zum zweiten Teil des Buches, zu dem »was ist« (1,19). Heilsgeschichtlich gesprochen ist »das, was ist« die Zeit der christlichen Gemeinde, in der Johannes lebte und in der wir noch leben. In den sieben Sendschreiben der Kapitel 2 und 3 wird uns gezeigt, wie der Menschensohn als Richter die Gemeinden prüft und beurteilt. Es ist wichtig zu beachten, dass Gott, bevor Er die Welt richtet, *Sein Haus* richtet. So hat uns Petrus in seinem ersten Brief auch gesagt: »Die Zeit ist gekommen, dass das Gericht anfange am Hause Gottes« (1Petr 4,17). Wir müssen uns das gut merken: Sünde ist Sünde, ob die christliche Gemeinde oder die Welt sie begeht. Gott kennt hierin kein Ansehen der Person (Röm 2,11). Die Bibel lehrt uns sogar, dass Gott Sünde in Seinem Haus viel schneller und viel härter richtet als Sünde, die draußen geschieht. Wo hat man gehört, dass ein Sünder wegen Heuchelei auf der Stelle von Gott geschlagen wurde wie ein Ananias (Apg 5)?

Die Sendschreiben lassen sich grundsätzlich auf drei Arten lesen und verstehen:

1. *Wir können die sieben Briefe lesen als Momentaufnahme von sieben Gemeinden des ausgehenden ersten Jahrhunderts in der römischen Provinz Asien.*

Die genannten sieben Orte haben tatsächlich bestanden; die meisten können heute von Touristen als Ruinenstädte besichtigt werden. So können wir von sieben Gemeinden, die wirklich existierten, erfahren, was ihr geistlicher Zustand war, was der Herr empfiehlt und was Er tadelt, um daraus die entsprechenden Schlüsse für uns und unsere Gemeindesituation zu ziehen. Das wollen und das sollen wir auch tun.

2. *Man kann die sieben Sendschreiben auch als Darstellung einer geistlichen Entwicklung lesen.*

Wir können hierin verfolgen, wie eine Gemeinde geistlich wächst oder degeneriert, wie sie einen guten Anfang hat wie im ersten Sendschreiben. Ein an der Oberfläche nicht sichtbarer, aber folgenschwerer Mangel führt dazu, dass der Herr züchtigt: Er verordnet, dass die Feindschaft der Welt in offenen Hass und in Verfolgung umschlägt. Davon lesen wir im zweiten Sendschreiben. Das dritte zeigt uns, dass man, anstatt sich unter Gottes züchtigende Hand zu demütigen, dem Druck der Welt dadurch entgehen kann, dass man sich den Idealen, den Methoden und den Zielen der Welt angleicht. Das Böse nimmt dann aber in der Gemeinde zu, wie uns das vierte Sendschreiben demonstriert. Die beiden sich anschließenden Gemeinden sind je ein Beispiel für zwei Möglichkeiten der Kurskorrektur: eine halbherzige Umkehr zu Gott und zu Seinem Wort wie in Sardes oder eine vollständige Umkehr zu Gott und zu Seinem Wort wie in Philadelphia. Die letzte Gemeinde zeigt uns schließlich, wo eine jede Gemeinde endet, die die Zurechtweisungen und Züchtigungen des Herrn nicht beherzigt: Am Ende steht der Herr draußen, die Gemeinde ist christuslos geworden. Das nun ist das Schicksal manch einer Gemeinde oder eines ganzen Gemeindeverbandes gewesen.

3. *Die Sendschreiben sind ein prophetischer Überblick über die Geschichte der christlichen Gemeinde von den Tagen der Apostel bis zur Entrückung der Gemeinde.*

Ich meine, das ist das besondere Anliegen der Sendschreiben, haben wir es doch gemäß den einleitenden Versen mit einem prophetischen Buch zu tun. Wir wollen hauptsächlich diese letzte Art der Betrachtung wählen, was natürlich nicht heißt, sie sei die einzig richtige. Nein, alle drei Ebenen bestehen gleichzeitig nebeneinander; das Wort Gottes ist vielschichtig und erlaubt mehrere, einander ergänzende Anwendungen.

Bevor wir uns den einzelnen Sendschreiben zuwenden, wollen wir uns zwei Dinge gut merken:

Erstens: Es geht nicht um die Stellung und die dazugehörigen unverlierbaren Segnungen der Gemeinde, sondern um ihre *Verantwortung im Wandel und im Zeugnis* vor der Welt. Die Stellung der Gemeinde in Christus ist vollkommen und unverlierbar, denn sie ist eine reine Gnadengabe und hängt darum an der unwandelbaren Treue Gottes selbst. Das Zeugnis der Gemeinde ist nie vollkommen und zudem verlierbar, wie uns bereits das erste Sendschreiben zeigt; denn es hängt an unserer sehr unbeständigen Treue.

Zweitens: Die *Gerichtsworte*, die in den Sendschreiben genannt werden, betreffen die Gemeinde als Ganzes, nicht den Einzelnen. Darum darf man aus der Androhung, der Herr werde im Falle von Ephesus den Leuchter von seiner Stelle rücken oder Laodicäa aus Seinem Munde ausspeien, nicht schließen, Gott werde ein Kind Gottes verwerfen, wenn dieses versagen sollte. Das steht nun ganz und gar nicht da. Die *Gemeinde als Ganzes* wird vom Herrn *als Zeugnis* verworfen, wenn sie nicht umkehrt. An den Einzelnen, der hört, ist die *Verheißung* gerichtet. Das bedeutet, dass der Einzelne persönlich glauben und überwinden kann, wenn die Gemeinde als Ganzes untergeht. Das ist ein großer Trost: Ungeachtet der allgemeinen Untreue kannst du, kann ich dem Herrn persönlich vertrauen und Seine Gegenwart erleben, Seine Segnungen empfangen, Seine Bestätigung haben.

Kapitel 2

Das Sendschreiben an die Gemeinde in Ephesus (2,1-7)

»Dem Engel der Gemeinde in Ephesus schreibe: Dieses sagt, der die sieben Sterne in seiner Rechten hält, der da wandelt inmitten der sieben goldenen Leuchter. Ich kenne deine Werke und deine Arbeit und dein Ausharren, und dass du Böse nicht ertragen kannst; und du hast die geprüft, welche sich Apostel nennen, und sind es nicht und hast sie als Lügner er-

funden; und du hast Ausharren und hast getragen um meines Namens willen, und bist nicht müde geworden. Aber ich habe wider dich, dass du deine erste Liebe verlassen hast. Gedenke nun, wovon du gefallen bist, und tue Buße und tue die ersten Werke; wenn aber nicht, so komme ich dir und werde deinen Leuchter aus seiner Stelle wegrücken, wenn du nicht Buße tust. Aber dieses hast du, dass du die Werke der Nikolaiten hassest, die auch ich hasse. Wer ein Ohr hat, höre, was der Geist den Gemeinden sagt! Dem, der überwindet, dem werde ich zu essen geben vom Baum des Lebens, welcher in dem Paradies Gottes ist.«

Als erstes Sendschreiben steht Ephesus für die Zeit, in der die Apostel noch da waren oder eben ihren Lauf vollendet hatten. Vieles ist noch gut. Die Gemeinde wird dafür gelobt, dass sie an der Lehre der Apostel noch festhält und die falschen Apostel prüft und abweist (was heute trotz der Weisung von 1Thes 5,21 oder 1Jo 4,1-3 längst nicht mehr selbstverständlich ist). Aber ein schwerwiegender Mangel hat die Gemeinde bereits befallen: *Sie hat die erste Liebe verlassen*. In den Lehrbriefen der Apostel wird bereits angedeutet, dass die Gemeinden verschiedentlich anfangen, dieser Sünde zu erliegen. Die erste Liebe ist wie die Liebe eines Brautpaares, wo die Brautleute einander alles bedeuten, weshalb sie einander *ausschließlich* und *über alles* lieben. So soll auch die Gemeinde den Herrn *allein* und *Ihn über alles* lieb haben. Für die Gemeinde in Ephesus galt indes, was Paulus in Philipper 2,21 bereits beklagt hatte: »Alle suchen das Ihrige, nicht das, was Christi Jesu ist.« Eigene Interessen drängen die Interessen des Herrn zurück.

Beachten wir, wie der Herr dann sagt, die Gemeinde sei »gefallen«. Das Fallen von der ersten Liebe führte zwangsläufig dazu, dass man auch von der Lehre abwich. Daher kündigten die Apostel das Eindringen falscher Brüder, falscher Propheten und falscher Lehren an (Apg 20,29.30; 2Petr 2,1; Jud 4 etc.). Das alles setzte bereits im ersten Jahrhundert ein, wie uns Johannes in seinen drei Briefen bestätigt: Er spricht von vielen »Antichristen« (1Jo 2,18), von »falschen Propheten« (4,1), von »vielen Verführern« (2Jo 7), von Leuten wie Diotrephes, die gerne den Vorrang haben wollen (3Jo 9).

Lesen wir nun verschiedene Zeugen aus der Zeit des zweiten

Jahrhunderts, die sogenannten »Apostolischen Väter«, dann wundern wir uns, wie weit sie sich schon von der Lehre der Apostel entfernt haben.

So häufen sich etwa im angeblich sehr beliebt gewesenen »Hirten des Hermas«, einem »Bischofsbrief« aus dem zweiten Jahrhundert, die unfassbarsten Irrtümer. Es heißt dort etwa, dass ein heiliger Engel Gottes die Glaubenden mit dem Heiligen Geist versiegele, dass der Heilige Geist das erste von Gott geschaffene Wesen sei, dass man Vergebung der Sünden erfahre, wenn man für den Namen des Herrn sterbe, dass es nach der Taufe nur noch eine einmalige Buße für Sünden gebe, etc. Das sind schwerwiegende Irrtümer, die bereits die Substanz des Evangeliums ins Gegenteil verkehrt haben.

Was würde nun die Folge solchen Verlassens der ersten Liebe sein? Die Gemeinde würde ihr Zeugnis verlieren: »So komme ich dir und werde deinen Leuchter aus seiner Stelle wegrücken.« Gemeinden, die die erste Liebe verlassen hatten und Irrtümer lehrten wie die eben genannten, hatten natürlich kein Zeugnis mehr, sie konnten nicht mehr »scheinen als Lichter in dieser Welt darstellend das Wort des Lebens« (Phil 2,15.16). Das Licht des »Evangeliums der Gnade Gottes« (Apg 20,24) war durch menschliche Vorstellung verdeckt worden.

Dann die Verheißung an die »Überwinder«. Wer sind die Überwinder? Was bedeutet der Ausdruck? Beachten wir den Zusammenhang, in dem er gebraucht wird, und beachten wir, wer ihn gebraucht. Johannes verwendet in seinen Schriften wiederholt das Wort »überwinden«. Sehen wir uns die entsprechenden Stellen an, lässt sich der Ausdruck mühelos deuten. Johannes versteht unter »überwinden«, wenn er es auf die Gläubigen anwendet, durch Glauben dem Verderben, das in der Welt ist, nicht unterworfen zu sein, das heißt, durch Glauben ewiges Leben zu haben. Überwinder sind mithin solche, die wahrhaft glauben und daher ewiges Leben besitzen, auf ewig mit dem Sohn Gottes verbunden sind (1Jo 5,4.5). In Johannes 16,33 sagt der Herr: »In der Welt habt ihr Drangsal; aber seid gutes Mutes, ich habe die Welt *überwunden*.« Der Sohn Gottes ist der erste und der große Überwinder. Nur durch den Glauben an Ihn können auch wir überwinden. Das sagt uns auch Paulus: »In diesem allem sind wir mehr als Überwinder durch den, der uns geliebt hat« (Röm 8,37).

Überwinder sind die wahren Gläubigen und damit das Gegenteil von Mitläufern, von Menschen, die ein bloßes Lippenbekenntnis zum Sohn Gottes abgelegt haben. Wenn wir bedenken, wie schnell die Gemeinde von Mitläufern durchsetzt wurde, wie bald sich falsche Brüder nebeneinschlichen (Gal 2,3; 2Jo 7; Jud 4.12), wie schnell sich der Sauerteig ausbreitete, bis er den ganzen Teig durchsäuert hatte (Mt 13,33; 1Kor 5,6), dann können wir uns gut denken, dass um das Jahr 100 bereits zahlreiche »Christen« auch in den Gemeinden Kleinasiens keine Christen waren. Einige hundert Jahre später werden die Gläubigen schon eine Minderheit in der Christenheit dargestellt haben.

Die Verheißungen an die Überwinder sind das Teil eines jeden Gotteskindes, nicht bloß einer bestimmten Klasse, als ob es »gewöhnliche« Erlöste und zusätzlich noch »Überwinder« gäbe, wie manchmal behauptet wird. Nein, was Berufung, Leben, Stellung und Erbe der Glaubenden anbelangt, sind wir alle eins (Eph 4,3-6). Dass es für den Christen darüber hinaus Lohn gibt je nach Treue im Zeugnis und in der Nachfolge, das ist selbstverständlich, nur steht das nicht hier, sondern anderswo (siehe 1Kor 3,14; 9,25; 2Kor 5,10).

Das Sendschreiben an die Gemeinde in Smyrna (2,8-11)

»Dem Engel der Gemeinde in Smyrna schreibe: Dieses sagt der Erste und der Letzte, der starb und wieder lebendig wurde:

Ich kenne deine Drangsal und deine Armut (du bist aber reich) und die Lästerung von denen, die sagen, sie seien Juden, und sind es nicht, sondern eine Synagoge Satans. Fürchte nichts von dem, was du leiden wirst. Siehe, der Teufel wird etliche von euch ins Gefängnis werfen, damit ihr geprüft werdet, und ihr werdet Drangsal haben zehn Tage. Sei getreu bis zum Tod, und ich werde dir die Krone des Lebens geben.

Wer ein Ohr hat, höre, was der Geist den Gemeinden sagt! Wer überwindet, wird nicht beschädigt werden von dem zweiten Tode.«

Das hervorstechende Merkmal dieser Gemeinde ist *Drangsal durch Verfolgung und Lästerung*. Die Antwort des Herrn auf das Fallen von der ersten Liebe ausgangs des ersten Jahrhunderts waren die Verfolgungen. So viele der Herr liebt, züchtigt Er (3,19). Durch wen züchtigte der Herr? Durch solche, die sagten, sie seien Juden, es aber nicht waren. Wer diese Leute in der geschichtlichen Situation waren, weiß ich nicht; es ist für uns auch nicht wichtig. Was aber der Ausdruck bedeutet, ist offenkundig. Ein *wahrer* »Jude« ist jemand, der zum Volk Gottes gehört (siehe Röm 2,28.29). Wer zu Unrecht behauptet, einer zu sein, ist anmaßend. Religiöse Anmaßung ist in den weitaus meisten Fällen für die Verfolgung der Gläubigen verantwortlich gewesen. So war es in den Tagen der Apostel. Die Christen wurden damals von den Theologen verfolgt, von Leuten, die vorgaben, die wahren Diener Gottes und Lehrer der Wahrheit zu sein. In späteren Jahrhunderten war die unerbittlichste Hasserin und Verfolgerin der Christen jene Institution, die sich als die allein selig machende ausgab. Es ist bis zum heutigen Tag so geblieben, dass religiöse Institutionen die Gläubigen beharrlicher und unversöhnlicher verfolgt haben als atheistische.

Für die Gläubigen ist es tröstlich zu wissen, dass erstens Gott es ist, der Verfolgung sendet (Er ist souverän), dass es zweitens zu ihrem Wohl geschieht (Er ist Liebe), und dass drittens Er das Maß des Leidens bemisst (Er ist der allein weise Gott). »Zehn Tage« und nicht länger darf der Teufel Seine Erlösten im Gefängnis halten. Das bestimmt »der Gott des Maßes« (2Kor 10,13).

Wer treu bleibt, der wird vom Herrn »die *Krone* des Lebens« empfangen. Das ist natürlich etwas anderes als die *Gabe des ewigen Lebens,* da wir dieses ja nicht durch Ausharren im Leiden, sondern durch Vertrauen auf den, der für *uns* im Leiden bis zum Tod ausgeharrt hat, empfangen. Die *Krone* des Lebens ist wie die übrigen im Neuen Testament genannten Kronen (1Kor 9,25; Phil 4,1; 1Thes 2,19; 2Tim 4,8; Jak 1,12) *Lohn* für Treue.

Die Verheißung an die Überwinder erinnert an Matthäus 10,28, wo der Herr sagt, wir sollen den nicht fürchten, der zwar den Leib, nicht aber die Seele zerstören kann. So mag der Feind Glaubende töten; das wahre, das ewige Leben kann er ihnen nicht nehmen:

»Wer überwindet, wird nicht beschädigt werden von dem zweiten Tod«, das ist von der Hölle (Off 20,14).

Das Sendschreiben an die Gemeinde in Pergamus (2,12-17)

»Und dem Engel der Gemeinde in Pergamus schreibe: Dieses sagt, der das scharfe, zweischneidige Schwert hat:
Ich weiß, wo du wohnst, wo der Thron des Satans ist; und du hältst fest an meinem Namen und hast meinen Glauben nicht verleugnet, auch in den Tagen, in welchen Antipas mein treuer Zeuge war, der bei euch, wo der Satan wohnt, ermordet worden ist. Aber ich habe ein weniges wider dich, dass du solche dort hast, welche die Lehre Balaams festhalten, der den Balak lehrte, ein Ärgernis vor die Söhne Israels zu legen, Götzenopfer zu essen und Hurerei zu treiben. Gleicherweise hast auch du solche, welche die Lehre der Nikolaiten festhalten. Tue nun Buße; wenn aber nicht, so komme ich dir bald und werde Krieg mit ihnen führen mit dem Schwert meines Mundes.
Wer ein Ohr hat, höre, was der Geist den Gemeinden sagt! Dem, der überwindet, dem werde ich von dem verborgenen Manna geben; und ich werde ihm einen weißen Stein geben, und auf dem Stein einen neuen Namen geschrieben, welchen niemand kennt, als wer ihn empfängt.«

Was für Pergamus gilt, gilt für die Gemeinde schlechthin: *Sie wohnt dort, wo der Thron des Satans ist:* in seinem Machtbereich, das ist *in der Welt*. Fürst und Gott dieser Welt (Joh 12,31; 2Kor 4,4) ist ja der Satan. Es geht in diesem Sendschreiben also besonders um das Verhältnis der Gemeinde zur Welt. Der Geist der Welt hasst den Geist, der in der Gemeinde wohnt, und alle, die zu dieser Gemeinde gehören. Antipas, ein treuer Zeuge, bekommt diesen Hass zu spüren. Aber nicht nur solche treuen Männer gingen in der Gemeinde in Pergamus aus und ein, sondern einige hatten angefangen, an der Lehre Balaams (4Mo 31,16) und der Lehre der Nikolaiten festzuhalten. Erstere bestand darin, das Volk Gottes zu Götzenopfer und zu Hurerei zu verleiten, das heißt zu nichts anderem als zu den religiösen und sittlichen Maßstäben der Welt. Was letztere bedeutet, wird nicht gesagt, und darum wissen wir es nicht sicher. Vielleicht ist es eine Lehre, die bestimmte *Methoden der Welt* für die Gemeinde übernimmt, nämlich ihre Regierungs- und Verwaltungsmethoden. Es könnte sich also um Klerikalismus handeln.

Das ergibt sich aus folgender Überlegung: Wir haben zu den Nikolaiten keine Erklärung, was sie sind. Es bleiben uns zwei Dinge, die uns als Schlüssel zum Verständnis dienen können. Übersetzen wir einmal den griechischen Namen Nikolaus, kommen wir auf »Volksbesieger« (*nikan* = besiegen; *laos* = Volk). Interessant ist dabei, dass das Fremdwort »Laie« von ebendiesem Wort *laos* abgeleitet ist. Es bezeichnet nach kirchlichem Sprachgebrauch das breite Volk, das den »Geistlichen« zu Füßen sitzt. Als Zweites könnte sich die Lehre der Nikolaiten, die hier nach der Lehre Balaams genannt wird, von Judas 11 erklären lassen. Dort lesen wir: »Wehe ihnen! Denn sie sind den Weg Kains gegangen und haben sich für Lohn dem Irrtum Balaams überliefert, und in dem Widerspruch Korahs sind sie umgekommen.« Hier wird direkt nach dem »Irrtum Balaams« der »Widerspruch Korahs« genannt. Dieser bestand darin, dass Korah sich gegen die von Gott eingesetzten Mittler Mose und Aaron erhob. Er wollte ihnen ebenbürtig sein (4Mo 16). Neutestamentlich bedeutet das, dass Menschen den Platz einnehmen wollen, der allein Jesus Christus, dem alleinigen Mittler zwischen Gott und den Menschen (1Tim 2,5) zusteht; und genau das tut etwa ein »Priester«, der sich eine Mittlerrolle zwischen dem Gläubigen und Gott anmaßt. Die Lehre der Nikolaiten würde demnach auf den sich bereits früh ausbreitenden Klerikalismus hinauslaufen, diese unbiblische Trennung der Gläubigen in Geistliche und Laien, die heute die Christenheit, die evangelische wie die katholische, Staatskirchen wie Freikirchen, fast vollständig beherrscht. Wir sollten beachten, dass dies einer der Welt abgeguckte Methode ist, die sich mehr an den Prinzipien des Managements als den Prinzipien des Wortes Gottes orientiert. Das zog schon bald in die christliche Kirche ein. Man sagte sich, man müsse Leute ordinieren (entgegen Apg 20,28), sie bezahlen (entgegen 1Tim 6,5), ihnen Befehlsgewalt geben (entgegen 1Petr 5,3), die Gemeinden durch eine Zentrale koordinieren (entgegen Mt 18,20; Eph 4,2.19), sonst lasse sich die Kirche nicht zusammenhalten, sonst ziehe Unordnung ein. So schuf man sich eine hierarchisch aufgebaute Kirche. Ein Bischof hatte unter sich die Pastoren der einzelnen Kirchen, jeder Pastor hatte unter sich das Fußvolk. Damit leugnete man praktisch die Tatsache, dass der Herr allein Haupt ist und die Glaubenden alle Glieder voneinander (Eph 4,15.16) sind, dass alle durch einen Geist getauft sind (1Kor 12,13), dass nur einer Haupt, die Gläubigen alle aber Brüder sind (Mt 23,8-10).

Wenn nun mit Werk und Lehre der Nikolaiten der Klerikalismus gemeint ist, dann sollten wir uns das Urteil des Herrn dazu anhören. Er »hasst« ihn (2,6). Warum hasst der Herr den Klerikalismus? Weil er ein Ausdruck der Verachtung für Seine Blutserkauften ist: Denn was sagt dieser anderes, als es die religiösen Führer in den Tagen Jesu taten: »Das Volk (*laos*) ist verflucht und weiß nichts« (Joh 7,49). Der Klerikalismus deklariert die aus Gott Geborenen und mit Seinem Geist Begabten entgegen Joh 6,45, 1Jo 2,27 und Hebr 8,11 für Unwissende, er hält sie entgegen Eph 4,12 in Unmündigkeit.

Als im Jahre 313 der Kaiser Konstantin im Edikt von Mailand das Christentum zur *Religio licita*, zur »erlaubten Religion« erhob, waren die einst Verfolgten plötzlich die offiziell Geehrten. Die große Anpassung hatte damit gesiegt, und aus dieser Verflechtung von Kirche und Staat hat sich die große Masse der Christenheit nicht mehr lösen können. Die unseligste Ehe, die je geschlossen worden ist – die Vermählung von Thron und Altar –, war Tatsache geworden. Gemeinde und Welt waren ineinander übergegangen. Und das bedeutet immer, dass die Gemeinde weltlich, nicht aber die Welt christlich im wahren Sinn dieses Wortes wird.

Die Versuchung ist natürlich groß, dem Hass und der Verachtung der Welt dadurch zu entgehen, dass man sich ihren Maßstäben, Idealen und Methoden anpasst. Genau das hatte Antipas nicht getan. Aber sein Ende spornte offensichtlich nicht nur andere an, in gleicher Treue für die unaufgebbaren Glaubenswahrheiten des Christentums einzustehen, sondern schüchterte ein gut Teil auch ein. Und oft genug verleitet uns neben Nützlichkeitsdenken auch Feigheit dazu, uns den Idealen und den Methoden der Welt anzupassen.

In Pergamus ist es nun sogar so weit gekommen, dass man nicht allein an falschem Tun, sondern, schlimmer noch, an der entsprechenden falschen Lehre festhielt. In Ephesus hatten wir lediglich von »Werken der Nikolaiten« gelesen; hier sind die Werke durch eine dazugehörige *Lehre bereits sanktioniert worden*. Böses wird also bereits gelehrt und propagiert. Das ist gegenüber Ersterem eine Zunahme des Übels. Jedem Trachten, mit biblisch scheinenden Argumenten – eben mit einer Lehre – die von Gott gezogenen Grenzen zwischen der Gemeinde und der Welt (Joh 17,16; 2Kor 6,14-16) zu verwischen, hat der Herr, »der das zweischneidige Schwert hat«, den Krieg angesagt. Sein Wort scheidet noch immer zwischen heilig und unheilig (3Mo 10,10), drinnen und draußen (1Kor 5,12.13), Licht und Finsternis (Joh 3,19). Wendet die Gemeinde das Wort nicht im Glauben entsprechend an, wird der Herr im Gericht scheiden müssen. Dann freilich ist es zu spät.

Wer aber überwindet, wird vom »verborgenen Manna«, das ist von den verborgenen Schätzen des Wortes Gottes genährt werden, die eine weltliche und am Ende christuslose Christenheit weder erkennen noch kosten kann; denn in Christus sind *verborgen* die Schätze der Weisheit (Kol 2,3). Und wenn treue Seelen wie Antipas angefeindet werden, dann sagt der Herr: »Alle Welt mag dich niederschreien, aber ich bin für dich!« Das nämlich bedeutet der weiße Stein. Im Griechischen steht *psêphos*, und das ist der Stimmstein. Das dazugehörige Verb wird in Apostelgeschichte 26,10 verwendet, wo Paulus (damals noch Saulus) seine Stimme *gegen* die Gläubigen gab. Wenn es im Altertum darum ging, einen vor Gericht Angeklagten entweder zum Tod zu verurteilen oder freizusprechen, mussten die Stimmberechtigten durch Abgabe eines Steines ihre Meinung äußern. Ein schwarzer Stein zeugte gegen, ein weißer für den Angeklagten. Wenn wir das Zeugnis des Herrn selbst für uns haben, dann mag alle Welt denken oder schreien, was sie will. Wir halten unbeirrt fest an Seinem Wort; denn: »Wenn Gott für uns ist, wer wider uns?« (Röm 8,31).

Das Sendschreiben an die Gemeinde in Thyatira (2,18-29)

»Und dem Engel der Gemeinde in Thyatira schreibe: Dieses sagt der Sohn Gottes, dessen Augen sind wie eine Feuerflamme und dessen Füße gleich glänzendem Kupfer: Ich kenne deine Werke und deine Liebe und deinen Glauben und deinen Dienst und dein Ausharren und weiß, dass deiner letzten Werke mehr sind als der ersten. Aber ich habe wider dich, dass du das Weib Jesabel duldest, die sich eine Prophetin nennt, und sie lehrt und verführt meine Knechte, Hurerei zu treiben und Götzenopfer zu essen. Und ich gab ihr Zeit, Buße zu tun, und sie will nicht Buße tun von ihrer Hurerei. Siehe, ich werfe sie in ein Bett, und die, welche Ehebruch mit ihr treiben, in große Drangsal, wenn sie nicht Buße tun von ihren Werken. Und ihre Kinder werde ich mit Tod töten, und alle Gemeinden werden erkennen, dass ich es bin, der Nieren und Herzen erforscht; und ich werde euch, einem jeden, nach euren Werken geben. Euch aber sage ich, den Übrigen, die in Thyatira sind, so viele diese Lehre nicht haben, welche die Tiefen des Satans, wie sie sagen, nicht erkannt haben: Ich werfe keine andere Last auf euch; doch was ihr habt, haltet fest, bis ich komme. Und wer überwindet und meine Werke bewahrt bis ans Ende, dem werde ich Gewalt über die Nationen geben; und er wird sie weiden mit eiserner Rute, wie Töpfergefäße zerschmettert werden, wie auch ich von meinem Vater empfangen habe; und ich werde ihm den Morgenstern geben. Wer ein Ohr hat, höre, was der Geist den Gemeinden sagt!«

In Thyatira hat sich das Übel, dem wir in Pergamus begegneten, verschlimmert. Sauerteig, wenn er nicht ausgefegt wird, breitet sich aus (1Kor 5,6-8). Waren es dort *einige,* die an der Lehre Balaams festhielten, so lehrt hier schon eine »Prophetin« die *Knechte des Herrn* die dazugehörigen Werke: Hurerei und Götzendienst. Das Übel ist vom Rand bis ins Herz gedrungen. Das Ende wird das Verderben sein (Vers 23), wenn nicht Buße geschieht.

Beachten wir aus diesen Sendschreiben besonders ein Wort. Der Herr sagt: »Ich habe wider dich, dass du duldest ...« Statt »dulden« können wir sagen »tolerant sein«. Der Herr hasst Toleranz, die falsche Lehre und zersetzende Praktiken stumm gewähren lässt. Im Namen der Toleranz wird besonders in unserer Zeit gefordert, dass man zu Irrlehren und sündigen Praktiken in der

Christenheit schweigen solle. Tun wir es, ist der Herr selbst gegen uns. Ich hoffe, das macht uns nachdenklich.

Wenn nun im Zentrum der Gemeinde von Thyatira bereits ein falsches Opfer steht, dann wird hier angedeutet, was auf die Zeit Konstantins folgte: Die Kirche von Rom mit dem Bischof von Rom an der Spitze wird zur Herrin über alle Kirchen im Römischen Reich. Die römisch-katholische Kirche entstand, in deren Gottesdienst eben ein falsches Opfer das Zentrum bildet. Bis zum heutigen Tag ist das Messopfer das Herz des römischen Kultes. Das ist ein heidnischer, götzendienerischer Ritus, weil er in kühnem Widerspruch zu Hebräer 10,10.12.14 das einmalige und nie zu wiederholende Opfer des Leibes Jesu Christi wiederholen will. Ob mit dem »Weib Jesabel« tatsächlich eine Frau dieses Namens gemeint ist, oder ob das eine symbolische Bezeichnung ist für Lehre, die zu *geistlicher Hurerei* – denn das ist ja aller Götzendienst – führte, ist einerlei. Auf alle Fälle soll der Name an eine tatsächliche Jesabel erinnern, die genau das tat, was in Thyatira geschah: Die Frau des israelitischen Königs Ahab verführte den König zum Dienst an Baal und Aschera (1Kö 16,31; 21,25) und lud Propheten der Aschera ein, an ihrem Tisch zu essen (1Kö 18,19). Und auch ihr Ende war das Verderben (2Kö 9,30-37).

Dieses »Weib Jesabel« verkörpert bereits das, was Paulus in 2Thes 2,7 »das Geheimnis der Gesetzlosigkeit« nennt. Dieses begann sich schon so früh zu regen. Am Ende wird diese Gesetzlosigkeit kein Geheimnis mehr, also nicht mehr verborgen sein, sondern offen als die große Hure auftreten, der wir in Offenbarung 17 begegnen. Dort heißt es nämlich, dass *an ihrer Stirn*, also für jedermann lesbar, geschrieben stand: »Geheimnis, Babylon die große, die Mutter der Huren und der Gräuel der Erde«. »Gräuel« (oder »Scheusale«) ist in der Sprache der Propheten synonym mit Götzen (5Mo 29,12; Jer 4,1). So begegnen wir wiederum der Hurerei und dem Götzendienst, den wir in Thyatira bereits vorfanden. Und wie wir von Jesabel lesen, dass sie die Propheten des Herrn ermordete, so heißt es von der großen Hure: »Und in ihr wurde das Blut von Propheten und Heiligen gefunden« (Offb 18,24).

Wenn dem nun so ist, wird mit Thyatira bereits der absolute

Tiefpunkt in der Entwicklung des christlichen Zeugnisses im Keim bloßgelegt. Und es spricht der Herr ja tatsächlich davon, dass man in dieser Gemeinde »die Tiefen des Satans« erkannt hat, obwohl das nicht für alle galt. Aber was hier eine Minderheit noch betraf, würde am Ende die ganze christuslose Christenheit charakterisieren.

Wie passend ist die Verheißung an die Überwinder. Wer nicht von der Verführung Jesabels mitgerissen worden ist, wer die Tiefen des Satans nicht erkannt hat, bekommt die Verheißung, dass er Gewalt über die Nationen haben wird. Wie kostbar ist diese Zusage gerade für Christen, die unter dem kirchlichen System haben leiden müssen, das sich seit dem 5. Jahrhundert als »siegreiche Kirche« ausgab und mit dem Anspruch auftrat, es habe vom Herrn der Kirche den Auftrag, über die Welt zu herrschen. Diesen Auftrag hat die Gemeinde natürlich nie bekommen. Jetzt ist die Zeit, da wir von der Welt weder erkannt noch anerkannt werden (1Jo 3,2; 4,5.6), da wir verfolgt, geschmäht und gelästert sind, als Auskehricht der Welt gelten (1Kor 4,8-13). Die Gemeinde wird erst dann mit Christus herrschen, wenn Er kommt und Sein Reich aufrichtet. Und wer, weil er Ihm gehörte und Ihm treu war, hier und jetzt leiden musste, wird dann erhöht werden.

Erstmals in den Sendschreiben redet der Herr jetzt von Seinem Kommen für die Gemeinde: »Ich werde ihm den Morgenstern geben.« Das ist nach 2Petr 1,19 und Offb 22,16 der Herr, der kommt, um Seine Gemeinde aus der Welt zu holen, ehe der Tag, das ist das Tausendjährige Reich, mit dem Aufgehen der Sonne anbricht (Mal 3,20 [bzw. 4,2]).

Kapitel 3

Das Sendschreiben an die Gemeinde in Sardes (3,1-6)

»Und dem Engel der Gemeinde in Sardes schreibe: Dieses sagt, der die sieben Geister Gottes hat und die sieben Sterne: Ich kenne deine Werke, dass du den Namen hast, dass du lebest, und bist tot. Sei wachsam und stärke das Übrige, das sterben will; denn ich habe deine Werke nicht völ-

lig erfunden vor meinem Gott. Gedenke nun, wie du empfangen und gehört hast, und bewahre es und tue Buße. Wenn du nun nicht wachen wirst, so werde ich über dich kommen wie ein Dieb, und du wirst nicht wissen, um welche Stunde ich über dich kommen werde. Aber du hast einige wenige Namen in Sardes, die ihre Kleider nicht besudelt haben; und sie werden mit mir einhergehen in weißen Kleidern, denn sie sind es wert. Wer überwindet, der wird mit weißen Kleidern bekleidet werden; und ich will seinen Namen nicht auslöschen aus dem Buch des Lebens, und ich werde seinen Namen bekennen vor meinem Vater und vor seinen Engeln. Wer ein Ohr hat, höre, was der Geist den Gemeinden sagt!«

Schon im einleitenden Satz wird das Wesen dieser Gemeinde aufgedeckt: Sie hat den *Namen,* das ist den Ruf, zu leben, und doch ist sie tot. Es ist wichtig und löblich, ein gutes Bekenntnis zu haben, aber das allein genügt nicht. Das Bekenntnis muss auch »mit Glauben vermischt« (Hebr 4,2) sein. So sehr gesunde Heilslehre Fundament und Voraussetzung zum wahren Leben ist, so sehr muss *lebendiger Glaube* sich die Lehre aneignen. Oder: Was soll ein Fundament, wenn man nicht darauf baut? Was nützt das theologisch sauberste Bekenntnis zur Errettung aus Gnade durch den Glauben, wenn man sein Leben nicht rückhaltlos auf dieses Fundament stellt?

Das ist der Sinn der Rüge des Herrn. Hatten wir im vorhergehenden Sendschreiben Merkmale, die später in der römisch-katholischen Kirche voll ausreiften, dann trägt Sardes bemerkenswerte Ähnlichkeiten mit dem Protestantismus. Dieser hat den Namen, dass er lebe. Er weiß, dass Errettung ein Werk Gottes ist, dass sie durch keine Anstrengung verdient werden kann. Er ist aber mehrheitlich tot. Warum? Weil der wahre Glaube, im Unterschied zu bloßem Fürwahrhalten – auch die Dämonen »glauben« und zittern darob sogar (Jak 2,19) –, fehlt.

Wahrer Glaube hätte die Gemeinde in Sardes zu dem getrieben, »der die sieben Geister Gottes« in Seiner Hand hat, um Seinen Geist und Sein unverwesliches Leben dem zu geben, der an Ihn glaubt (vgl. Apg 5,32).

Der Herr erklärt im nachfolgenden Vers, warum die Gemeinde dem Sterben unterworfen ist: »*Denn* ich habe deine Werke nicht völlig erfunden vor meinem Gott« (Vers 2). Bekommt man denn das Leben durch Werke? Der Evangelist Johannes ist jemand, der sehr viel, mehr nämlich als alle übrigen Evangelisten, über Glauben und über Werke spricht. In Kapitel 6 seines Evangeliums fragen die Juden einmal den Herrn: »Was sollen wir tun, dass wir die *Werke* Gottes wirken?« Darauf antwortet der Herr: »Dies ist das *Werk Gottes*, dass ihr an den glaubt, den er gesandt hat« (Verse 28 und 29). Hier wird der Glaube als ein Werk angesehen, als *das Werk Gottes* sogar. Hatte nun die Gemeinde in Sardes viel Einsatz für die Armen, viel Geschäftigkeit in der Politik usw., aber keinen lebensverändernden Glauben, waren ihre Werke »nicht völlig«. Das entscheidende Werk, nämlich das Werk Gottes, fehlte: der Glaube.

Wer nicht glaubt, ist nicht nur tot, sondern auch besudelt (Vers 4). Daraus ergibt sich: Wer glaubt, hat das Leben (Joh 3,36), und wer glaubt, ist rein (Apg 15,9). Wer glaubt, geht ewig nicht verloren (Joh 10,28): Sein Name wird aus dem Buch des *Lebens* nicht getilgt werden. Wer aber nicht glaubt, ist noch durch seine Sünden besudelt und hat kein Leben. Er hat entsprechend keine Verheißung, dass sein Name nie gelöscht werden wird, im Gegenteil; er wird an sich selbst erfahren müssen, was Psalm 9,6 und 69,29 sagen: Die Namen der Sünder werden ausgelöscht werden.

Der Herr spricht auch in diesem Sendschreiben von Seinem Kommen. Wer nicht an Ihn glaubt, wird das Kommen des Herrn als böse Überraschung erleben, so, wie wenn ein Dieb in der Nacht seinen unerwünschten Besuch abstattet (vergleiche auch 1Thes 5,2.3). Der Gläubige hingegen wartet auf das Kommen des Herrn, und diese Hoffnung reinigt ihn. Der Gedanke daran, dass er seinen Herrn sehen wird und ihm gleich werden soll, ist ihm ein Antrieb zu Hingabe und Heiligung (1Jo 3,3).

Das Sendschreiben an die Gemeinde in Philadelphia (3,7-13)

»Und dem Engel der Gemeinde in Philadelphia schreibe: Dieses sagt der Heilige, der Wahrhaftige, der den Schlüssel des David hat, der da öffnet,

und niemand wird schließen, und schließt und niemand wird öffnen: Ich kenne deine Werke. Siehe, ich habe eine geöffnete Tür vor dir gegeben, die niemand zu schließen vermag; denn du hast eine kleine Kraft, und hast mein Wort bewahrt und hast meinen Namen nicht verleugnet. Siehe, ich gebe aus der Synagoge des Satans von denen, die sagen, sie seien Juden, und sind es nicht, sondern lügen; siehe, ich werde sie zwingen, dass sie kommen und huldigen vor deinen Füßen und erkennen, dass ich dich geliebt habe. Weil du das Wort meines Ausharrens bewahrt hast, werde auch ich dich bewahren vor der Stunde der Versuchung, die über den ganzen Erdkreis kommen wird, um die zu versuchen, die auf der Erde wohnen. Ich komme bald; halte fest, was du hast, damit niemand deine Krone nehme! Wer überwindet, den werde ich zu einer Säule machen im Tempel meines Gottes, und er wird nie mehr hinausgehen; und ich werde auf ihn schreiben den Namen meines Gottes und den Namen der Stadt meines Gottes, des neuen Jerusalem, das aus dem Himmel herniederkommt von meinem Gott, und meinen neuen Namen. Wer ein Ohr hat, höre, was der Geist den Gemeinden sagt!«

Philadelphia ist die zweite der sieben Gemeinden, die keinerlei Tadel, sondern nur Lob und Zuspruch bekommt. Was ist an Philadelphia so löblich? Es werden im einleitenden Satz drei Dinge genannt: Die Gemeinde hat eine kleine Kraft, hat das Wort Gottes treu bewahrt und hat den Namen des Herrn nicht verleugnet. Das sind Merkmale der verschiedenen geistlichen Bewegungen gewesen, die als Reaktion auf die teilweise unvollendete Reformation und auf eine erstarrte protestantische Orthodoxie an verschiedenen Orten die evangelische Welt heimsuchten. Es sind gleichzeitig die Merkmale einer jeden von Gott gewirkten Erweckung.

Zunächst sind wir überrascht, dass der Herr lobend erwähnt, die Gemeinde habe »eine kleine Kraft«, wo man doch heute eher »große Kraft« und »Vollmacht« und anderes begehrt. Im Bewusstsein der kleinen Kraft nun klammert sich Philadelphia an das Wort Gottes. Sie stützt sich damit einzig und allein auf die Kraft, Weisheit und Führung des Herrn selbst. Darin liegt ihre wahre Kraft verborgen. Paulus sagt: »Wenn ich schwach bin, bin ich stark« (2Kor 12,10; Spr 3,5-7). Die Gemeinde der wirklich Glaubenden hat auch in einem anderen Sinn nur kleine Kraft: Sie ist gegenüber den (meist staatlich) organisierten Großkirchen eine kleine Minderheit, die im öffentlichen Urteil kaum zählt.

Aber sie hält fest am Wort Gottes, an dessen absoluter Zuverlässigkeit, gerade wo sich im Protestantismus Bibelkritik nahezu vollständig unwidersprochen durchgesetzt hat. Und sie verleugnet den Namen des Herrn Jesus Christus nicht, das heißt, sie bekennt und glaubt, was in diesem Namen enthalten ist: Seine wahre Menschheit und Gottheit, Seine göttliche Sendung, Seine Zeugung durch den Heiligen Geist und Seine Geburt von einer Jungfrau, Sein sündloses Leben, Seinen Tod und Seine Auferstehung und Sein Kommen, um als Messias Israels und König aller Könige über die ganze Schöpfung zu herrschen; und schließlich, was keinesfalls vergessen werden darf: Seine Einzigartigkeit, Ausschließlichkeit und absolute Allgenugsamkeit, die neben sich keine anderen Helfer, Mittler, Heilsvermittler duldet.

Dafür wird Philadelphia wie schon Smyrna von denen, die sich Juden nennen, es aber nicht sind, gehasst. Wer hasst die bibelgläubigen Christen mehr als die in offiziellen Ehren stehenden und von Staates wegen bestellten Lehrer der Kirche? Denken wir in diesem Zusammenhang daran, was der Name *Philadelphia* bedeutet: Bruderliebe. Wo die religiöse Welt uns hasst, freuen wir uns umso mehr an der Liebe untereinander. Zudem ist die Bruderliebe das Zeichen echter Jünger (Joh 13,34.35). Und beachten wir auch, dass es diese Bruderliebe nur in der Wahrheit geben kann, dort also, wo man sich vorbehaltlos dem Wort Gottes beugt. Das sagt uns unter anderem der Apostel Petrus: »Da ihr eure Seelen gereinigt habt durch den *Gehorsam gegen die Wahrheit zu ungeheuchelter Bruderliebe* …« (1Petr 1,22).

Der Herr gab Philadelphia »eine geöffnete Tür«; das ist ein Hinweis auf die Verbreitung des Evangeliums (1Kor 16,8.9; Kol 4,3). Die Erweckungsbewegungen, die als Reaktion auf die protestantische Orthodoxie England, Deutschland, Amerika, Skandinavien ergriffen, waren von einem Aufbruch in die Weltmission charakterisiert: George Whitefield begann an allen Hecken und Zäunen zu den Menschen zu predigen, die Herrnhuter trugen das Evangelium in alle Kontinente, William Carey fuhr nach Indien, Hudson Taylor drang in das Innere Chinas vor, Livingstone ins Innere Afrikas. Lernen wir aus dem Zusammenhang von Bibeltreue und einer geöffneten Tür nicht, dass das Evangelium sich dann besonders ausbreitet, wenn man sich ohne Abstriche zum Wort Gottes hält? Und dass umgekehrt alle Verwässerung der biblischen Botschaft ihre Durchschlagskraft schwächt?

»Weil du das Wort meines Ausharrens bewahrt hast, werde auch ich dich bewahren vor der Stunde der Versuchung.« Wer das Wort Gottes bewahrt hat, wird auch von Gott bewahrt werden. Wir müssen den griechischen Wortlaut gut beachten. Der Herr sagt nicht, Er werde »in« (das wäre Griechisch *en*) der Stunde, oder »durch« (das wäre Griechisch *dia*) die Stunde der Versuchung, sondern »vor«, Griechisch *ek*, wörtlich »aus« der Stunde der Versuchung bewahren. Das heißt, Er wird die gläubige Gemeinde ganz heraushalten.[1]

Denken wir aber daran, dass der Herr hier nicht umsonst vom »Wort Seines Ausharrens« spricht: Es bedarf je länger je mehr des entschiedenen Festhaltens, um dem wachsenden Druck zur Aufweichung und Verwässerung nicht nachzugeben. Die Versuchung wird immer größer werden, die Position des bedingungslosen Vertrauens in die Vollkommenheit des Wortes Gottes aufzugeben.

Bevor die in diesem Buch geschriebenen Gerichte über die Erde hereinbrechen – denn das ist mit der »Stunde der Versuchung« gemeint –, wird der Herr Seine Gemeinde zu sich nehmen. Auch zu dieser Gemeinde spricht der Herr von Seinem Kommen. Es ist dem Gläubigen Ansporn, an Seinem Wort unbeirrt festzuhalten; denn der Herr wird ihn für die Treue belohnen. Wie zur Gemeinde in Smyrna spricht Er auch von einer »Krone«. Das ist Lohn für Treue im Dienst. Und die Verheißung für die Überwinder ist besonders kostbar: Sie, die sich damit begnügten, »eine kleine Kraft« zu haben, die in den Augen der Welt kein Gewicht hatten, die

1 Die Formulierung »aus der Stunde der Versuchung« deckt sich griechisch ganz mit den Worten »ich bitte nicht, dass du sie aus der Welt – *ek tou kosmou* – herausnehmest« (Joh 17,15).

man als Unverbesserliche und Sonderlinge abtun konnte, werden einst zu einer »Säule im Tempel Gottes«, das heißt öffentlich gewürdigt als solche, die große Kraft haben. Denn die Säule ist im Bau das Element, das große Stärke haben muss. Zudem steht die Säule im Tempel Gottes. Damit rechtfertigt der Herr selbst vor ihren Feinden und Hassern die an Ihn Glaubenden, die ihrer Überzeugungen wegen von den Vertretern der angemaßten allein wahren Kirche Christi (der »Synagoge Satans«) verachtet und gehöhnt worden waren. Nicht jene, sondern die an Ihn Glaubenden waren während der Zeit Seiner Abwesenheit Tempel und Wohnstätte Gottes gewesen. Dreimal steht in der Verheißung das Wort »Name«: Weil die Treuen den Namen des Herrn nicht verleugnet hatten, wird ihnen der Name Gottes, der Name der Stadt Gottes und der neue Name des Herrn Jesus öffentlich eingeprägt (vgl. 14,1). So ehrt der Herr alle, die Ihn in dieser Welt durch Festhalten an Seinem Namen geehrt hatten (vgl. Mt 10,32.33).

Das Sendschreiben an die Gemeinde in Laodicäa (3,14-22)

»Und dem Engel der Gemeinde in Laodicäa schreibe: Dieses sagt der Amen, der treue und wahrhaftige Zeuge, der Anfang der Schöpfung Gottes: Ich kenne deine Werke, dass du weder kalt noch warm bist. Ach, dass du kalt oder warm wärest! Also, weil du lau bist und weder kalt noch warm, so werde ich dich ausspeien aus meinem Mund. Weil du sagst: Ich bin reich und bin reich geworden und bedarf nichts, und weißt nicht, dass du der Elende und der Jämmerliche und blind und bloß bist. Ich rate dir, Gold von mir zu kaufen, geläutert im Feuer, damit du reich werdest; und weiße Kleider, damit du bekleidet werdest, und die Schande deiner Blöße nicht offenbar werde; und Augensalbe, deine Augen zu salben, damit du sehen mögest. Ich überführe und züchtige, so viele ich liebe. Sei nun eifrig und tue Buße! Siehe, ich stehe an der Tür und klopfe an; wenn jemand meine Stimme hört und die Tür auftut, zu dem werde ich eingehen und das Abendbrot mit ihm essen, und er mit mir. Wer überwindet, dem werde ich geben, mit mir auf meinem Thron zu sitzen, wie auch ich überwunden und mich mit meinem Vater gesetzt habe auf seinen Thron. Wer ein Ohr hat, höre, was der Geist den Gemeinden sagt!«

Das letzte der sieben Sendschreiben ist an eine Gemeinde gerichtet, die schon im ersten Jahrhundert die Kennzeichen der christlichen Gemeinde am Ende ihres Ganges durch die Jahrhunderte trägt. Darum stellt sich der Herr als der vor, der am Anfang war, der der Urheber aller Werke Gottes ist (Joh 1,1-3). Wenn wir uns an dem messen, was der Herr selbst wirkte und was Er durch Seine Apostel am Anfang lehrte und einsetzte, erkennen wir, wie weit wir abgewichen sind. Dabei ruft der Herr uns in Erinnerung, dass Er »der treue und wahrhaftige Zeuge« ist. Er hat alles, was Er gesagt hat, genau so gemeint, wie Er es sagte. Er wird entsprechend der Treue oder Untreue zu Seinen ewig gültigen Weisungen belohnen oder bestrafen.

Das besondere Kennzeichen der Gemeinde in Laodicäa ist, dass sie sich Seinem Wort nicht stellt, Ihn nicht ernst nimmt als den treuen Zeugen; denn sie wird »lau« genannt. Sie sagt Ja zur Bibel und zu den Meinungen der Welt, zur Lehre der Apostel und zu den Überlieferungen der Menschen, sie will sich nirgends festlegen, überall mitreden und allerorts anerkannt oder doch zumindest nicht unangenehm bekannt sein. Sie ist eine Gemeinde ohne Grundsätze; sie will auf allen Hochzeiten tanzen, sie vermischt sich mit der Welt. Sie ist lau, wie eben laues Wasser dadurch entsteht, dass man kaltes mit warmem mischt. Vermischung von Licht und Finsternis, Wahrheit und Lüge, Gemeinde und Welt ist das Kennzeichen der Christenheit des Endes. Vermischung nennt man etwas vornehmer auch *Synkretismus*. Auf dem Weg des Synkretismus ist sie in ihren eigenen Augen – das beweist, wie blind sie ist – sehr reich geworden. Endlich hat sie die altmodische Enge und Ausschließlichkeit des Christentums abgestreift. Sie hat für alles und jedes Platz. Allein, ein fataler Mangel enthüllt mit einem Schlag ihre vollständige Verarmung: Sie hat den Christus Gottes nicht mehr; denn der Herr steht vor der Tür (Vers 20).

Wie ist Lauheit dem Herrn, der selbst die Wahrheit heißt (Joh 14,6), zuwider. Es ekelt Ihn, der selbst bei der Schöpfung Licht und Finsternis schied, der Seine Priester im Alten Bund anwies, zwischen rein und unrein zu scheiden (3. Mose 10,10), der selbst »abgesondert von den Sündern« (Hebr 7,26) war. Es ist Seinem Wesen so zuwider, dass Er eine solche Gemeinde ausspeit. Damit wird deutlich, dass auf ihre Weise die Christenheit das gleiche Ende finden wird wie das alte Israel vor dem ersten, dem babylonischen Exil. Diesem war angekündigt worden, dass es aus dem Land der Verheißung ausgespien würde, wenn es sich mit den heidnischen Völkern *vermischen* und deren Ansichten und Praktiken mit den Weisungen des Gesetzes vermengen sollte (3Mo 18,28). Und die endzeitliche Christenheit wird auch den Juden kurz vor ihrem zweiten, dem nun fast zweitausend Jahre dauernden Exil gleichen. Es war damals zu einem leeren Haus geworden (Mt 12,43-45); ihr Gottesdienst war eine leere Schau; der Herr verließ ihren Tempel und ließ ihn als bloße Hülse zurück (Mt 23,38). So endet auch die Christenheit. Sie ist eine leere Organisation und hohle Religion geworden, die für alle offen ist, nur nicht für den Christus Gottes. Er Selbst hat sie verlassen und steht nun draußen vor der Tür. Daher hat die christliche Kirche keinerlei berechtigten Anlass, mit dem Finger auf das untreue Israel zu zeigen. Sie hat sich um nichts treuer erzeigt. Wir müssen sogar sagen, im Gegenteil: Die Christenheit hat höhere Segnungen und eine erhabenere Botschaft verschmäht. Sie hat die Gnade Gottes in Ausschweifung verkehrt (Jud 4).

Wer nun innewird, dass Christus längst ausgeladen worden ist, deshalb umkehrt und auf Seine Stimme hört, zu dem wird der Herr kommen und Gemeinschaft mit ihm pflegen. Solange die Gnadenzeit noch dauert, kann jeder, aller Untreue der Christenheit zum Trotz, noch den Sohn Gottes in sein Leben aufnehmen und damit alle Verheißungen der Überwinder erlangen: Er wird, während das Gros der Christenheit »ausgespien« wird, von Jesus Christus erhöht werden. Wenn die christliche Kirche nicht zwischen Draußen und Drinnen geschieden hat, wird der Herr selbst scheiden, wenn Er kommt. Wer Ihn aufgenommen hat, den wird Er zu sich nehmen, erhöhen (Vers 21). Wer Ihn nie aufgenommen hat, wird auf die Erde »gespien«, also zurückgelassen werden, um mitsamt der Welt in der dann anbrechenden Drangsalszeit gerichtet zu werden.

Teil 3: »Was sein wird nach diesem«
Kapitel 4-22

Kapitel 4 und 5: Schöpfung und Erlösung

Mit dem Kapitel 4 kommen wir zum dritten und damit zum umfangreichsten Teil unseres Buches.

Die Kapitel 4 und 5 gehören zusammen, indem sie uns die beiden Hauptursachen aller später in diesem Buch beschriebenen Gerichte und die Gewissheit der Errettung, Bewahrung und Vollendung aller zum Leben Erwählten nennt. Bevor auch nur ein einziges Gericht beschrieben wird, gewährt uns Gott einen Blick in den Himmel. Wir sollen wissen, warum Gott die Welt richten muss. Der erste Grund ist der, dass Gott der Schöpfer ist (Kap. 4), der zweite Grund ist der, dass Gott der Erlöser ist (Kap. 5). Weil sich der Mensch dem Willen seines Schöpfers widersetzt, ist er schuldig. Weil er dazu die Gnade des Erlösers schmäht, ist er doppelt schuldig. Der Inhalt der beiden Kapitel lässt sich wie folgt gliedern und zusammenfassen:

1.	Gewissheit und Notwendigkeit: »was geschehen muss«	4,1
2.	Die Herkunft aller Gerichte und Errettungen: der Thron	4,2-8
3.	Die gerechte Ursache: »Du hast alles erschaffen«	4,9-11
4.	Das Programm aller Gerichte: das Buch	5,1
5.	Wer hat das Recht und die Macht zu richten?	5,2-5
6.	Die gerechte Ursache: »Du bist geschlachtet worden«	5,6-10
7.	Das Ergebnis aller Gerichte: Alle Schöpfung verherrlicht Gott	5,11-14

Kapitel 4 – Der Schöpfer auf Seinem Thron

1. Gewissheit und Notwendigkeit (4,1)

»Nach diesem sah ich: und siehe, eine Tür war aufgetan im Himmel, und die erste Stimme, die ich gehört hatte wie die einer Posaune mit mir re-

den, sprach: Komm hier herauf, und ich werde dir zeigen, was nach diesem geschehen muss.«

Der Abschnitt beginnt mit der Wendung, der wir bereits in 1,19 begegnet waren. Dort hatte der Herr den Apostel angewiesen, zuerst zu schreiben, was er gesehen hatte, dann das, was ist, und als Drittes, was »nach diesem« geschehen sollte. Hier wird genau dieser Ausdruck wieder aufgenommen und an die Spitze aller Darlegungen gestellt, die das Zukünftige betreffen. Es wird in der Folge bis zum Schluss des Buches um Dinge gehen, die nach der Gemeindezeit geschehen. Die entrückte Gemeinde befindet sich im Himmel, während Gott Sein altes Bundesvolk Israel durch eine Zeit schrecklicher Not, der »Drangsal Jakobs« (Jer 30,7), zu sich führt, um es dann allen Anfeindungen zum Trotz ans Ziel zu bringen.

Nun wird oft eingewendet, es könne doch nicht sein, dass ab Kapitel 4 in diesem Buch nur Dinge stehen, welche die christliche Gemeinde nicht direkt betreffen, denn Gott würde der Gemeinde doch nicht ein biblisches Buch geben, das zum größten Teil die Gemeinde selbst nicht betrifft. Also müsse die Gemeinde ganz sicher durch die Drangsalszeit gehen. Das Argument hat kein Gewicht; es ist sogar ausgesprochen schwach. Gott hat uns Menschen so geschaffen, dass wir uns in der Zeit vorwärts und rückwärts orientieren, dass wir mit Blick auf die Vergangenheit und auf die Zukunft leben. Nur der Tor lebt in einem geschichts- und zukunftslosen Jetzt. Der allergrößte Teil der ganzen Bibel handelt von Dingen, die uns nicht direkt betreffen, weil sie längst vergangen sind. So etwa die Berufung der Erzväter, die ganze Geschichte der erwählten Nation. Ist das alles deswegen für uns gegenstandslos? Sicher nicht. Und Gott hat uns, wie in der Einleitung des Buches bereits gesagt wurde, die Zukunft enthüllt, damit wir lernen, wie uns auch das Alte Testament zur Belehrung gegeben wurde (1Kor 10,6.11).

In Joh 15,15 sagt der Herr zu den Jüngern: »Ich nenne euch nicht mehr Knechte, denn der Knecht weiß nicht, was sein Herr tut. Ich habe euch Freunde genannt, weil ich alles, was ich von meinem Vater gehört, euch kundgetan habe.« Haben wir das gut verstanden? Weil wir *Freunde* des Herrn sind, zieht Er uns ins Vertrauen und erzählt uns von Seinen Absichten mit der Gemeinde, mit Israel und mit den Nationen. Das gehört zur Stellung, zur Würde der Erlösten des Herrn.

Der Herr will uns als Seine Freunde lehren, Er will uns erziehen, damit wir immer besser in Wort und Tat Seinen Gedanken entsprechen. Dazu gehört, dass wir das Wesen der Welt verstehen. Und in diesem Buch sagt uns der Herr, diese stehe unter dem Zorn Gottes. Warum? Der Grund wird in den Kapiteln 4 und 5 gegeben, die jetzt vor uns liegen: Die Welt lehnt sich gegen den Schöpfer auf, und sie verachtet den Erlöser. Wenn das aber das Wesen der Welt ist, dann verstehen wir erstens, warum der Herr uns »aus diesem gegenwärtigen, bösen Zeitlauf« herausgenommen hat (Gal 1,4), und zweitens werden wir die Welt nicht lieben wollen (1Jo 2,15).

Die Stimme, die zu Johannes bereits wie mit einer Posaune geredet hatte, sagt jetzt: »Komm hier herauf.« Wir dürfen stellvertretend in Johannes sicher das sehen, was der Herr der ganzen Gemeinde zurufen wird, wenn Er »mit gebietendem Zuruf, mit der Stimme des Erzengels und mit der Posaune Gottes herniederkommen« und die Gemeinde zu sich entrücken wird (1Thes 4,16.17).

Der Herr zeigt Johannes, was »geschehen muss nach diesem«. Beachten wir besonders das Wörtlein »muss«. Dieses Wort spricht von Notwendigkeit. Was geschieht, geschieht nach Gottes Befehl; was geschieht, geschieht mit göttlicher Notwendigkeit. Nicht der Zufall, nicht der Mensch und nicht der Teufel bestimmen, was geschieht, sondern der Herr und Herrscher aller Dinge.

2. Die Herkunft aller Gerichte: der Thron (4,2-8)

»Alsbald war ich im Geist; und siehe, ein Thron stand im Himmel, und auf dem Thron saß einer.«

Wie beim ersten Mal, da der Menschensohn zu Johannes redete, ist Johannes »im Geist«. Das unterstreicht noch einmal, dass hier eine neue Reihe von Mitteilungen beginnt. Das Erste, was Johannes gezeigt wird, ist Gottes Thron im Himmel. Um diesen Thron wird sich im ganzen Buch alles drehen, besonders in den nächsten zwei Kapiteln. Insgesamt kommt das Wort »Thron« in diesem Buch über vierzigmal vor, das ist ein Mehrfaches häufiger als in allen übrigen Büchern des Neuen Testaments zusammengenommen.[2] Von Gottes Thron aus wird alles verfügt, was auf der Erde geschieht; von ihm aus wird alles gelenkt, was auf der Erde geschieht, und von ihm aus werden alle Gerichte verhängt, die über die Erde kommen müssen. Diesem Thron muss sich am Ende alles fügen in der ganzen Schöpfung. Es muss Johannes ein ungeheurer Trost gewesen sein, diesen Thron zu sehen. Er saß auf der Insel Patmos in der Verbannung, weil der höchste Thron auf der Erde, der Thron des römischen Kaisers, es so verordnet hatte. Nun sah er den Thron Gottes, der über den irdischen Thronen ist. So wusste Johannes, dass er in der Verbannung war, weil Gott es so gewollt hatte. Und auf dem Thron sah er jemanden sitzen. Diesen einen kannte Er; es war Sein Herr und Gott. Nun sah er, wie alles, sein Ergehen, das Ergehen der Gemeinden, der Fortgang des Evangeliums in der Welt gegen allen Widerstand und das Schicksal des Volkes Israel in den besten Händen waren. Was macht er sich da noch Sorgen?

Mit Gottes Thron hängt aufs Engste zusammen, warum Gott die Welt richten muss. Der Thron ist der Inbegriff der Herrschaft Gottes über Seine Schöpfung. Weil Er nach Seinem souveränen Willen alles geschaffen hat, hat Er ein Anrecht darauf, dass alle Schöpfung Ihm dient (4,11). Wenn nun der Mensch als Geschöpf Gottes dem Schöpfer diesen Dienst verweigert, muss Er ihn richten. Das ist der erste Grund, warum die in diesem Buch beschriebenen Gerichte fallen.

Und schließlich beachten wir, dass Johannes den Thron »im Himmel« sieht, nicht auf der Erde. Das erklärt, warum in dieser Welt die Gerechten noch leiden und warum die Gottlosen noch Macht haben über sie. Gott lenkt alles vom Himmel her in Seiner

---

2 »Thron« kommt außer in der Offenbarung nur noch vor in Mt fünfmal, in Lk dreimal, in Apg dreimal, in Kol einmal, in Hebr viermal.

Vorsehung; Er lässt das Böse noch in der Welt seinen Lauf gehen. In Seiner Weisheit lenkt Er es so, dass es Seinen Absichten dienen muss, sodass alles, was uns an Widerwärtigem befallen mag, zum Guten zusammenwirken muss (Röm 8,28). Erst wenn Christus wiederkommt und Seinen Thron auf der Erde aufrichtet, werden die Bösen niedergeworfen und wird das Böse aus der Schöpfung verbannt sein (Offb 19,11 - 20,3); erst dann, vorher nicht.

»Und der da saß war von Ansehen gleich einem Jaspisstein und einem Sardis, und ein Regenbogen war rings um den Thron, von Ansehen gleich einem Smaragd.«

Bevor wir von Gerichten lesen, werden wir in diesem Gesicht daran erinnert, dass Gottes Gnade alle über die Erde verhängten Gerichte begrenzt hat: Der Regenbogen um den Thron ist das Zeichen, das Gott nach der Sintflut in die Wolken setzte, um daran zu erinnern, dass er nach den notwendigen Gerichten segnen werde (1Mo 9,13-16), dass er »inmitten des Zornes des Erbarmens« gedenkt, wie einst Habakuk gebetet hatte (Hab 3,2). So sehr die Offenbarung ein Buch der Gerichte ist, ist es auch ein Buch der Bewahrung und Errettung. Vom Thron Gottes gehen wohl »Blitze und Stimmen und Donner« (Vers 5), alles Zeichen des Zornes Gottes (Ps 18,13-15; 2Mo 9,23; 1Sam 2,10) hervor; aber um den Thron ist auch der Regenbogen.

Der Bogen war das Zeichen der Gnade, die Gott dem Menschen nach der Flut gewährte. Dieses Zeichen erscheint nach 1Mo 9 noch dreimal im Zusammenhang mit Gottes Handeln im Gericht, in Hesekiel 1,28 und in Offenbarung 4,3 und 10,1. In beiden Büchern sehen die Propheten im Geist das Kommen Gottes im Zorn, aber sie sehen und hören auch, dass Sein Kommen Gnade ist. Er kommt, um uralte Verheißungen des Heils zu erfüllen.

Der erste Bund, den Gott mit dem Menschen schloss, der Bund mit Noah, enthielt alle Merkmale späterer Gnadenbündnisse. Wohl war die Errettung, die jener Bund zusicherte, nur auf das irdische Leben beschränkt, aber die verheißene Errettung war absolut gewiss. Im Neuen Bund macht Gott größere Verheißungen. Er verheißt eine Errettung, die über das irdische Leben und über die gegenwärtige Schöpfung hinausgeht. Hat Gott die Verheißungen des Bundes nach dem Gericht der Flut bis zum heutigen Tag gehalten, dann wird Gott die Verheißungen des Bundes nach dem Gericht der Sünde auf Golgatha ebenso halten. So wie die Errettung des ersten Bundes bedingungslos war, so ist auch die Errettung des Neuen Bundes an keine menschliche Bedingung geknüpft. Das ist der entscheidende Punkt am Gnadenbund. Daran liegt, dass der Bund nicht fehlschlagen kann. Darum müssen die im Buch der Offenbarung beschriebenen Gerichte die Errettung der Erwählten Gottes zum Ziel haben. Er hatte Abraham bedingungslose Verheißungen gegeben; diese werden sich an seinen Nachkommen unfehlbar erfüllen.

»Und rings um den Thron waren vierundzwanzig Throne, und auf den Thronen saßen vierundzwanzig Älteste, bekleidet mit weißen Kleidern, und auf ihren Häuptern goldene Kronen.«

Diese Ältesten stellen wohl alle entrückten Erlösten dar. Sie tragen weiße Kleider, denn der Herr hat sie in Seinem Blut reingewaschen (1,5.6 und 22,14); denn sie sind Priester; und sie tragen Kronen, denn sie sind Könige (vgl. 1,5.6) und Überwinder (2,10; 3,11). Wie kommt es, dass sie auf Thronen sitzen? Weil sie sich einst unter Gottes mächtige Hand gedemütigt haben, hat Gott sie erhöht (Mt 23,12; 1Petr 5,6). Sie sitzen auf Thronen, weil sie sich Gottes Thron unterwerfen (Verse 10 und 11). Das hatte auch der Herr den Überwindern der Gemeinde in Thyatira und in Laodicäa (2,26; 3,21) verheißen. Damit leitet gerade das letzte Sendschreiben mit seiner besonderen Verheißung ganz organisch zu dieser Schau in den Himmel über: Hier sehen wir die Überwinder auf den Thron erhöht, wie der Herr gesagt hatte.

Warum sind es gerade vierundzwanzig? Wahrscheinlich hängt das mit den 24 Ordnungen zusammen, die als Priester im Tempel dienten. Wir lesen in 1Chr 24 und 25, dass David die Priester in 24 Gruppen oder Ordnungen einteilte, die der Reihe nach den Dienst versahen (vgl. Lk 1,5.8.9).

»Und aus dem Throne gehen hervor Blitze und Stimmen und Donner; und sieben Feuerfackeln brannten vor dem Throne, welche die sieben Geister Gottes sind. Und vor dem Throne wie ein gläsernes Meer, gleich Kristall; und inmitten des Thrones und um den Thron her vier lebendige Wesen, voller Augen vorn und hinten. Und das erste lebendige Wesen war gleich einem Löwen, und das zweite lebendige Wesen gleich einem Kalb, und das dritte lebendige Wesen hatte das Angesicht eines Menschen, und das vierte lebendige Wesen war gleich einem fliegenden Adler. Und die vier lebendigen Wesen hatten, ein jedes von ihnen für sich, je sechs Flügel, ringsum und inwendig sind sie voller Augen, und sie hören Tag und Nacht nicht auf zu sagen: Heilig, heilig, heilig, Herr, Gott, Allmächtiger, der da war und der da ist und der da kommt!«

Alles, was um den Thron Gottes ist und was vom Thron Gottes ausgeht, gibt Ihm Ehre. Der Psalmist sagt das mit etwas anderen Worten: »Preiset den Herrn, alle seine Werke, an allen Orten seiner Herrschaft!« (Ps 103,22). Das will uns diese Schau in den Himmel sagen. Und wenn wir nur das verstanden haben und daraus in unserem Leben die entsprechenden Schlüsse ziehen, dann haben wir das Entscheidende begriffen, auch wenn wir Mühe haben zu verstehen, was die Ältesten, die Fackeln und die lebendigen Wesen genau bedeuten.

Schon zum dritten Mal (nach 1,4 und 2,1) lesen wir von den »sieben Geistern Gottes«. Diesmal werden sie als »Feuerfackeln« gesehen. Feuer spricht von Gericht. Wir haben hier einen Hinweis auf den Geist Gottes, der die Welt überführt von Sünde, von Gerechtigkeit und von Gericht (Joh 16,8-11). Er hat in den Herzen der Menschen das Evangelium bestätigt; er hat zu allen Worten der Bibel stets »Ja und Amen« (2Kor 1,20) gesagt. Nun ist Gott daran, alle Worte vom kommenden Gericht zu erfüllen. Daher gehen vom Thron »Blitze und Stimmen und Donner« hervor, samt und sonders Zeichen des herannahenden Zornes Gottes (siehe Ps 18,14.15; 29,3.7). Vergessen wir nicht, was das heißt, dass sie »aus dem Thron hervorgehen«! Der Allmächtige, der auf dem Thron sitzt, hat Gericht befohlen. Wer will Ihn aufhalten, wenn Er im Zorn herniederfährt, um die Erde heimzusuchen?

Die lebendigen Wesen sind mit dem Thron Gottes untrennbar verbunden. Sie stellen in symbolischer Gestalt also irgendwie Seine vollkommene Herrschaft und besonders Seine Regierungswege dar, die am Ende dazu führen, dass alle Schöpfung Ihm Ehre geben muss. Die vier lebendigen Wesen symbolisieren also *Gottes indirekte Regierung in der Vorsehung*, Seine Herrschaft über alle Schöpfung, bevor Er Seinen Thron in Zion, das heißt auf dieser Erde, aufrichten wird. An den vier lebendigen Wesen wird deutlich, wie der Herr in Seinen Regierungswegen in der Vorsehung handelt. Er ist der Regent der ganzen Schöpfung, Herr auch aller menschlichen Geschichte, obgleich er nicht gesehen wird. Der Thron wird daher im Gesicht im Himmel, noch nicht auf der Erde, gesehen.

Die vier lebendigen Wesen symbolisieren mithin vier grundlegende Eigenschaften der Regierungswege Gottes. An ihnen erkennen wir, wie Gott in der Vorsehung handelt, und wir begreifen, dass durch alles, was geschieht, Sein Name geheiligt wird; denn Er hat alles verfügt. Der Himmel ruft unablässig »Heilig, heilig, heilig!«, während der Mensch auf der Erde Gott vielfach lästert wegen verschiedener Enttäuschungen und scheinbarer oder wirklicher Ungerechtigkeiten. Wir als Kinder Gottes dürfen und sollen in allem Gottes vollkommenes Regiment sehen und daher lernen, mit den vier lebendigen Wesen »Heilig, heilig, heilig« dem zuzurufen, der da ist, der da war und der da kommt.

Alle vier Wesen sind »voller Augen vorn und hinten«. Das zeigt uns, dass Gott mit vollkommener Kenntnis aller Umstände, aller Ursachen und aller Folgen handelt. Er sieht in die Zukunft; Er weiß alles, was noch geschehen wird. Er sieht in die Vergangenheit; Er weiß alles, was schon geschehen ist. Wir hingegen wissen so wenig. Was zukünftig ist, sehen wir gar nicht; und was geschehen ist, wissen wir nur zum Teil. Vieles haben wir vergessen, anderes gar nicht gemerkt, als es geschah, und was wir vom Verflossenen noch wissen, beurteilen wir falsch. Unsere Wahrnehmung ist so ungeheuer begrenzt, dass wir fast nichts wissen. Deshalb erscheint uns so vieles, was auf der Erde geschieht, rätselhaft. Wüssten wir alles, was in der Vergangenheit passiert ist, erschiene uns manches, was heute geschieht, ganz verständlich. Und wüssten wir erst noch, was morgen geschehen wird, könnten wir auch verstehen, warum heute Dinge passieren müssen, die uns noch ganz sinnlos erscheinen.

Lasst uns aber unserem Schöpfer und Erlöser vertrauen, dass Er in vollkommener Weisheit über allem wacht und alles so lenkt und so ordnet, dass am Ende die Seinen vollendet werden und Er verherrlicht wird.

Das erste Wesen war gleich einem Löwen. Dieser ist »der Held unter den Tieren, der vor nichts zurückweicht« (Spr 30,30), dem niemand zu widerstehen vermag. So rennt der Mensch vergeblich gegen Gottes Absichten an. Diesen kann niemand trotzen. Gottes Ratschlüsse erfüllen sich. Nichts kann den Herrn abbringen von Seinen Wegen, die am Ende Leben und Frieden bedeuten (Jer 29,11).

Das zweite Wesen ist gleich einem Kalb. Dieses Wort kommt im Neuen Testament außer hier nur noch an drei Stellen vor (Lk 15,23; Hebr 9,12.19), und dort steht das Wort jedes Mal für ein Tier, das geschlachtet wird. In Lk 15 ist es ein Hinweis auf das Opfer Christi, in Hebr 9 ebenso. Gott tut den Menschen in Seiner Vorsehung so viel Gutes (Apg 14,16.17), das sie nicht verdient haben. Weil wir in die Sünde gegangen sind, haben wir Fluch und Tod verdient, und doch ist Gott geduldig und freundlich und hat lange, lange Nachsicht mit unseren Sünden (Röm 3,25; 1Petr 3,20) und richtet uns nicht sofort. Er kann das nur, weil der Sohn Gottes in der Fülle der Zeit zum Opferlamm wurde, das in Seinem Tod die Sünde der Welt wegnahm (Joh 1,29) und so die ganze Welt mit Gott versöhnte (2Kor 5,20).

Das dritte Wesen hatte das Angesicht eines Menschen, des einzigen zur Gottesfurcht berufenen Geschöpfes auf der Erde. Die Gottesfurcht ist die Substanz aller Weisheit (Spr 9,10); so spricht denn das Angesicht eines Menschen von der Weisheit (Jes 28,23-29; Röm 11,33; Eph 3,10), mit der Gott in einer jahrtausendelangen Geschichte auf Seine Ziele hinarbeitet.

Das vierte Wesen gleicht einem Adler, dem Tier, das daran erinnert, dass, obgleich von ferne kommend (5Mo 28,49; Jes 46,9-11), da von jeher beschlossen, Gottes Gerichte schnell fallen werden

(Mt 24,28). Gleichzeitig aber wird Gott in Seiner Vorsehung gleich einem Adler die Seinen in der Zeit bewahren (5Mo 32,11.12) und durch die Zeit hindurchtragen (2Mo 19,4).

3. Die gerechte Ursache aller Gerichte (4,9-11)

»Und wenn die lebendigen Wesen Herrlichkeit und Ehre und Danksagung geben werden dem, der auf dem Thron sitzt, der da lebt von Ewigkeit zu Ewigkeit, so werden die vierundzwanzig Ältesten niederfallen vor dem, der auf dem Throne sitzt, und den anbeten, der da lebt von Ewigkeit zu Ewigkeit, und werden ihre Kronen niederwerfen vor dem Thron und sagen: Du bist würdig, unser Herr und unser Gott, zu nehmen die Herrlichkeit und die Ehre und die Macht; denn du hast alle Dinge erschaffen, und deines Willens wegen waren sie und sind sie erschaffen worden.«

Alles, was irgend geschieht, muss Ihm und Seinen Zielen dienen. Und der Mensch ist dazu geschaffen, darüber seinen Gott und Schöpfer vertrauensvoll anzubeten, wie es die vierundzwanzig Ältesten tun. Nur die erlöste Gemeinde kann das jetzt. Während der Ungläubige hadert und sich gegen seine Umstände auflehnt, weiß das Kind Gottes in »allem Dank zu sagen; denn das ist der Wille Gottes in Christus Jesus« (1Thes 5,18). Wer das vermag, weil er geglaubt und erkannt hat, dass »Seines Willens wegen« alles geschieht, ist ein wahrhaft glücklicher Mensch. Ihm fehlt nichts.

Wenn endlich die Ältesten ihre Kronen niederwerfen, bekennen sie damit, dass sie alle Ehre, alle Herrlichkeit, zu der ihr Schöpfer und Erlöser sie erhöht hat, diesem selbst verdanken; denn Er hat sie in Seinem Blut gewaschen und zu einem Königtum gemacht (1,6). Wenn die Kronen auch an den Lohn erinnern (2,10; 3,11), den uns der Herr für Treue im Dienst geben wird, dann verstehen wir: Wir verdanken es Ihm, dass wir überhaupt an Ihn glauben und Ihm dienen konnten. Alles ist Seine Gnade (1Kor 15,10). Und alle Dinge sind nach Gottes Willen und für Gottes Willen erschaffen. Darum ist es recht, dass Gott den Menschen richtet, der sich Gottes Willen widersetzt und sich weigert, Ihm die Ehre zu geben, die Ihm als Schöpfer zusteht (siehe Röm 1,18-32).

Kapitel 5 – Der Erlöser mitten im Thron

4. Das Programm aller Gerichte (5,1)

»Und ich sah in der Rechten dessen, der auf dem Throne saß, ein Buch, beschrieben inwendig und auswendig, mit sieben Siegeln versiegelt.«

Der auf dem Thron sitzt, hat ein Buch in der Hand. Wenn das Buch geöffnet wird, fallen die göttlichen Gerichte auf die Erde, wie dann in Kapitel 6 deutlich wird.

Was könnte die Tatsache göttlicher Souveränität in Seiner Regierung eindringlicher vor das Auge stellen als dies? Der Thron dessen, dem alles unterworfen ist und der alles lenkt, dabei aber alles so lenkt, wie es längst verordnet und im Buch verzeichnet ist. Welchen Platz hat hier noch der geringste Gedanke an Zufall? Keinen; es geschieht alles nach Vorsatz. Das Buch der Offenbarung ist das Buch der Vollendung der Wege Gottes, das Buch, das lauter als jedes andere die Unumschränktheit dessen proklamiert, der nicht allein war und kommt, sondern der auch allezeit *ist* (1,8), dem nichts entgeht, der die Haare auf dem Haupt eines jeden der Seinen gezählt, der in der Finsternis einen Weg gebahnt hat, den diese zu ihrer ewigen Glückseligkeit gehen werden. Der alles – das Böse, den Bösen und die Bösen – so lenkt, dass ihr Wüten Ihn verherrlichen und den Seinigen zum ewigen Glück dienen muss (Ps 76,11). Das Buch der Gerichte Gottes sind die Kapitel 6 bis 19 der Offenbarung. Alle dort beschriebenen zukünftigen Ereignisse sind in diesem Buch verzeichnet, das in der Rechten Gottes ist. Nichts in dieser allerdunkelsten Zeit, der Zeit der Regierung der beiden Tiere, ist dem Zufall überlassen; alles geschieht so, wie es sich der auf dem Thron sitzende ewige Gott vorgesetzt hat. Wie kostbar ist dem Heiligen, der vor Gottes Thron niedergefallen ist, dieses Wissen! Bücher spielen in diesem letzten Buch der Bibel eine wichtige Rolle: das Büchlein von Kap. 10, das Buch des Lebens des Lammes (Kap. 13 und 17), die Bücher der Werke der Menschen (Kap. 20). Ein jedes dieser Bücher will uns sagen, dass Geschichte, Erlösung und Gericht in Gottes Hand sind.

5. Wer hat das Recht und die Macht zu richten? (5,2-5)

»Und ich sah einen starken Engel, der mit lauter Stimme ausrief: Wer ist würdig, das Buch zu öffnen und seine Siegel zu brechen? Und niemand in dem Himmel noch auf der Erde, noch unter der Erde vermochte das Buch zu öffnen noch es anzublicken. Und ich weinte sehr, weil niemand würdig erfunden wurde, das Buch zu öffnen noch es anzublicken. Und einer von den Ältesten spricht zu mir: Weine nicht! Siehe, es hat überwunden der Löwe, der aus dem Stamme Juda ist, die Wurzel Davids, das Buch zu öffnen und seine sieben Siegel.«

Wenn hier die Frage gestellt wird, wer würdig sei, die Siegel zu öffnen, dann wird damit gefragt: Wer ist würdig, wer hat das Recht zu richten? Kein Mensch, kein Geschaffenes, ist würdig zu richten, sondern nur Gott selbst. Gott, der Schöpfer – das sahen wir in Kapitel 4; Gott, der Erlöser – das zeigt uns dieses Kapitel. Nun aber sagt uns Jesus Christus in Johannes 5,27: »Er (der Vater) hat ihm Gewalt gegeben, Gericht zu halten, weil er des Menschen Sohn ist.« Ist Christus würdig zu richten, dann muss Er der Schöpfer sein. So ist denn die Tatsache, dass Er das Gericht ausführen darf und kann, ein deutliches Bekenntnis zu Seiner Gottheit. Der Menschensohn ist Richter, wie wir in Kap. 1 gesehen haben. Ist Er aber Richter, ist Er auch Gott. Er ist wahrer Mensch und wahrer Gott in einer Person.

Johannes weint zunächst, da niemand gefunden wird, der würdig ist, die Gerichte über die Erde zu verhängen. Warum das? Ist er ein so schadenfroher Mensch, dass er wie einst ein Jona am Stadtrand von Ninive über die Maßen enttäuscht ist, dass das Gericht ausbleibt (Jona 4,1)? Johannes weint, weil es ihm ein unerträglicher Gedanke ist, dass das Böse ewig regieren und nie gerichtet werden soll. Wie entsetzlich wäre das, wenn Unrecht nie bestraft würde; denn dann wäre die Erde ein ewiges Tränental, dann gäbe es nie und für niemanden Befreiung von der Willkür des Bösen. Wie dankbar sind wir daher, dass Gott das Böse eines Tages richten und schließlich ganz aus Seiner Schöpfung verbannen wird. Darum zeugt es nur von vollständiger Blindheit, wenn Menschen ganz entrüstet jeden Gedanken von sich weisen, dass es einen Gott des Gerichts geben soll. Richtete Gott das Böse nicht, würde Willkür, Bosheit, Lüge, Quälerei, Hinterlist und Tücke am Ende das Universum regieren und uns ewig schinden und quälen. Wer kann denn so etwas wollen? Nur der Widersacher Gottes und der von ihm verblendete und in der Sünde gefangene Mensch.

Johannes muss nicht weinen, denn der Löwe von Juda hat überwunden. Ein Mächtigerer wird die Mächtigen niederwerfen; der Allmächtige wird die Gesetzlosen wegfegen. Der Löwe von Juda (siehe 1Mo 49,9; Jes 31,4) ist Jesus von Nazareth.

Der Löwe von Juda heißt auch »die Wurzel Davids«. Aus der Wurzel wächst der Trieb und wird der Baum mit seinen Früchten. Der Sohn Gottes ist der Ursprung Davids und seines Reiches. Der Sohn Gottes ist auch Nachfahre Davids und Erbe und Vollender seines Reiches: »Ich bin die Wurzel und das Geschlecht Davids« (Offb 22,16). Er ist, wie wir aus Ps 110 verstehen, gleichzeitig der Sohn und der Herr Davids (siehe auch Mt 22,41-45); Er ist wahrlich Alpha und Omega, der Anfang und das Ende, der Erste und der Letzte. Er ist der Allmächtige, der da war, der da ist und der da kommt.

6. Das Lamm inmitten des Thrones (5,6-10)

In diesen Versen wird das ganze Drama der Schöpfung, Erlösung und Vollendung in wenigen Worten zusammengefasst. Hier findet sich in konzentriertester Form die Summe der ganzen Heilsgeschichte. Alle Ratschlüsse Gottes sind in Gottes Hand; die Erfüllung aller Ratschlüsse Gottes geschehen durch Christus, durch Christus allein. Damit sie zum Wohl des Menschen und zur Ehre Gottes erfüllt werden konnten, musste Er zum Lamm werden und als Lamm den Tod erleiden. Ehemalige Sünder und Gotteslästerer sind Anbeter, Sklaven sind zu Herrschern geworden. Ist es ein Wunder, dass sich um das Lamm alle Erlösten scharen und sich über dem Lamm und der anbetenden Menge der Erlösten die Heerscharen der Myriaden über Myriaden von Engeln wölben und mit gewaltiger Stimme dem, der auf dem Throne sitzt, und dem Lamm die Macht, die Ehre und den Ruhm zuschreiben?

»Und ich sah inmitten des Thrones und der vier lebendigen Wesen und inmitten der Ältesten ein Lamm stehen wie geschlachtet, das sieben Hörner hatte und sieben Augen, welche die sieben Geister Gottes sind, die gesandt sind über die ganze Erde. Und es kam und nahm das Buch aus der Rechten dessen, der auf dem Throne saß. Und als es das Buch nahm, fielen die lebendigen Wesen und die vierundzwanzig Ältesten nieder vor dem Lamme, und sie hatten ein jeder eine Harfe und goldene Schalen voll Räucherwerk, welches die Gebete der Heiligen sind. Und sie singen ein neues Lied: Du bist würdig, das Buch zu nehmen und seine Siegel zu öffnen; denn du bist geschlachtet worden und hast für Gott erkauft durch dein Blut aus jedem Stamm und Sprache und Volk und Nation und hast sie unserem Gott zu Königen und Priestern gemacht, und sie werden über die Erde herrschen!«

Beachten wir zuerst, wer das Buch der Gerichte entgegennimmt, um die Siegel zu öffnen. Es ist das »Lamm wie geschlachtet«. Bevor Er die Welt richtet, hat Er selbst »in seinem Leib auf dem Holz« (1Petr 2,24) das ganze Gericht eines heiligen Gottes getragen. Daher ist er doppelt »würdig, das Buch zu nehmen und seine Siegel zu öffnen« (Vers 9). Bedenken wir: Zuerst hat Er uns erschaffen, hat also daher bereits einen gerechten Anspruch darauf, dass wir Ihm dienen; dann hat Er uns erlöst. Und auf was für einem Weg! Indem Er das Gericht, das uns alle wegen unserer Auflehnung gegen den Schöpfer hätte treffen müssen, *auf sich selbst genommen hat*! In Seinem Tod hat Er, so Du ein Gläubiger bist, für Dich bezahlt. Damit hat Er doppeltes Anrecht darauf, dass wir Ihm dienen, Ihm gehorchen, uns Seinem Willen bedingungslos beugen. Darum singen die Erlösten: »Du bist würdig, das Buch zu nehmen und seine Siegel zu öffnen; *denn du bist geschlachtet worden und hast für Gott erkauft durch dein Blut* …« (Vers 9).

Der Seher Johannes sieht das geschlachtete Lamm »inmitten des Thrones« (Vers 6). Wir stellten bereits fest, dass der Thron Gottes von Gottes Regierung spricht, von der gegenwärtigen indirekten durch Seine Vorsehung wie auch von der zukünftigen direkten, wenn Er als König in Zion regieren wird. Die Mitte aller Regierung Gottes, die Mitte aller Wege, die Gott mit dem Menschen geht, ist *das geschlachtete Lamm*. So ist Gott. Seine Regierung vereint in sich unbeugsame Gerechtigkeit – Gott musste die Sünde richten, das Lamm musste geschlachtet werden (Sach 13,7) – und unfassbare Liebe: Gott legte das Gericht nicht auf uns, die es verdient hätten, sondern auf Seinen Sohn. Auf dieser Grundlage wird Gott Seine segensreiche Regierung über eine erlöste Menschheit aufrichten. Darum ist das Lamm das Zentrum allen göttlichen Handelns. Zu Ihm hin ist alles angelegt, von Ihm geht alles aus. Am Tod Jesu Christi entscheidet sich und erklärt sich das Schicksal eines jeden Menschen und damit der ganzen Menschheit. Wer Ihn verwirft, steht unter dem »Zorn des Lammes« (Offb 6,16); wer Ihm glaubt, betet Ihn an für »eine so große Errettung« (Hebr 2,3). Letzteres lesen wir in den Versen 8-10: Die Erlösten fallen vor Ihm nieder.

Ein stärkerer Kontrast lässt sich kaum denken. Gottes Thron ist der Inbegriff der Allmacht und Unumschränktheit; das Lamm ist der Inbegriff der Schwachheit; und das Lamm ist nicht allein schwach, es ist sogar geschlachtet. Das ist vollständige, totale Schwachheit. Christus ist in Schwachheit gekreuzigt worden (2Kor 13,4). Werden wir es je begreifen, dass im Herzen Gottes, des Allmächtigen, der in Schwachheit Gekreuzigte ist? So wenig wir es fassen können, bewegt es uns doch, diesen großen Gott und Retter anzubeten.

»Sieben Hörner«, das bedeutet vollkommene und allumfassende Herrschaft, und »sieben Augen«, das bedeutet vollkommene und alles umfassende Erkenntnis. Christus ist alle Gewalt gegeben, und Er wird Sein Regiment mit vollkommener Erkenntnis führen (Jes 11,2-4).

Zum dritten Mal werden »die sieben Geister Gottes« erwähnt (nach 1,4 und 4,5). Anders als die beiden ersten Male heißt es hier nicht, dass sie vor Gottes Thron sind, sondern dass sie »gesandt sind über die ganze Erde«. Gottes Geist ist in alle Welt gesandt, allen Menschen Zeugnis zu geben vom Leben und Sterben des Sohnes Gottes. Gott errichtet Seine Regierung unter den Menschen auf der Grundlage der Gnade und der Vergebung. Was für ein Gott! Wer sollte Ihn nicht fürchten und Ihm nicht vertrauen, Ihn nicht lieben und sich Ihm nicht unterwerfen?

7. Das Ergebnis von Erlösung und Gericht (5,11-14)

»Und ich sah: und ich hörte eine Stimme vieler Engel um den Thron her und um die lebendigen Wesen und die Ältesten; und ihre Zahl war Zehntausende mal Zehntausende und Tausende mal Tausende, die mit lauter Stimme sprachen: Würdig ist das Lamm, das geschlachtet worden ist, zu empfangen die Macht und Reichtum und Weisheit und Stärke und Ehre und Herrlichkeit und Segnung. Und jedes Geschöpf, das in dem Himmel und auf der Erde und auf dem Meere ist, und alles, was in ihnen ist, hörte ich sagen: Dem, der auf dem Throne sitzt, und dem Lamme die Segnung und die Ehre und die Herrlichkeit und die Macht von Ewigkeit zu Ewigkeit! Und die vier lebendigen Wesen sprachen: Amen! Und die Ältesten fielen nieder und beteten an.«

Als Folge der Gerichte wird die ganze Schöpfung Gott, dem Schöpfer und Erlöser, Ehre geben. Der Sündenfall hat die Schöpfung so entstellt, dass sie die Herrlichkeit des Schöpfers nicht mehr frei und voll widerstrahlt. Alles Grausame, alles Brutale, aller Zerfall, alle Krankheit und jeder Tod scheinen einem gerechten und liebenden Urheber des Universums zu widersprechen. So fand Lukrez in der Zerbrechlichkeit und Unvollkommenheit der Geschöpfe ein starkes Argument für seinen Atheismus:

> Nequaquam nobis divinitus esse paratam
> Naturam rerum; tanta stat praedita culpa
> (Hätte ein Gott die Welt entworfen, wäre die Welt nicht
> so zerbrechlich und so fehlerhaft, wie wir sie sehen).

Nachdem aber Gott alles Böse in der Schöpfung gerichtet und aus Seiner Schöpfung verbannt haben wird, werden Himmel, Erde und Meer und alles, was in ihnen ist, die Wesenheiten des Schöpfers voll und frei aufstrahlen lassen. Der Prophet Jesaja hat das so ausgedrückt: »Man wird nicht übeltun noch verderbt handeln auf meinem ganzen heiligen Berg; denn die Erde wird voll sein von der Erkenntnis der Herrlichkeit des HERRN, gleichwie die Wasser den Meeresgrund bedecken« (Jes 11,9).

Erst nachdem die Kapitel 4 und 5 uns erklärt haben, warum

Gott die Welt richten muss, beginnen die Gerichte. Sind wir nicht dankbar, dass uns Gott gesagt hat, warum Er richtet? Einmal, damit wir es für uns wissen, aber auch, damit wir es unserem Mitmenschen sagen können: »Wenn Du dem Schöpfer trotztest, wird er Dich richten müssen; und wenn Du den Erlöser gering achtest, der Sein Leben für Dich gegeben hat, wird Er Dich richten müssen.«

Kapitel 6:
Die ersten sechs Siegel werden geöffnet

Die Siegel werden vom Lamm geöffnet, die vier Pferde mit ihrem Reiter werden durch den Befehl eines der vier lebendigen Wesen in Bewegung gesetzt. Wenn diese für Gottes Wirken in der Vorsehung stehen, dann sind die in diesem Kapitel geschriebenen Gerichte indirekte, durch Gottes Vorsehung verhängte Gerichte. Und zudem: Wenn das Buch mit den sieben Siegeln das Buch der direkten göttlichen Gerichtsschläge ist, dann beginnen diese erst damit, dass die Buchrolle geöffnet ist. Mit jedem gebrochenen Siegel sind wir dem Öffnen des Buches lediglich einen Schritt näher gekommen; aber erst das *siebte Siegel* öffnet es. Daher beginnen erst von da an (8,1) Gottes direkte Plagen. Die sechs in diesem Kapitel beschriebenen Siegel bilden mithin vorbereitendes Handeln Gottes, ehe Seine direkten Gerichtsschläge (die Posaunen in Kapitel 8 und die Schalen in Kapitel 16) die Erde treffen.

Die in der Vorsehung verhängten Strafen erkennt freilich der ungläubige Mensch nicht als solche. Für ihn erklären sich politische, gesellschaftliche, wirtschaftliche und militärische Brüche und Verschiebungen, wie sie in den Siegelgerichten beschrieben werden, nur als Folgen von innerweltlichen Geschehnissen. Er sieht in ihnen Folgen von mehr oder weniger zufälligen Konstellationen von Ideen, Menschen und Mächten. Hinter allem aber steht die unsichtbare Hand des Gottes, der alle Geschichte lenkt. Er will durch den Wechsel von Frieden und Krieg, Wohlfahrt und Mangel, durch den Sturz und durch die Erhöhung von Regierungen den Menschen zur Erkenntnis Jesu Christi und zum Glauben an Ihn erziehen. Das lesen wir unter anderem in Psalm 107, wo die Beschreibung der wechselvollen Geschichte des Volkes Israel (Verse 1-32) mit den Versen beschlossen wird:

»Er macht Ströme zur Wüste und Wasserquellen zu dürrem Lande, fruchtbares Land zur Salzsteppe, wegen der Bosheit der darin Wohnenden. Er macht zum Wasserteich die Wüste, und dürres Land zu Wasserquellen … sie besäen Felder und pflanzen Weinberge, welche Frucht bringen als Ertrag. Und er segnet sie, und sie mehren sich sehr … und sie vermindern sich und werden gebeugt durch Bedrückung, Unglück und Jammer. Er schüttet Verachtung auf Fürsten … und er hebt den Armen empor aus dem Elend … *Wer weise ist, der wird dieses beachten, und verstehen werden sie die Beständigkeit des Herrn*« (Verse 33-43; vgl. auch Hos 14,9).

Bevor wir uns den einzelnen Siegeln zuwenden, ein knapper Überblick über die Ereignisse, die sie behandeln:

Die ersten sechs Siegel umfassen den Zeitraum zwischen der Entrückung der Gemeinde und dem Aufsteigen des letzten Weltherrschers zur totalen (und totalitären) Macht. Der Herr nennt diese Periode in Seiner Endzeitrede »den Anfang der Wehen« (Mt 24,8). Nach der Entrückung der Gemeinde wird eine Zeit des internationalen Ausgleichs, des relativen Friedens und Wohlstandes einer gottlosen Menschheit ein Gefühl der Sicherheit vermitteln. Davon spricht das erste Siegel. Dann aber wird Gott der Erde den Frieden nehmen. Die Folge werden Hunger und gesellschaftlicher Tod sein (drittes und viertes Siegel). Man wird dabei aber die Heiligen verfolgen (fünftes Siegel) und damit alle Lichter, die von Gott und vom Himmel zeugen, ausstampfen. Gott übergibt darauf die Menschen der Gesetzlosigkeit (Mt 24,12) und lässt die menschliche Zivilisation in vollständige Anarchie absinken. Das Chaos wird so total und so furchtbar sein, dass die Menschen meinen, das Ende der Welt sei gekommen. Davon spricht das sechste Siegel. Aus diesem totalen Chaos wird die letzte große Weltmacht mit ihrem totalitären Herrscher an der Spitze aufsteigen, das Tier aus dem Abgrund. Dessen Aufstieg leitet die zweite Hälfte der im Buch der Offenbarung beschriebenen Gerichtszeit ein, die sogenannte »große Drangsal« (Offb 7,14; Mt 24,21).

Nachstehende Tabelle zeigt, wie die erste Hälfte der Endzeitrede des Herrn und Offenbarung 6 zusammenhängen.

Matthäus 24,4-15	Offenbarung 6
V. 5: »viele werden in meinem Namen kommen«	1. Siegel: »ein weißes Pferd zog aus siegend«
V. 6: »Kriege …«	2. Siegel: »ein feuerrotes Pferd … ein Schwert«
V. 7: »Hungersnöte …«	3. Siegel: »ein schwarzes Pferd … eine Waage«
V. 7: »Seuchen«	4. Siegel: »ein fahles Pferd … Tod«
V. 9: »sie werden euch töten«	5. Siegel: »die Seelen derer, die getötet worden waren«
V. 15: »der Gräuel der Verwüstung«	6. Siegel: »der Himmel entwich«

1.	Das erste Siegel: Friede und Sicherheit	6,1.2
2.	Das zweite Siegel: Krieg	6,3.4
3.	Das dritte Siegel: Hunger	6,5.6
4.	Das vierte Siegel: Tod	6,7.8
5.	Das fünfte Siegel: Märtyrer	6,9-11
6.	Das sechste Siegel: Umsturz und Anarchie	6,12-17

Das erste Siegel: Friede und Sicherheit (6,1.2)

»Und ich sah, als das Lamm eines von den sieben Siegeln öffnete, und ich hörte eines von den vier lebendigen Wesen wie eine Donnerstimme sagen: Komm! Und ich sah, und siehe, ein weißes Pferd, und der darauf saß, hatte einen Bogen; und eine Krone wurde ihm gegeben, und er zog aus, siegend und auf dass er siegte.«

Was können wir aus den Siegelgerichten lernen? Inwiefern sind die hier beschriebenen Dinge Erweise der gerechten Wege Gottes, die der Erziehung des Menschen dienen? Das Brechen des ersten Siegels lässt ein *weißes Pferd* ausziehen. Weiß steht in der Bibel häufig für Gerechtigkeit, so auch in diesem Buch (2,4; 6,11; 7,9; 19,8). Sind aber die nachfolgenden Pferde mit ihren Reitern Hinweise auf Unheil, das Gott als Antwort auf Sünde und Auflehnung sendet, dann steht auch das erste Pferd nicht für göttliche und damit segenspendende, sondern viel eher für *menschliche Gerechtigkeit,* oder besser: Selbstgerechtigkeit. Nach der Entrückung der christlichen Gemeinde von der Erde wird gemäß dem prophetischen Wort eine kurze Zeit des Friedens, des Wohlstandes, des Gefühls der Sicherheit einkehren (1Thes 5,3). Eine »gerechte« Weltordnung scheint sich endlich durchgesetzt zu haben.

Bemerkenswert ist, dass die endzeitliche Gemeinde *Laodicäa,* die »Volksgerechte«, heißt. Die Forderung nach Recht für den Menschen verdrängt in unserer Zeit fast vollständig die Frage nach dem, was *vor Gott* gerecht ist. Nach der Entrückung der Gläubigen wird auch die ganze Christenheit nur noch um zwischenmenschliche Gerechtigkeit besorgt sein. Und für eine kurze Zeit wird Gott es fügen, dass eine Menschheit, die den Schöpfer und dessen gerechte Forderungen unter den Tisch gekehrt hat, erfolgreich sein wird. Der Reiter zog aus »siegend und auf dass er siegte«. Dabei hält er lediglich einen Bogen, aber keine Pfeile in der Hand, also eine entschärfte Waffe. Vielleicht ist das ein Hinweis auf die Bemühungen um *Abrüstung* zur Sicherung von »Friede und Sicherheit« (1Thes 5,3).

Die Krone »wurde ihm gegeben«. Gott lenkt alles, niemand kann etwas tun, wenn es ihm nicht von Gott zu tun gegeben wird. Alle Akteure in diesem großen Weltdrama können nur das tun, was Gott ihnen zu tun gibt. Siehe V. 4 und 11,3; 13,5.7.

Das zweite Siegel: Krieg (6,3.4)

»Und als es das zweite Siegel öffnete, hörte ich das zweite lebendige Wesen sagen: Komm! Und es zog aus ein anderes, feuerrotes Pferd; und dem, der darauf saß, ihm wurde gegeben, den Frieden von der Erde zu nehmen, und dass sie einander schlachteten; und ein großes Schwert wurde ihm gegeben.«

Das zweite Siegel zeigt, dass offiziell betriebene Abrüstung weder die Waffen noch den Krieg aus der Welt schaffen können. Das »feuerrote Pferd« spricht von Krieg: von Feuer und Blutvergießen. Friede ist eine Gabe Gottes, der Mensch kann ihn nicht schaffen, auch nicht »ohne Waffen«[3] ; nein, Gott ist es, »der Frieden stellt in deine Grenzen« (Ps 147,14). Frieden ist eine Folge der Unterordnung des Menschen unter die Regierung Gottes. Das zeigt, dass nur dann Friede ist, wenn Gott Frieden gewährt, und dass der Friede aufhört, sobald Gott den Frieden entzieht. Das gilt für alle Ordnung, die unser gesellschaftliches Leben zusammenhält. Gott muss nicht etwa die Ordnung umstoßen, damit sie zusammenbreche. Er muss nur Seine Hand zurückziehen, die alle Ordnung wirkt und erhält. Dann bricht alles von selbst ein. Wir sind in allem vollständig auf die Güte und auf die Macht eines freundlichen Schöpfers angewiesen. Weil der Mensch das nicht glaubt, übergibt Gott die Menschen, dass sie übereinander herfallen, damit der eine oder andere es zu Herzen nehme, glaube und sich vor Gott demütige.

Das dritte Siegel: Hunger (6,5.6)

»Und als es das dritte Siegel öffnete, hörte ich das dritte lebendige Wesen sagen: Komm! Und ich sah: und siehe, ein schwarzes Pferd, und der darauf saß, hatte eine Waage in seiner Hand. Und ich hörte wie eine Stimme inmitten der vier lebendigen Wesen, die sagte: Ein Chönix Weizen für einen Denar, und drei Chönix Gerste für einen Denar; und das Öl und den Wein beschädige nicht.«

Bereits vor dreieinhalbtausend Jahren hat der Herr uns gesagt: »Hüte dich, dass du des Herrn, deines Gottes, nicht vergessest, dass dein Herz sich erhebe … und du in deinem Herzen sprechest: Meine Kraft und die Stärke meiner Hand hat mir dieses Vermögen geschafft! Sondern du sollst des Herrn, deines Gottes, gedenken, dass er es ist, der dir Kraft gibt, Vermögen zu schaffen …«

3 »Frieden schaffen ohne Waffen« war eines der Schlagworte der deutschen Pazifisten in den 80er-Jahren.

(5Mo 8,11-18). Weil der Mensch auch das nicht anerkennen will, nimmt ihm Gott den Wohlstand. Das schwarze Pferd mit seinem Reiter spricht von Mangel und Hunger. Ein Chönix Weizen, das ist ungefähr ein Kilogramm, kostet *einen Tageslohn* (vgl. Mt 20,2). Man stelle sich vor, wenn von heute auf morgen die satten Westeuropäer mit ihrem dicken Portemonnaie einen Tageslohn für ein Kilo Brot hinblättern müssten! Wenn es der Überfluss nicht vermochte, dann will der Mangel dem Menschen sagen, dass er nichts ist und nichts hat ohne den Schöpfer. Dazu sendet Gott beim Brechen des dritten Siegels eine Zeit der Teuerung.

Das vierte Siegel: Tod (6,7.8)

»Und als es das vierte Siegel öffnete, hörte ich die Stimme des vierten lebendigen Wesens sagen: Komm! Und ich sah: und siehe, ein fahles Pferd, und der darauf saß, sein Name war Tod; und der Hades folgte ihm. Und ihm wurde Gewalt gegeben über den vierten Teil der Erde, zu töten mit dem Schwert und mit Hunger und mit Tod und durch die wilden Tiere.«

Gott ist Quell und Urheber des Lebens (Ps 36,10; Apg 3,15). Wird er verleugnet, sendet Gott Tod: Zerfall aller gesellschaftlichen Beziehungen, aller Ordnung und Harmonie, Zerrüttung auch der einzelnen Person. Mit »Tod« ist hier gewiss mehr als der bloße leibliche Tod gemeint; denn dieser hat seit der Vertreibung aus dem Paradies geherrscht, stellt also gewiss nichts Neues dar, das erst als zukünftiges Gericht die Erde heimsuchen wird. Nein, mit Tod ist hier die Auflösung der sittlichen, die Gesellschaft zusammenhaltenden Kräfte gemeint. Die Folge ist zunehmende Anarchie. Wilde Tiere sind böse Menschen (Tit 1,12; 1Kor 15,32; Offb 13,1), die ihre Mitmenschen terrorisieren. Gott wird es so fügen, dass in gewissen Teilen der Erde – es wird nur der »vierte Teil« derselben befallen – ruchlose Menschen die Herrschaft an sich reißen. Gerade im vergangenen und im gegenwärtigen Jahrhundert haben wir einen Vorgeschmack davon erhalten, als blutrünstige Tyrannen wie ein Lenin, Stalin, Hitler, Ajatollah Chomeini, Saddam Hussein oder Mullah Omar für eine Zeit ihr Schreckensregiment führten.

Das fünfte Siegel: Märtyrer (6,9-11)

»Und als es das fünfte Siegel öffnete, sah ich unter dem Altar die Seelen derer, welche geschlachtet worden waren um des Wortes Gottes und um des Zeugnisses willen, das sie hatten. Und sie riefen mit lauter Stimme und sprachen: Bis wann, o Herrscher, der du heilig und wahrhaftig bist, richtest und rächst du nicht unser Blut an denen, die auf der Erde wohnen? Und es wurde ihnen, einem jeden, ein weißes Gewand gegeben; und es wurde ihnen gesagt, dass sie noch eine kleine Zeit ruhen sollten, bis auch ihre Mitknechte und ihre Brüder vollendet sein würden, die ebenso wie sie getötet werden würden.«

Es liegt in der Natur der Sache begründet, dass eine Menschheit, die sittlich verkommen ist und deren Zivilisation degeneriert, die Glaubenden bis aufs Blut verfolgt. Viele Erlöste werden erbarmungslos umgebracht werden, weil sie mit ihren Überzeugungen und mit ihrem Leben einem Noah gleich die Welt verurteilen (Hebr 11,7). Das 20. Jahrhundert ist bereits *das* Jahrhundert der Verfolgungen gewesen, wenn wir an das stalinistische Sowjetimperium, an das maoistische China, an das nationalsozialistische Deutschland und an die vielen islamischen Länder wie Persien (Iran), Irak, Saudi-Arabien, Pakistan und Sudan denken. Es wird aber noch schlimmer kommen. Die »Seelen unter dem Altar« sind Märtyrer der ersten Zeit der Wehen (Mt 24,9). Es werden ihnen noch zahlreiche ihrer Brüder in der weit schrecklicheren letzten Zeit der Wehen folgen (Offb 11,7; 12,17; 13,7)

Die Ermordung der Gläubigen ist einmal Symptom einer verkommenen Zivilisation; sie ist aber auch Ursache eines noch größeren Chaos. Werden das Licht und das Salz aus dem menschlichen Gemeinwesen ausgelöscht und verstoßen, muss dieses in sich zusammenbrechen.[4] Davon spricht das sechste Siegel:

---

4 Wir fragen uns, inwiefern das ein Gericht über die Gottlosen sein soll, wenn nicht sie, sondern die Gerechten leiden. Die Gerechten erleiden den Märtyrertod, das aber ist ihnen nicht zum Schaden, sondern zum Gewinn. Sie werden nämlich auferstehen, wenn der Messias kommt, und mit Ihm herrschen (Offb 20,4). Den Schaden erleiden wirklich die Gottlosen. Sie löschen mit ihrer Verfolgung der Heiligen die einzigen Lichter aus, die ihnen in der Finsternis schei-

Das sechste Siegel: Umsturz und Anarchie (6,12-17)

»Und ich sah, als es das sechste Siegel öffnete, und es geschah ein großes Erdbeben; und die Sonne wurde schwarz wie ein härener Sack, und der ganze Mond wurde wie Blut, und die Sterne des Himmels fielen auf die Erde, wie ein Feigenbaum, geschüttelt von einem starken Winde, seine unreifen Feigen abwirft. Und der Himmel entwich wie ein Buch, das aufgerollt wird, und jeder Berg und jede Insel wurden aus ihren Stellen gerückt. Und die Könige der Erde und die Großen und die Obersten und die Reichen und die Starken und jeder Knecht und Freie verbargen sich in die Höhlen und in die Felsen der Berge; und sie sagen zu den Bergen und zu den Felsen: Fallt auf uns und verbergt uns vor dem Angesicht dessen, der auf dem Thron sitzt, und vor dem Zorn des Lammes; denn gekommen ist der große Tag seines Zornes, und wer vermag zu bestehen?«

Vergessen wir gerade bei dieser Schilderung nicht, dass Gott zum Apostel *in Zeichen* spricht. Das stand in der Vorrede des Buches: »... durch seinen Engel sendend hat er es seinem Knechte Johannes *durch Zeichen kundgetan*«; denn so müsste man den Ausdruck »gezeigt« sinngemäß korrekt wiedergeben[5] (1,1). Die im Gesicht wahrgenommenen kosmischen Umwälzungen sind also Zeichen, Symbole für sittliche, politische und gesellschaftliche Umwälzungen. Ein Detail schon zeigt, dass es unmöglich buchstäblich aufgefasst werden kann: Die Sterne des Himmels können nicht im wörtlichen Sinn auf die Erde fallen; täten sie es, bliebe keine Erde, blieben keine Menschen mehr zurück, die sich aus Angst vor dem kommenden Gericht in Höhlen und Klüfte verbergen wollen. Wovon sprechen dann die Symbole?

Das Erdbeben will wohl besagen, dass alles, was im menschlichen Zusammenleben bisher fest war, weicht. Normalerweise ist der Boden unter den Füßen das Sicherste im Leben. Daher muss das ein so schreckliches Erleben sein, wenn mit einem Mal der Boden unter den Füßen nachgibt. Das bezeugen solche, die ein Erd-

nen. So besteht denn das Gericht darin, dass Gott sie ihrem blinden Hass auf das Licht und auf die Lichtträger dahingibt.

5 Griechisch *semainô*, von *sêmeion*, das Zeichen.

beben schon durchgestanden haben. Wenn im Zusammenleben der Menschen plötzlich das Zuverlässigste und Selbstverständlichste, womit man bisher gelebt hat – durch Recht geschützte öffentliche Ordnung –, nicht mehr hält, dann stürzt man in bodenlose Angst.

Die Himmelskörper sind ein Symbol für Regierungsgewalten. Das zeigt uns ein Blick in den Schöpfungsbericht. Die Sonne und der Mond wurden erschaffen, um über den Tag und über die Nacht zu »herrschen« (1Mo 1,18; Ps 136,8.9). Die Sonne, »das große Licht«, ist ein Bild für *die höchste Regierungsgewalt*. Das Bild wird auch auf den Messias angewendet. Wenn Er kommt, um seine heil- und segenbringende Herrschaft aufzurichten, wird Er »Sonne der Gerechtigkeit« (Mal 3,20 [bzw. 4,2]) genannt. Wird nun beim sechsten Siegel die Sonne »schwarz wie ein härener Sack«, dann heißt das ganz einfach, dass sie ihre Funktion nicht mehr erfüllen kann: Die bisherige oberste Regierungsautorität verliert ihre Macht.

Der Mond wird rot wie Blut. Regierungen sind von Gott eingesetzt, um das Böse zu strafen und das Gute zu schützen (Röm 13,3.4), kurz: um das Leben zu erhalten und zu fördern. Hier geschieht das Gegenteil. Gewalten werden benutzt, um das Leben zu hindern und zu nehmen. Das beginnt sich bereits in unseren Tagen abzuzeichnen. Was ein gewissenloser Alleinherrscher wie Adolf Hitler bereits tat – Ausmerzung von sogenanntem »lebensunwertem Leben« –, tun seit einigen Jahren auch Institutionen demokratisch regierter Länder: Staatlich finanziert und gefördert wird als lebensunwert beurteiltes Leben ausgemerzt. Kinder, die man als wirtschaftliche und soziale Last empfinden würde, werden getötet, bevor sie geboren sind. Was die Menschen heute als ihr Recht einfordern – auf Wunsch auch töten zu dürfen –, wird bald mit potenzierter Gewalt auf sie zurückfallen.

Die Sterne sind zur Orientierung in Zeit und Raum ans Firmament gesetzt worden (1Mo 1,14). Die Sterne in diesem Gesicht sind selbstverständlich keine buchstäblichen Sterne; denn wenn dies der Fall wäre, müsste das auch an den anderen Stellen der Fall sein, wo in den Visionen der kommenden Gerichte Sterne vorkommen. Besonders deutlich erkennen wir in 9,1 und in 12,4, dass unmöglich buchstäbliche Sterne gemeint sein können. Hier wie dort sind die Sterne, die vom Himmel fallen, geistige und sittliche Autoritäten. Sie fallen vom Himmel: Das bedeutet, dass sie ihre Funktion verlieren. Sie werden von niemandem mehr gesehen und gehört und können damit auch niemandem mehr Orientierung geben. Wenn wir bei den Sternen an 4Mo 24,17 und Mt 2,2 denken, dann können wir in den Sternen geradezu Könige, auf alle Fälle Herrscher sehen. Fallen diese vom Himmel, so bedeutet das ebenfalls, dass sie ihren Einfluss einbüßen: Der Mensch verliert jede sittliche Orientierung. Der Himmel, der wie eine Buchrolle aufgerollt wird, spricht von jeglicher von Gott eingesetzten menschlichen Regierung (Daniel sagt, dass durch die von Gott eingesetzten Regenten »die Himmel herrschen« – Dan 4,23), die beiseitegesetzt wird. Wenn nun der Himmel weicht, dann bedeutet das so viel, dass jede vom Himmel eingesetzte Regierung verschwindet. Nach dem Zusammensturz aller öffentlichen Ordnung wird eine Regierung emporkommen, der Satan seine Gewalt geben wird: Das Tier steigt »aus dem Abgrund« herauf (11,7); und »der Drache gab ihm seinen Thron« (13,2).

Der vollständige Zusammenbruch jeglicher menschlichen Regierung löst Panik unter den Menschen aus. Ihr seit Jahren abgestumpftes Gewissen wird sie plötzlich schrecken: Sie meinen, jetzt sei der Zorn dessen, den sie immer verdrängt oder verhöhnt hatten, plötzlich über sie gekommen (vgl. Spr 10,24). Daher schreien sie: »Gekommen ist der große Tag seines Zornes« (Vers 17). Die Reaktion zeigt, dass auch der ungläubige Mensch in seinem Innersten weiß, dass ein Gott ist, der eines Tages als Richter die menschliche Geschichte zum Abschluss bringen wird. Zudem wissen sie, dass es ein Lamm Gottes und einen Tag Seines Zornes gibt. Daraus können wir schließen, dass diese Katastrophen den Teil der Welt heimsuchen werden, die einst christianisiert wurden.

Hier ist freilich dieses Ende noch nicht gekommen. Im Gegensatz zu 10,7 und 11,15-18 und 12,10 und 19,1.6, wo jedes Mal *der Himmel* das Ende bezeugt, sagen es hier nur die aufgeschreckten

Menschen. Nein, mit dem sechsten Siegel kann das Ende nicht gekommen sein; das Buch der Gerichte ist ja noch nicht einmal geöffnet. Es stehen noch weit schlimmere Gerichte aus; aber dann, wenn der Zorn des Lammes wirklich fällt, werden die Menschen nur noch lästern können (16,9.11).

Aus diesem Chaos wird das Tier zur absoluten Herrschaft aufsteigen. Daher wird dieser Einsturz wohl die Zeit des »Anfangs der Wehen« abschließen und die zweite Hälfte der Gerichtszeit, die sogenannte »Große Drangsal« (7,14) einleiten.

Kapitel 7: Ein Zwischenspiel der Gnade

Bevor im achten Kapitel das siebte Siegel gebrochen wird und damit die Gerichtsschläge Gottes fallen, zeigt uns das vorliegende Kapitel, wie Gott dafür sorgt, dass durch alle Gerichte hindurch Seine Erwählten bewahrt und viele Seelen durch Glauben gerettet werden. Johannes hatte einen Regenbogen rings um den Thron des Gerichts gesehen. Dieser zeigt an, dass Gott beständig an Seinen Gnadenbund denkt. Hier haben wir einen ersten Beleg dafür. Inmitten des Zornes gedenkt Gott des Erbarmens (siehe Hab 3,2). Er rettet Menschen aus Israel und aus den Nationen. Das Gebet Habakuks wird erhört.

1.	Versiegelte und Gezählte aus Israel	7,1-8
2.	Nicht Versiegelte und Ungezählte aus allen Nationen	7,9-12
3.	»Woher kommen diese?«	7,13-17

Die zwei Abschnitte sprechen von Geretteten aus der Zeit der kommenden Drangsal. Zuerst wird uns vor Augen gestellt, wie abhängig wir von Gott sind. Er muss durch Seine Engel dafür sorgen, dass Stille ist; denn Seine Erwählten müssen versiegelt, das heißt zur Bewahrung und Errettung ausgesondert werden.

Zuerst werden uns die Stämme Israels als der Gegenstand göttlicher Erwählung in ihrer Vollzahl gezeigt: Zwölfmal zwölftausend. Diese Zahl zeigt, dass die Vollzahl dieser Erretteten Gott nicht allein bekannt, sondern auch von Ihm verfügt ist (vgl. Röm 11,25). Dann werden all jene Nichtisraeliten gezeigt, die in der Drangsal gerettet werden. Diese sind so zahlreich, dass kein Mensch sie zählen kann, und sie kommen aus jedem Volk, Stamm und Sprache.

Die deutliche Unterscheidung in Gottes Handeln mit Seinem alten Bundesvolk Israel (V. 1-8) und mit den Heidenvölkern (V. 9-17) ist ein unübersehbarer Hinweis darauf, dass die Gemeindezeit abgeschlossen und mithin die Gemeinde nicht mehr auf der Erde ist; denn für die Gemeindezeit gilt, dass Gott *keinen Unterschied zwischen Juden und Heiden* macht. Wir lesen in Galater 3,28: »Da ist nicht Jude noch Grieche … denn ihr alle seid einer in Christus Jesus.« (Man vergleiche auch Kol 3,11.)

Versiegelte und Gezählte aus Israel (7,1-8)

»Nach diesem sah ich vier Engel auf den vier Ecken der Erde stehen, welche die vier Winde der Erde festhielten, auf dass kein Wind wehe auf der Erde, noch auf dem Meere, noch über irgendeinen Baum. Und ich sah einen anderen Engel von Sonnenaufgang heraufsteigen, welcher das Siegel des lebendigen Gottes hatte; und er rief mit lauter Stimme den vier Engeln, welchen gegeben worden war, die Erde und das Meer zu beschädigen, und sagte: Beschädigt nicht die Erde, noch das Meer, noch die Bäume, bis wir die Knechte unseres Gottes an ihren Stirnen versiegelt haben. Und ich hörte die Zahl der Versiegelten: Hundertvierundvierzigtausend Versiegelte. Aus jedem Stamm der Söhne Israels …«

Gott erfüllt Seine durch Jakob (1Mo 49), durch Mose (5Mo 33) und durch die Propheten (Jes 54; Jer 33; Hes 47.48; Hos 13,4-7; Joel 4; Am 9,11-15 etc.) an den Samen Abrahams gegebenen Verheißungen. Die zwölf Stämme werden gerettet und wieder zusammengeführt werden, um das den Vätern verheißene Land zu erben und auf immer zu besitzen (Hes 48). Er sorgt dafür, dass die von Ihm dazu Erwählten durch nichts und niemanden geschädigt werden können, sodass sie wie einst Noah durch die Wasserflut durch die Jahre schrecklicher Plagen hindurchgetragen (Jes 43,1.2) und in den ersehnten Hafen des Heils (vgl. Ps 107,30) geführt werden: Sie werden »versiegelt«, das heißt unter Gottes Schutz gestellt und als Gottes Besitz ausgesondert. Man hat schon versucht, den Ausdruck »Versiegelte aus jedem Stamm der Söhne Israels« als eine metaphorische Redensart zu verstehen, die für alle erlösten Menschen steht, gleichgültig aus welcher Nation sie sind. Das ist eine falsche Vorstellung; denn gerade in den sich anschließenden Versen wird im Gegensatz hierzu von Nationen, Stämmen und Sprachen geredet. Dieser Gegensatz macht deutlich, dass die Versiegelten ganz buchstäblich Israeliten sind und sonst niemand.

Die Zahl und der Name der Versiegelten werden genannt. Gott rettet Seine Erwählten, die Er zuvor erkannt hat, und die Er mit Namen ruft. Das Buch der Errettung unter den Mosebüchern beginnt daher mit den Namen und der Anzahl der Söhne Jakobs, die nach Ägypten kamen (2Mo 1,1-5); und das Buch der Errettung unter den Prophetenbüchern sagt es wiederholt und sagt es ausdrücklich, dass Gott mit Namen ruft und die Berufenen gezählt hat (Jes 40,26; 43,1). Die Anzahl der Erretteten ist Gott bekannt; und sie ist deshalb bekannt, weil sie von Ihm bestimmt ist. Die Idee, dass Gott ein Werk der Errettung in ihrem Umfang vorher wissen und dieses Werk dann eigenhändig ausführen sollte – was jeder Evangelikale glaubt –, ohne es selbst vorher verordnet zu haben, ist natürlich vollständig abwegig. Darum muss Gott alle, die Er zuvor erkannt hat, auch zuvor zu dem, was Er erkennt, verordnet und ausgesondert haben. Wie sollte Gott in Seinem ureigensten Werk, im Werk der ewigen Errettung, der bloß passive Betrachter und Wisser sein? Nein, wir glauben nicht an den passiven Gott des Aristoteles und der sonstigen Philosophen. Wir glauben an den lebendigen Gott der hebräischen Propheten, wir glauben an den starken und Rettung wirkenden – nicht bloß Rettung als Möglichkeit anbietenden – Gott der Apostel des Lammes. Wir glauben an den Gott, der *war* und darum von Anfang an alles verordnet hat, und der allezeit und überall *ist* (Offb 1,4) und darum alles beständig wirkt nach dem Rat Seines Willens (Eph 1,11), und der *kommen wird* und damit alles vollendet, was Er von Anfang an bestimmt hat und jetzt wirkt. Wir glauben an den Allmächtigen, griechisch Pantokrator, den Allesbeherscher, Alleshalter, Alleswirker (Offb 1,8).

Die Versiegelten sind Juden, in denen Gott Glauben an Jesus als den Messias wecken wird. Sie werden versiegelt, um durch die Zeit der kommenden Gerichte hindurch bewahrt zu werden; denn sie müssen in dieser schlimmen Zeit allen Menschen die frohe Botschaft verkündigen, dass Jesus, der Messias, schon hier war, allen, die an Ihn glauben, Erlösung gewirkt hat, und dass er bald wiederkommen wird, um Sein Reich der Gerechtigkeit und des Friedens aufzurichten. Durch ihr Zeugnis werden die unzähligen Menschenseelen, die wir im nächsten Gesicht sehen, gerettet werden.

Bevor wir zum nächsten Gesicht kommen, noch zu Vers 1. Die »vier Engel, die an den vier Ecken der Erde stehen«, halten die »vier Winde der Erde fest«. Das erinnert uns an ein Gesicht Daniels. Wir lesen in Daniel 7,2.3: »Ich schaute in meinem Gesicht bei der Nacht, und siehe, die vier Winde des Himmels brachen los auf das große Meer. Und vier große Tiere stiegen aus dem Meere herauf …«

Wenn die vier Winde des Himmels wehen, werden die Tiere, das sind Herrscher und ihre Reiche, aus dem (Völker-)Meer emporgehoben. Das letzte dieser Tiere wird in Offenbarung 13 beschrieben. Heißt es nun in Offenbarung 7,1, dass Gott die Winde zurückhält, dann will Er uns damit sagen, dass alle Mächte und Kräfte, die am Ende das antichristliche Weltreich zuoberst hinauftragen, von Gott gehalten und überwacht werden, sodass sie nicht gegen Seinen Willen Seine Erwählten antasten können. Wie groß ist unser Gott! Er ist »der Hüter Israels, der nicht schlummert noch schläft« (Ps 121,4) und der den Gewaltigen dieser Welt gebietet: »Tastet meine Gesalbten nicht an, und meinen Propheten tut nichts Übles« (Ps 105,15).

Ungezählte Errettete aus den Nationen (7,9-12)

»Nach diesem sah ich: und siehe, eine große Volksmenge, die niemand zählen konnte, aus jeder Nation und aus Stämmen und Völkern und Sprachen, und sie standen vor dem Thron und vor dem Lamm, bekleidet mit weißen Gewändern, und Palmen waren in ihren Händen. Und sie rufen mit lauter Stimme und sagen: Das Heil unserem Gott, der auf dem Throne sitzt, und dem Lamm! Und alle Engel standen um den Thron her und um die Ältesten und die vier lebendigen Wesen, und sie fielen vor dem Thron auf ihr Angesicht und beteten Gott an und sagten: Amen! die Segnung und die Herrlichkeit und die Weisheit und die Danksagung und die Ehre und die Macht und die Stärke unserem Gott von Ewigkeit zu Ewigkeit! Amen.«

Der Gegensatz zu den Versiegelten ist hier augenfällig: Es sind Gerettete aus *allen* Völkern und Stämmen, nicht lediglich aus den zwölf Stämmen der Söhne Israels. Sodann ist ihre Menge so groß, dass man sie, anders als die Versiegelten, nicht zählen kann. Unzählige Heiden werden in den Jahren der Drangsal durch die Drangsal zur Besinnung kommen. Sie werden die frohe Botschaft vom Lamm und von seinem kommenden Reich (Mt 24,14) hören, glauben und so gerettet werden.

Sie werden an Jesus als den kommenden Messias und König glauben. Daher haben sie *Palmen* in den Händen, das Zeichen derer, die den König empfangen (Joh 12,13); daher stehen sie auch vor dem Thron: Sie erkennen Seine Regierung an. Und sie haben weiße Gewänder: Sie sind durch Glauben gerecht geworden.

Sie sind so zahlreich, dass »niemand sie zählen konnte«. Abraham konnte die Sterne nicht zählen; denn seine Nachkommenschaft war zu groß (1Mo 15,5). Das heißt aber nicht, dass Gott nicht einen jeden Stern mit Namen benannt und gezählt hätte (Jes 40,26). Die Menge der Erretteten vor dem Thron ist für uns eine unübersehbare Menge; aber ein jeder von ihnen ist von Gott zuvorerkannt, von Ewigkeit her geliebt (Jer 31,3), mit Namen gerufen und zu Seinem bleibenden Eigentum gemacht. Darum rufen sie alle »mit lauter Stimme«. Sie können nicht schweigen; sie müssen es laut bekennen: »Das Heil unserem Gott.« Gott hat das Heil gewirkt. Die Errettung ist ganz Sein Werk. Als Jona im Bauch des Fisches war, da wusste er, dass er sich die Errettung weder verdienen noch erarbeiten konnte. Da, wo er war, blieb ihm nicht viel Raum für irgendwelche Leistungen. So bekennt er denn: »Die Errettung ist des HERRN« (Jona 2,10). Darum muss Ihm allein alle Ehre dafür gegeben werden. »... und dem Lamm«: Das Lamm hat das Werk ausgeführt. Er hat für Sünder gelebt, gelitten und Sein Leben gelassen. Er hat alles vollbracht, was Gott der Vater Ihm aufgetragen hat. Darum gehört Ihm die gleiche Ehre wie dem, der auf dem Thron sitzt.

»Woher kommen diese?« (7,13-17)

»Und einer von den Ältesten hob an und sprach zu mir: Diese, die mit weißen Gewändern bekleidet sind, wer sind sie, und woher sind sie gekommen? Und ich sprach zu ihm: Mein Herr, du weißt es. Und er sprach zu mir: Dies sind die, welche aus der großen Drangsal kommen, und sie haben ihre Gewänder gewaschen und haben sie weiß gemacht in dem Blute des Lammes. Darum sind sie vor dem Throne Gottes und dienen ihm Tag und Nacht in seinem Tempel, und der auf dem Throne sitzt wird sein Zelt über ihnen errichten. Sie werden nicht mehr hungern, auch werden sie nicht mehr dürsten, noch wird je die Sonne auf sie fallen noch irgendeine Glut; denn das Lamm, das in der Mitte des Thrones ist, wird sie weiden und sie leiten zu Quellen der Wasser des Lebens, und Gott wird jede Träne abwischen von ihren Augen.«

Hier wird nun ausdrücklich gesagt, dass die unzählbaren Geretteten »aus der großen Drangsal« kommen, eben in jener Zeit zum Glauben und zum Heil fanden. Das ist am Artikel »der« erkenntlich, denn dieser verweist darauf, dass von einer anderweitig bekannten Drangsal die Rede ist. Es steht ja nicht »aus großer Drangsal«, also ganz allgemein aus irgend großer Not. Auf welches Bekannte bezieht sich nun der Ausdruck? Mindestens zwei alttestamentliche Propheten sprechen von einer ganz bestimmten Drangsal, und auf die bezieht sich unsere Stelle: Jeremia 30,7 und Daniel 12,1. Sodann spricht auch der Herr in Anlehnung an die Worte Daniels von einer Zeit der Not, die so schlimm sein wird, wie noch nie Not gewesen ist (Mt 24,21).

Warum »sind sie vor dem Thron Gottes und dienen ihm«? Weil sie durch das Blut des Lammes erlöst worden sind. Daher stellen sie sich unter die Herrschaft ihres Gottes und Retters, und darum dienen sie fortan Ihm. Das wird uns in der Bibel wiederholt als das logisch zwingende Ergebnis der Errettung gezeigt, so in 2Mo 13,1.2; 15,18; so auch in Römer 12,1.2; 14,7-9.

Ein zweites Ergebnis der Erlösung: Gott spannt über den Seinen Sein Zelt auf. Aber beachten wir: Er ist der Herr auf dem Thron, der Sein Zelt über ihnen spannt. Er ist zuerst unser Herrscher, und als Folge davon ist Er unser Wohltäter. Wir können das eine nicht ohne das andere haben. Ist Gott nicht unser Herrscher, ist Er auch nicht unser Wohltäter. Haben wir uns Seinem Thron nicht unterworfen, wohnt Er nicht unter uns. Ganz analog dazu heißt es: »Das Lamm, das in der Mitte des Thrones ist, wird sie weiden«: Er, der uns zu Gott gebracht hat, Er, der um der Gerechtigkeit und der Herrschaft Gottes willen geschlachtet wurde (Offb 5,6), Er ist es, der uns führt. Er führt uns so, wie es der Thron Gottes verfügt hat. Alle Segnungen, die uns durch das Lamm zukommen, gehen vom Thron aus und führen daher zum Thron zurück. Das Lamm, das inmitten des Thrones ist, »führt sie zu Quellen der Wasser des Lebens«. Hier sehen wir zum ersten Mal, wie der Strom des Lebenswassers mit dem Thron verbunden ist. Im letzten Kapitel sieht Johannes den Strom, wie er vom Thron Gottes und des Lammes ausgeht (22,1).

Kapitel 8 und 9: Die ersten sechs Posaunengerichte

Die Kapitel 8 und 9 gehören zusammen, indem sie die sechs ersten der insgesamt sieben Posaunen beschreiben. Auf die sechste Posaune folgt wie auf das sechste Siegel ein Einschub (Kap. 10 und 11), der uns wiederum zeigt, wie Gott während der Zeit dieser Gerichte Seine Absichten des Heils verwirklicht.

1.	Das Schweigen im Himmel	8,1-5
2.	Gott schlägt den Lebensraum und die Lebensquellen des Menschen	8,6-11
3.	Gott schlägt den Menschen selbst	9

Der Aufbau der beiden Kapitel ist einfach. Er nennt uns zuerst die Herkunft und damit die Ursache des Zornes: Das Feuer fällt vom Altar. Dann sehen wir, wie Gott im Zorn dem Menschen zuerst seinen Lebensraum (teilweise) entzieht, und schließlich trifft Sein Zorn den Menschen selbst.

Das siebte Siegel wird geöffnet (8,1-5)

»Und als es das siebente Siegel öffnete, entstand ein Schweigen in dem Himmel bei einer halben Stunde. Und ich sah die sieben Engel, welche vor Gott stehen; und es wurden ihnen sieben Posaunen gegeben. Und ein anderer Engel kam und stellte sich an den Altar, und er hatte ein goldenes Räucherfass; und es wurde ihm viel Räucherwerk gegeben, auf dass er Kraft gebe den Gebeten aller Heiligen auf dem goldenen Altar, der vor dem Throne ist. Und der Rauch des Räucherwerks stieg mit den Gebeten der Heiligen auf aus der Hand des Engels vor Gott. Und der Engel nahm das Räucherfass und füllte es von dem Feuer des Altars und warf es auf die Erde; und es geschahen Stimmen und Donner und Blitze und ein Erdbeben.«

Erst wenn das siebte Siegel gebrochen wird, wird das Buch aufgerollt, und die in ihm geschriebenen Gerichte fallen. Doch zuvor schweigt der Himmel eine halbe Stunde. Vielleicht ist es auch ein Hinweis darauf, dass Gott nur zögernd zum Gericht greift. Wir lesen in Psalm 103,8, dass Gott langsam zum Zorn und groß an Güte ist.

Die halbe Stunde Stille im Himmel ist etwas ganz Außergewöhnliches; denn wir lesen in 4,8, dass die vier lebendigen Wesen nie ruhen, sondern beständig rufen: »Heilig, heilig, heilig!« Diese außergewöhnliche Ruhe markiert ein außergewöhnliches Geschehen.

In Jesaja 28,21 lesen wir die bemerkenswerten Sätze: »Denn der Herr wird sich aufmachen wie bei dem Berge Perazim, wie im Tale zu Gibeon wird er zürnen: um sein Werk zu tun – *befremdend ist sein Werk,* und um seine Arbeit zu tun – *außergewöhnlich ist seine Arbeit.*« Dieser Vers macht es nun ganz deutlich, dass Gott eigentlich nicht richten will; dass Er nur richtet, weil Er richten muss, weil Sünde Seine Heiligkeit herausfordert. Gottes Handeln im Gericht ist sein »fremdes Werk«, nicht sein eigentliches Werk. Jeremia sagt: »Nicht von Herzen plagt und betrübt er die Menschenkinder« (Kla 3,33). Denn Gott ist der Quell des Lebens, und Er ist Liebe. Seine eigentlichen Werke entfalten daher Seine Liebe und Sein Leben. Das wird im Gesicht auch darin bestätigt, dass der Engel vom Feuer – stets ein Bild für Gericht – des *Altars* nimmt und auf die Erde wirft. Die begleitenden Zeichen sind uns bereits in 4,5 begegnet.

Was bedeutet es, dass das Feuer vom *Altar* genommen wird? Am Altar trug das Opfer stellvertretend das Gericht für die Sünde. Jesus Christus trug am Kreuz den Zorn Gottes. Gott richtete aus Liebe zum Menschen, weil Er ihn erlösen will – das ist Gottes eigentliches Verlangen (1Tim 2,4) –, die Sünde zuerst in Seinem Sohn. Nur wer sich nicht beim geschlachteten Lamm geborgen hat, wird den Zorn eines gerechten Gottes über die Sünde selbst tragen müssen. Der Gedanke ist erschütternd.

Beachten wir noch, dass das Gericht als *Antwort auf die Gebete der Heiligen* fällt. In der Zeit der Drangsal werden die Glaubenden zum »Gott der Rache« (Psalm 94,1) beten, dass Er doch eingreifen, die Gottlosen richten und sie selbst retten möchte. Ihre Gebete finden sich in zahlreichen Psalmen (54; 55; 56; 57; 58 etc.), die dann wieder ganz in ihrem wörtlichen Sinn gebetet werden.

Das ist im Übrigen ein weiterer Hinweis darauf, dass die christliche Gemeinde nicht mehr auf der Erde ist, denn diese hat nicht die Weisung, um Rache für Verfolger zu beten, sondern im Gegenteil: Der Herr hat uns gelehrt, solche zu segnen, die uns fluchen, denen Gutes zu wünschen, die uns verfolgen (Mt 5,44). Ähnlich sehen wir auch Stephanus gleich seinem Herrn für seine Peiniger beten: »Herr, rechne ihnen diese Sünde nicht zu!« (Apg 7,60).

Gott entzieht dem Menschen den Lebensraum (8,6-13)

»Und die sieben Engel, welche die sieben Posaunen hatten, bereiteten sich, auf dass sie posaunten.«

Was hat es zu bedeuten, dass jeweils Posaunen ertönen, bevor das Gericht fällt? Posaunen künden das Gericht an, das heißt sie warnen. Sie geben ein Signal, das dem Menschen die Gelegenheit gibt, dem Gericht zu entgehen. Denken wir an das Buch Josua: Bevor auch nur ein Schwertstreich im Land Kanaan fiel, ließ Gott sieben Tage lang Posaunen ertönen. Diese kündigten den Bewohnern der Stadt Jericho an, dass die Stadt bald gerichtet werden sollte. Im Buch der Offenbarung haben wir eine ganz ähnliche Situation: Der wahre Josua steht im Begriff, die ganze Erde in Besitz zu nehmen. Bevor er aber jeden Widerstand in sich zusammenstürzen lässt, kündigt er durch Posaunen die herannahenden Gerichte an (Zeph 1,14-16), damit der Mensch sich besinne, sich vor seinem Schöpfer demütige (Offb 14,7) und sich bei Ihm als Retter berge, bevor Er richtet (Jes 27,4.5; Ps 2,12; Hes 33,2.3).

Aber einmal fällt das Gericht doch. Und beachten wir, wie Gott durch Seine Gerichte *redet*. Oder hatten wir nicht gelesen, dass vom Thron Gottes Blitze, Donner und *Stimmen* ausgehen? Der Tor spricht in seinem Herzen: Es ist kein Gott (Ps 14,1). Er redet sich ein, die mit den Sinnen wahrnehmbare Welt sei die einzige, er lebe in einem geschlossenen System, dessen ihm innewohnenden Kräfte allein für das Leben, die Lebensformen und die menschliche Existenz verantwortlich seien. Einen jenseitigen Gott will er nicht anerkennen, einen Himmel, eine jenseitige Welt, ein ewiges Leben. Das ist ihm alles Mumpitz. In seiner Welt will der Mensch König sein, er lässt sich von keinem Gott dreinreden, was er zu tun oder zu lassen habe. Eines Tages aber wird Gott reden, wird der Himmel, die jenseitige Welt, in diese Welt eingreifen: »Dann wird er zu ihnen reden in seinem Zorn und in seiner Zornglut sie schrecken« (Ps 2,5).

Die erste Posaune (8,7)

»Und der erste posaunte: und es kam Hagel und Feuer, mit Blut vermischt, und wurde auf die Erde geworfen. Und der dritte Teil der Erde verbrannte, und der dritte Teil der Bäume verbrannte, und alles grüne Gras verbrannte.«

Wie wird der Himmel reden? Er wird mit »Hagel und Feuer«, Zerstörung und Zorn antworten auf die Weigerung des Menschen, über sich den jenseitigen, den unsichtbaren Gott anzuerkennen. Dabei hatte der Himmel dem Menschen nur Gutes bereitet (Apg 14,17), hatte ihm nur Gutes geben wollen, wie Er in der Sendung des Sohnes Gottes zum Heil der Welt bewiesen hatte. Der Unglaube verdirbt dem Menschen alles. Anstatt Segen zieht sich der Mensch damit den Fluch herab. Es fällt mit dem Hagel auch Blut auf die Erde. Ausgeflossenes Blut ist das Zeugnis von Tod; nur wenn Blut in den Adern ist, bedeutet es Leben. Wer Gott und Sein Wort hasst, liebt den Tod. Das hatte bereits der weise Salomo gesagt (Spr 8,36).

Die zweite Posaune (8,8.9)

»Und der zweite Engel posaunte: und wie ein großer mit Feuer brennender Berg wurde ins Meer geworfen; und der dritte Teil des Meeres wurde zu Blut. Und es starb der dritte Teil der Geschöpfe, die im Meer

waren, die Leben hatten, und der dritte Teil der Schiffe wurde zerstört.«

Das Meer wird zu Blut; also wiederum Tod, der diesmal nicht die Erde, sondern den zweiten Lebensraum, das Meer, trifft. Die Schiffe stehen für den Verkehr der Völker untereinander. Dieser wird zum Teil zerstört. Auch abgeschnittene Kommunikation ist eine Form des Todes. Der »mit Feuer brennende Berg« ist ein Bild für eine Großmacht, die untergeht. Das lernen wir aus Jeremia 51,25, wo das untergehende babylonische Reich mit einem hinabgestürzten verbrannten Berg verglichen wird. Der Psalm 46, der von den tumultartigen Wirren und der Feindschaft der irdischen Könige gegen die Heiligen Gottes spricht, kündigt an, dass »Berge ins Herz des Meeres taumeln« (V. 3). Damit ist gewiss auch gemeint, dass verschiedene Reiche untergehen werden, während andere emporkommen.

Die dritte Posaune (8,10.11)

»Und der dritte Engel posaunte: und es fiel vom Himmel ein großer Stern, brennend wie eine Fackel, und er fiel auf den dritten Teil der Ströme und auf die Wasserquellen. Und der Name des Sternes heißt Wermut; und der dritte Teil der Wasser wurde zu Wermut, und viele Menschen starben von den Wassern, weil sie bitter gemacht waren.«

Nachdem in den beiden ersten Posaunen die *Lebensräume* Erde und Meer befallen worden waren, werden hier die Ströme und Wasserquellen, das sind *Lebensquellen* heimgesucht.

Der vom Himmel gefallene Stern steht symbolisch für einen Herrscher, der seine Macht verliert, wie uns Jesaja 14,12 zeigt. Der Stern brennt wie eine Fackel. In diesem Buch werden die sieben Geister Gottes mit brennenden Fackeln verglichen (4,5). So geht es bei diesem Stern wohl um eine geistliche Macht. So wie der Heilige Geist die Wahrheit lehrt und erleuchtet, so muss es sich hier um eine geistliche Macht handeln, die Lüge und Finsternis verbreitet, also das Gegenteil. Als Gericht Gottes werden geistliche

Mächte der Lüge, »betrügerische Geister und Lehren der Dämonen« (1Tim 4,1) alle Quellen und Ströme vergiften. Was bisher eine Quelle der Erquickung, des Lebens gewesen ist, wird jetzt zu einer Quelle des Todes, der Zersetzung.

Das lässt sich sehr allgemein anwenden. Nehmen wir als Beispiel die Ehe, das Zusammenleben in der Familie, etwas, das Gott dem Menschen als Hort des Glücks und des Lebens gegeben hat. Von Gott losgelöst wird das, was eine Quelle des Segens wäre, zu einer Quelle des Unheils. Es gibt kaum irgendwo so schlimmes Leid, so brutale Knechtung und Quälerei von Menschen wie in zerstörten Familien.

Oder ein anderes Beispiel: Normalerweise müsste ja der Mutterleib eine Quelle des Lebens sein. Heute ist er der mit Abstand häufigste Ort der Tötung von Leben: Die Wasser sind »bitter« geworden. Anstatt Süßigkeit, Wonne und Freude – und was ist das anderes als Leben –, spenden sie die »Bitterkeit des Todes« (1Sam 15,32).

Die vierte Posaune (8,12)

»Und der vierte Engel posaunte: und es wurde geschlagen der dritte Teil der Sonne und der dritte Teil des Mondes und der dritte Teil der Sterne, damit der dritte Teil derselben verfinstert würde, und der Tag nicht schiene seinen dritten Teil und die Nacht gleicherweise.«

Hier besteht die Strafe im Entzug des Lichts. Damit trifft die vierte wie bereits die dritte Posaune eine *Lebensquelle,* denn ohne Licht kann kein Leben wachsen und gedeihen. So können wir sagen, dass die Posaunengerichte Schritt für Schritt der Menschheit das Leben entziehen und sie den Mächten und Kräften des Todes preisgeben. Das ist die Antwort des Himmels auf die Verschmähung der Gabe des wahren Lebens (vgl. Joh 4,10.14).

Wenn wir anfangs festhielten, dass Gott langsam zum Zorn und groß an Güte ist, dann wird das an noch einem Detail der vier Posaunen deutlich. Es wird jedes Mal nur »der dritte Teil« der Erde oder des Meeres oder der Wasserquellen oder des Lichtes befallen. Im Umfang geht das Gericht also noch nicht bis zum Äußersten. So gibt Gott hier deutliche Zeichen Seines Zornes, lässt aber weite Bereiche noch ausgespart, lässt so auch Raum und Zeit zur Buße, bevor die Gerichte allumfassend werden. Dass Gott richtet, ist gerecht; dass Er einen großen Teil schont, ist ein Ausdruck Seiner unverdienten Güte.

Das ist darum auffällig, weil in Kapitel 16 die letzten Plagen, die sieben Zornesschalen, beschrieben werden. Dort sind Umfang und Ausmaß des Gerichts total. Zudem warnt Gott dort nicht mehr, bevor die Plagen den Menschen treffen (s. Tabelle S. 153). So erkennen wir, wie Gott sich schrittweise auf das Ende zubewegt und durch dieses graduelle Zunehmen der Schwere der Gerichte zum Menschen redet. Wie wir in Offb 7,9.10 sahen, werden tatsächlich zahllose Menschen in dieser Zeit Gottes Reden vernehmen, umkehren und gerettet werden.

Kapitel 9 – Gott schlägt den Menschen selbst: Die zwei ersten Wehe

Die drei Wehe werden in 8,13 angekündigt:

»Und ich sah und ich hörte einen Adler fliegen inmitten des Himmels und mit lauter Stimme sagen: Wehe, wehe, wehe denen, die auf der Erde wohnen, wegen der übrigen Stimmen der Posaune der drei Engel, die posaunen werden!«

Es kommt zu einer Verschärfung der Gerichtsplagen, weshalb die nächsten drei Posaunen »Wehe« genannt werden. Die Verschärfung besteht darin, dass die Plagen nicht mehr *die Lebensumstände* des Menschen, sondern *den Menschen selbst* treffen werden. Von den drei Wehe befällt das erste die nicht versiegelten Juden und das zweite die christuslose Christenheit.

Das erste Wehe (9,1-12)

»Und der fünfte Engel posaunte: und ich sah einen Stern, der vom Himmel auf die Erde gefallen war;[6] *und es wurde ihm der Schlüssel zum Schlund des Abgrundes gegeben. Und er öffnete den Schlund des Abgrundes; und ein Rauch stieg auf aus dem Schlund, wie der Rauch eines großen Ofens, und die Sonne und die Luft wurde verfinstert vom Rauch des Schlundes. Und aus dem Rauch kamen Heuschrecken hervor auf die Erde, und es wurde ihnen Gewalt gegeben, wie die Skorpione der Erde Gewalt haben. Und es wurde ihnen gesagt, dass sie nicht beschädigen sollten das Gras der Erde, noch irgendetwas Grünes, noch irgendeinen Baum, sondern die Menschen, die nicht das Siegel Gottes an ihren Stirnen haben.«*

Wen betrifft diese Plage? Nicht alle Menschen, sondern nur jene, die nicht das Siegel Gottes an ihren Stirnen hatten. Damit könnten zwar alle nicht versiegelten Menschen gemeint sein; aber es ist eher anzunehmen, dass es ausschließlich um *nicht versiegelte Juden* geht. Hier handelt Gott mit dem nicht gläubigen Teil Israels. Wir verstehen auch, warum Gott mit den Juden besonders umgeht, und warum Er sie schwerer straft als andere Menschen. Sie wussten mehr als etwa Buddhisten oder Hindus oder Moslems. Und weil sie mehr wussten, aber nicht danach taten, werden sie schwerer bestraft. Das ist ein biblisches Prinzip, wie wir in Lukas 12,47 lesen können. Die Plage besteht darin, dass die Macht des Abgrundes auf sie losgelassen wird. Der Abgrund wird geöffnet und Rauch steigt auf und verfinstert die Luft. Geistliche und sittliche Verfinsterung breiten sich aus. In solcher Atmosphäre gedeihen Mächte, die wie Heuschrecken alles Leben vertilgen, und die wie Skorpione den Menschen plagen können. Das Gift des Skorpions wirkt wie Nervengift, wie ich aus eigener schmerzhafter Erfahrung weiß. Wenn der Mensch von einem Skorpion gestochen worden ist, wird er, solange das Gift wirkt, vollkommen rastlos, er meint wahnsinnig zu werden. Wahnsinn und Rast-

6 vgl. Jes 14,12. Der Stern muss hier wie die Sterne in der Hand des Menschensohnes in Kap. 1 und die Himmelskörper in Kap. 6 symbolisch gedeutet werden.

losigkeit sind nun genau die von Gott den Juden angekündigte Strafe für ihre Verwerfung der Wahrheit, des Lichts (5Mo 28,28.65). Die Heuschrecken sind gewiss nicht buchstäblich zu verstehen, denn es gibt keine Heuschrecken, die wie Skorpione stechen. Gemeint sind also Dämonen (siehe Lk 10,19), die die Menschen quälen. Nun hatte der von den Juden verworfene Messias angekündigt, dass ihre Nation von dämonischen Mächten befallen werden würde, weil sie Ihn, ihren Messias und Retter, verwarf (Mt 12,43-45). Das erfüllt sich hier in der äußersten Form.

»Und es wurde ihnen gegeben, dass sie nicht töteten, sondern dass sie gequält würden fünf Monate; und ihre Qual war wie die Qual eines Skorpions, wenn er einen Menschen schlägt. Und in jenen Tagen werden die Menschen den Tod suchen und werden ihn nicht finden, und werden zu sterben begehren, und der Tod flieht vor ihnen.«

Die Verzweiflung der geplagten Menschen wird so groß sein, dass sie in ihrer Seelenpein zu sterben begehren und es nicht können (vgl. Hi 3,21). Das wird die Verzweiflung ins Unerträgliche steigern.

»Und die Gestalten der Heuschrecken waren gleich zum Kampfe gerüsteten Pferden, und auf ihren Köpfen wie Kronen gleich Gold, und ihre Angesichter wie Menschenangesichter; und sie hatten Haare wie Weiberhaare, und ihre Zähne waren wie die der Löwen. Und sie hatten Panzer wie eiserne Panzer, und das Geräusch ihrer Flügel war wie das Geräusch von Wagen mit vielen Pferden, die in den Kampf laufen; und sie haben Schwänze gleich Skorpionen und Stacheln, und ihre Gewalt ist in ihren Schwänzen, die Menschen zu beschädigen fünf Monate. Sie haben über sich einen König, den Engel des Abgrundes; sein Name ist auf Hebräisch Abaddon, und im Griechischen hat er den Namen Apollyon. Das eine Wehe ist vorüber; siehe, es kommen noch zwei Wehe nach diesen Dingen.«

Diese dämonischen Mächte sind wie zum Kampf gerüstete Pferde, das heißt, sie rennen jeden Widerstand nieder. Sie haben Gesichter wie Menschen. Man beachte hier einen wichtigen Unterschied zu den vier lebendigen Wesen. Eines von ihnen »hatte das Angesicht eines Menschen« (4,7), nicht nur »wie ein Mensch«. Gottes Regierung ist von wahrer Menschlichkeit, d.h. sie lehrt uns Gotteserkenntnis und Gottesfurcht (denn diese beiden Dinge machen den Menschen aus). Die von diesen dämonischen Geistern verbreiteten falschen Lehren (siehe 1Tim 4,1) werden offenkundig sehr human wirken. Und werden nicht im Namen der Menschlichkeit den Menschen knechtende und am Ende zerstörende Ideologien und Sitten heute immer ausschließlicher propagiert? Laufen die Schlagworte der Menschenrechte, der Rechte der Frau, der Rechte des Kindes, der sittlichen und religiösen »Toleranz« etc. nicht letztlich darauf hinaus, Gott zu entthronen? Die Haare der Heuschrecken machen sie feminin, sanft, attraktiv wie Frauen, ist doch »Frauenhaar« nach 1Kor 11,15 der besondere Schmuck der Frau. Hinter der so menschlich und anziehend wirkenden Maske aber enthüllt sich das wahre Wesen dieser Mächte:

Sie haben Zähne wie Löwen. Wie mancher wird durch so human wirkende Ideologien und anziehende Theorien angelockt, um dadurch in die Fänge des Verderbers zu geraten! Dazu haben diese Mächte eiserne Panzer. Sie sind hart, herzlos, unerbittlich. Die Gewalt ist in den Schwänzen, womit falsche Lehren gemeint sein könnten, was sich aus Jesaja 9,14 ergäbe: »Der Prophet, der Lüge lehrt, er ist der Schwanz.« Auf alle Fälle sind diese Mächte von Satan angeführt, der hier mit dem hebräischen Namen Abaddon und dem griechischen Namen Apollyon bezeichnet wird. Das hebräische Wort bedeutet »Verderben«, das griechische »Verderber«.

Das zweite Wehe (9,13-21)

»Und der sechste Engel posaunte: und ich hörte eine Stimme aus den vier Hörnern des goldenen Altars, der vor Gott ist, zu dem sechsten Engel, der die Posaune hatte, sagen: Löse die vier Engel, die am großen Strom Euphrat gebunden sind. Und die vier Engel wurden gelöst, die bereitet waren auf Stunde und Tag und Monat und Jahr, damit sie den dritten Teil der Menschen töteten. Und die Zahl der Kriegsheere zu Ross war zweimal zehntausend mal zehntausend; ich hörte ihre Zahl.«

Hier scheint es sich um ein Gericht zu handeln, das die ehemals christlichen Völker, das ist zur Hauptsache Europa, trifft. Woran lässt sich das erkennen? Zwei Hinweise sind uns gegeben: Wenn das erste Wehe die abtrünnige Judenheit traf, dann ist es sehr naheliegend, dass ein besonderes Wehe auch die christuslose Christenheit befällt. Von der gilt genauso, dass sie mehr wusste als die nichtchristlichen Völker, häufigere und bessere Gelegenheit hatte, zu glauben und gerettet zu werden, und daher wegen ihres Unglaubens ein »schwereres Gericht« empfangen wird (Mk 12,40).

Als Zweites wird hier vom Euphrat gesprochen. Dieser war die äußerste östliche Grenze des Römischen Reiches. Wenn es nun heißt, von jenseits des Euphrat kommen Heere und richten Verderben an, dann scheint es zu bedeuten, dass dieses Gericht besonders dem *wiedererstandenen Römischen Reich* gilt, und das ist das wiedererstarkte Europa, der kulturelle Erbe Roms (dazu werde ich mehr sagen in den Erörterungen zu Kap. 13).

In der Bibel ist der Euphrat die äußerste Grenze des gelobten Landes (Jos 1,4). Die symbolische Bedeutung wäre dann die, dass Gott das Volk, das sich zu Recht nach Seinem Namen genannt hat, aber inzwischen vollkommen vom Glauben abgefallen ist, die Christenheit also, grausamen Peinigern preisgibt.

Wenn der Befehl von »den Hörnern des goldenen Altars« ausgeht, dann ist dieses Gericht wiederum Antwort auf Gebet; denn dafür steht der Räucheralter des Heiligtums (Ps 141,2). Es sind wiederum die Gebete der bedrängten Heiligen, die Gottes Arm zum Gericht bewegen.

Die Tatsache, dass sie gelöst werden müssen, zeigt, dass es böse Engel sind. Gott hat sie in Seiner Regierung bis auf den bestimmten Tag vom Ausüben ihrer Lust zur Zerstörung zurückgehalten. Nun werden sie losgelassen, um ihr Werk der Zerstörung zu tun.

»Und so sah ich die Rosse in dem Gesicht und die auf ihnen saßen, und sie hatten feurige und hyazinthene und schwefelgelbe Panzer; und die Köpfe der Rosse waren wie Löwenköpfe, und aus ihren Mäulern geht Feuer und Rauch und Schwefel hervor. Von diesen drei Plagen wurde der drit-

te Teil der Menschen getötet, von dem Feuer und dem Rauch und dem Schwefel, die aus ihren Mäulern hervorgehen. Denn die Gewalt dieser Rosse ist in ihrem Maul und in ihren Schwänzen; denn ihre Schwänze sind gleich Schlangen und haben Köpfe, und mit ihnen beschädigen sie.«

Die besondere Plage, die über die Christenheit kommt, wird eher als die seelische und geistige Pein der Judenheit in physischer Zerstörung bestehen. Beim ersten Wehe flieht der Tod von den Menschen, beim zweiten Wehe rafft der Tod Milliarden dahin. Das ist ein unvorstellbares Ausmaß an Zerstörung. »Feuer, Rauch und Schwefel« sind alle drei Bestandteile der ewigen Pein, der Höllenqual (14,11; 20,10). Es wird also auch mehr als nur körperlicher Tod und leibliche Pein sein. Darauf verweist die Macht, die in den Schwänzen ist, die offenkundig ein Hinweis auf die Macht satanischer Lüge ist; denn »ihre Schwänze sind gleich Schlangen«. Paulus hat in 2Thes 2 angekündigt, dass in der Christenheit »die Lüge« triumphieren wird, weil man die Liebe zur Wahrheit nicht angenommen hatte, um gerettet zu werden (Verse 10-12).

Und was ist mit den übrigen zwei Dritteln der Menschen?

»Und die übrigen Menschen, die durch diese Plagen nicht getötet wurden, taten nicht Buße von den Werken ihrer Hände, dass sie nicht anbeteten die Dämonen und die goldenen und die silbernen und die ehernen und die steinernen und die hölzernen Götzenbilder, die weder sehen noch hören noch wandeln können. Und sie taten nicht Buße von ihren Mordtaten, noch von ihren Zaubereien, noch von ihrer Hurerei, noch von ihren Diebstählen.«

Sie taten nicht Buße. Die ehemals christlichen Nationen werden in der Zeit der Gerichte offensichtlich nicht mehr Buße tun können. Zu lange haben sie die Wahrheit gekannt und doch nicht annehmen wollen. Licht, das verworfen wird, wird zu Finsternis. Es werden wohl sehr viele Menschen noch Buße tun (Kap. 7), auch in der Gerichtszeit; aber das wird weniger in den christianisierten als vielmehr in den nichtchristlichen Völkern geschehen.

Man will nicht davon ablassen, die Werke der eigenen Hände,

seine kulturellen, technischen, medizinischen Errungenschaften zu bewundern, während man sich weigert anzuerkennen, dass man alles, was man ist und hat, dem ewigen Gott verdankt. Zudem will man nicht davon lassen, seinen Trieben zu dienen: dem Hass, das ist Mord, der Ausschweifung, der Rücksichtslosigkeit und dem Egoismus, das ist Diebstahl. Lüge und Mord, die beiden Eigenschaften Satans (Joh 8,44), werden am Ende den gegen den Himmel rebellierenden Menschen vollständig dominieren.

Kapitel 10 und 11: Heil inmitten des Gerichts

Wie zwischen das sechste und siebte Siegel hat Johannes einen Abschnitt zwischen die sechste und siebte Posaune eingeschoben. Beide Einschübe zeigen, wie Gott inmitten des Gerichts Seine Absichten des Heils erfüllt:

1.	Der Messias Israels nimmt die Erde in Besitz	10,1-4
2.	Der Messias erfüllt alle Verheißungen	10,5-7
3.	Das Ziel ist süß, der Weg dahin ist bitter	10,8-11
4.	Treue Zeugen gegen satanischen Widerstand	11,1-6
5.	Scheinbare Niederlage und vollkommener Triumph	11,7-13
6.	Die letzte Posaune = das dritte Wehe	11,14-18

Kapitel 10

Der Messias Israels nimmt die Erde in Besitz (10,1-4)

»Und ich sah einen anderen starken Engel aus dem Himmel herniederkommen, bekleidet mit einer Wolke, und der Regenbogen war auf seinem Haupt, und sein Angesicht war wie die Sonne, und seine Füße wie Feuersäulen; und er hatte in seiner Hand ein geöffnetes Büchlein. Und er stellte seinen rechten Fuß auf das Meer, den linken aber auf die Erde; und er rief mit lauter Stimme, wie ein Löwe brüllt. Und als er rief, redeten die sieben Donner ihre Stimmen. Und als die sieben Donner redeten, wollte ich schreiben; und ich hörte eine Stimme aus dem Himmel sagen: Versiegle, was die sieben Donner geredet haben, und schreibe dieses nicht.«

Es ist bereits das dritte Mal, dass wir in diesem Buch von einem »anderen Engel« (siehe 7,2 und 8,3) lesen. Hier ist damit sicher der Sohn Gottes selbst gemeint. Er wird auch im Alten Testament oft »Engel des Herrn« genannt (1Mo 22,11; Ri 6,11.22). Die entsprechenden hebräischen und griechischen Ausdrücke (*mal'âk; angelos*) bedeuten ja so viel wie »Bote, Gesandter«. Er brüllt wie ein Löwe, denn es ist der Löwe von Juda (Offb 5,5), der sich duckt und zum Sprung ansetzt (1Mo 49,9), um gegen den Widerstand Seiner Feinde Sein Erbe zu beanspruchen (vgl. Jes 31,4.5; Jer 25,30.31; Joel 4,16 [bzw. 3,16]; Am 1,2). Er hat einen Fuß auf das Meer, den anderen auf die Erde gestellt. Er kommt, um Seine Schöpfung, die Erde und das Meer, in Besitz zu nehmen (vgl. Jos 1,3). Wieder begegnen wir dem Regenbogen wie in Kapitel 4. Es ist das Zeichen von Gottes Gnadenbund. Die Gnadengaben und die Berufung Gottes können Ihn nicht reuen (Röm 11,29). Und darum geht es in diesem Kapitel: Gemäß der Verheißung des Bundes erfüllt Er Seine Heilsabsichten mit Israel. Das ist der Grund, warum der Engel ein *geöffnetes* Büchlein in der Hand hat, das einen offenkundigen Gegensatz zum *versiegelten* Buch von Offb 5,1 bildet: Es erfüllen sich seit alters bekannte, von Gott offen ausgesprochene Dinge (siehe Apg 3,21). Es werden dann in Kapitel 11 tatsächlich Dinge beschrieben, die wir aus den alttestamentlichen Propheten, etwa Jesaja, Daniel oder Sacharja, bereits wissen. Sodann ist es ein *Büchlein* (*biblaridion*), nicht wie in 5,1 ein Buch (*biblion*): Der geographische Umfang des darin beschriebenen Geschehens ist gegenüber den Gerichten von Kapitel 6; 8; 9 und 16 begrenzt: Es geht um Ereignisse in und um Jerusalem, der »Stadt des großen Königs« (Ps 48,2).

Der Messias Israels erfüllt alle Verheißungen (10,5-7)

»Und der Engel, den ich auf dem Meere und auf der Erde stehen sah, erhob seine rechte Hand zum Himmel und schwor bei dem, der da lebt von Ewigkeit zu Ewigkeit, welcher den Himmel erschuf und was in ihm ist, und die Erde und was auf ihr ist, und das Meer und was in ihm ist, dass keine Frist mehr sein wird, sondern in den Tagen der Stimme des siebenten Engels, wenn er posaunen wird, wird auch das Geheimnis Gottes vollendet sein, wie er seinen eigenen Knechten, den Propheten, die frohe Botschaft verkündigt hat.«

Die »frohe Botschaft« ist nun eben die, dass der König kommt, der

Himmel und Erde erschaffen hat, um die Erde endlich in Besitz zu nehmen und in Zion zu regieren, Gott zur Ehre und den Menschen zur unaussprechlichen Glückseligkeit.

In Kapitel 11 werden wir sehen, dass der Weg dahin durch Anfeindung, Verfolgung und Tod geht. Das kann aber nichts daran ändern, dass die Erlösten am Ziel ankommen. Das ist ein Charakteristikum eben des Evangeliums. Gott hat uns in diesem das Ziel bereits genannt und uns gezeigt, dass wir in einem gewissen Sinn bereits dort sind (Eph 2,6; Kol 3,1). Und dann zeigt Er uns, dass unser Weg dahin »durch viele Trübsale« geht (Apg 14,22). Aber Er sorgt durch Seine Macht (1Petr 1,5) dafür, dass wir das Ziel erreichen.

Wenn der Herr kommt, wird er das Böse und die Bösen richten. Damit haben wir einen Fingerzeig, was hier mit dem »Geheimnis Gottes« gemeint ist. Es ist das Leiden der Gerechten in der Zeit, da die Gottlosigkeit auf der Erde regierte. Das war seit dem Sündenfall schon so, weshalb ein Abel schon von einem Kain erschlagen wurde; und es wird in der letzten Zeit in besonders ausgeprägter Weise der Fall sein (Mt 24,12). Dieses Triumphieren des Bösen über die Gerechten ist den Heiligen immer unbegreiflich gewesen (Ps 73). Nun aber kommt der Menschensohn und richtet das Böse. Er wird wie ein Feuerofen sein am Tag Seines Kommens (Mal 3,19.20 [bzw. 4,1.2]). Die Gerechten werden dem HERRN »zum Eigentum sein an dem Tage, den ich machen werde; und ich werde ihrer schonen, wie ein Mann seines Sohnes schont, der ihm dient. Und ihr werdet wiederum den Unterschied sehen zwischen dem Gerechten und dem Gesetzlosen, zwischen dem, der Gott dient, und dem, der ihm nicht dient« (Mal 3,17.18). Dann wird das, was uns unerklärbar war, erklärt sein; dann wird das Böse nicht mehr über die Gerechten obsiegen dürfen. Dann werden die Gerechten erhöht und verherrlicht und die Gottlosen erniedrigt werden.

»Warum lässt Gott es zu?« ist eine der häufigsten gestellten Fragen über Gott und die Welt. Darüber können sich noch so gescheite Menschen den Kopf zerbrechen; ohne Gottes Enthüllung können wir es nicht wissen. Gott hat aber Seinen Knechten, den Propheten, das Geheimnis enthüllt (z.B. im Buch Hiob oder im

Psalm 73), sodass wir es in der Bibel nachlesen können: Wir wissen dann, woher das Böse kommt; und wir wissen vor allem, dass es nicht immer so bleiben wird, dass das Böse triumphiert, obgleich es gerade in der letzten Zeit unangefochten »überhandnehmen« wird (Mt 24,12). Wenn der König kommt, wird Er die Gesetzlosen richten und die Gerechten erhöhen (Ps 75,8). Im Licht ewiger Belohnung beziehungsweise ewiger Bestrafung wird auch offenbar werden, dass Gottes Wege in der Vorsehung entgegen allem Schein vollkommen gerecht waren.

Das Ziel ist süß, der Weg ist bitter (10,8-11)

In den folgenden Versen muss der Seher Johannes die Botschaft entgegennehmen, die den Weg beschreibt, der zum herrlichen Ziel führt:

»Und die Stimme, die ich aus dem Himmel hörte, redete wiederum mit mir und sprach: Gehe hin, nimm das geöffnete Büchlein in der Hand des Engels, der auf dem Meere und auf der Erde steht. Und ich ging zu dem Engel und sagte ihm, er möge mir das Büchlein geben. Und er spricht zu mir: Nimm es und iss es auf; und es wird deinen Bauch bitter machen, aber in deinem Munde wird es süß sein wie Honig. Und ich nahm das Büchlein aus der Hand des Engels und aß es auf; und es war in meinem Munde süß wie Honig, und als ich es gegessen hatte, wurde mein Bauch bitter gemacht. Und es wurde mir gesagt: Du musst wiederum weissagen über Völker und Nationen und Sprachen und viele Könige.«

Wie einst Jeremia, »isst« Johannes die Worte Gottes (Jer 15,16), will sagen: Er nimmt sie auf und macht sie zu einem festen Bestandteil seines Denkens und Trachtens. Weil das Ziel herrlich ist, schmeckt die Botschaft süß. Aber der Weg dahin ist schrecklich, darum bitter, und darum verursacht die Botschaft auch Bauchgrimmen. Es ist herrlich zu wissen: Der König kommt und wird regieren; aber gleichzeitig schmerzt uns der Gedanke, dass viele Menschen sich dem König widersetzen und in schrecklichen Gerichten untergehen. Johannes muss es besonders geschmerzt haben zu sehen, dass der Messias zwar kommt, um im alten Bundesvolk Israel zu regieren, dass aber ein Großteil der Israeliten durch Unglauben zugrunde gehen wird.

Kapitel 11

In diesem Kapitel beschreibt Johannes nicht Dinge, die er sieht, sondern er schreibt auf, was ihm gesagt wird. Das bedeutet, dass wir hier nicht Symbole vor uns haben, die wir entsprechend deuten müssen, sondern dass wir die Angaben wörtlich verstehen müssen. In 5,6 sagt Johannes, dass er ein Lamm wie geschlachtet sieht. Das ist Symbolsprache; in 11,8 wird das Gleiche in direkter Sprache ausgedrückt: »Ihr Herr wurde gekreuzigt.«

Es handelt sich also um einen materiellen Tempel, der in Jerusalem stehen wird, buchstäblich um zwei Zeugen, die 1260 Tage weissagen, vom Tier aus dem Abgrund getötet werden, drei Tage tot auf der Gasse in Jerusalem liegen, auferweckt und erhöht werden. Es wird in jener Stadt ein Erdbeben geben, bei der ein Zehntel der Stadt zerstört wird und siebentausend Menschen umkommen, während die übrigen Bewohner der Stadt Gott die Ehre geben werden.

Die zwei Zeugen (11,1-6)

»Und es wurde mir ein Rohr, gleich einem Stab, gegeben und gesagt: Stehe auf und miss den Tempel Gottes und den Altar, und die darin anbeten. Und den Hof, der außerhalb des Tempels ist, wirf hinaus und miss ihn nicht; denn er ist den Nationen gegeben worden, und sie werden die heilige Stadt zertreten 42 Monate. Und ich werde meinen zwei Zeugen Kraft geben, und sie werden weissagen 1260 Tage, mit Sacktuch bekleidet. Diese sind die zwei Ölbäume und die zwei Leuchter, die vor dem Herrn der Erde stehen. Und wenn jemand sie beschädigen will, so geht Feuer aus ihrem Munde und verzehrt ihre Feinde; und wenn jemand sie beschädigen will, so muss er also getötet werden. Diese haben die Gewalt, den Himmel zu verschließen, auf dass während ihrer Tage der Weissagung kein

Regen falle; und sie haben Gewalt über die Wasser, sie in Blut zu verwandeln, und die Erde zu schlagen mit jeder Plage, so oft wie sie wollen.«

Hier wird vom »Tempel Gottes« gesprochen. Aus Daniel 9,27 und Mt 24,15 müssen wir folgern, dass ein Tempel wieder in Jerusalem stehen wird, nachdem seit dem Jahre 70 n.Chr. keiner mehr dort gestanden hat. Im letzten Vers des Kapitels wird in auffälliger Weise vom »Tempel Gottes im Himmel« gesprochen. Das ist ein bewusst gesetzter Kontrast zum Tempel auf der Erde. Der irdische, den die Juden bald in Jerusalem bauen werden, ist ein Menschenwerk und er hat keinen Bestand. Der himmlische ist ewig, und was im Himmel befestigt ist, bleibt ewig.

Wir lesen zweimal von einer Zeitangabe: 42 Monate und 1260 Tage. Es sind dies die letzten dreieinhalb Jahre der Weissagung des Endes, welche uns der Prophet Daniel im 9. Kapitel seines Buches gegeben hat: »Und er wird einen festen Bund mit den vielen schließen für eine Woche; und zur Hälfte der Woche wird er Speisopfer und Schlachtopfer aufhören lassen, und wegen der Beschirmung der Gräuel wird ein Verwüster kommen, und zwar bis Vernichtung und Festbeschlossenes über das Verwüstete ausgegossen werde« (Dan 9,27).

Die »Woche«, die in diesem Vers genannt wird, ist eine sogenannte *Jahrwoche*, dauert also nicht sieben Tage, sondern sieben *Jahre*. In der Hälfte dieser siebenjährigen Periode wird mit dem *Gottesdienst* etwas geschehen: Er wird offenkundig so verunreinigt werden, dass Gott sagt, dass alles »hinausgeworfen« werden muss (Vers 2), was sich nur äußerlich zum israelitischen Kult hält, also nur im »Vorhof« ist, den Gott Israels aber nicht kennt, nicht an Ihn glaubt und nicht auf Seinen Messias wartet. Der ganze noch äußerlich betriebene Gottesdienst wird dadurch Gott zum Gräuel (man vergleiche Jesaja 66,1-4, das eine Schilderung jener Zeit ist), dass der Antichrist sich in den Tempel setzt und sich als Gott verehren lässt (2Thes 2,4). Der unreine Geist des Götzendienstes ist am Ende mit siebenfacher Gewalt in das seit der Verwerfung des Messias leer gebliebene Haus Israel zurückgekehrt (Mt 12,43-45). Als Strafe für diesen Frevel wird die Stadt

42 Monate lang von heidnischen Heeren heimgesucht und zertreten werden (Jes 28,14-19).

Während dieser gleichen Zeit, 1260 Tage nämlich, werden die an den Messias glaubenden und auf Ihn harrenden Juden dessen baldiges Kommen bezeugen. Sie werden die Botschaft auch des zweiten Psalms, der eben von der letzten, eitlen Rebellion menschlicher Herrschaft gegen den Himmel handelt (Ps 2,1-4), an ihre Zeitgenossen richten; mit Bestimmtheit werden sie verkündigen, dass Gott Seinen Sohn zum Herrscher in Zion ausersehen hat (Ps 2,6), und daher warnen: »Küsst den Sohn, dass er nicht zürne, und ihr umkommt auf dem Weg; denn gar bald wird sein Zorn entbrennen!« (Ps 2,12).

Dieses Zeugnis ist eine offene Herausforderung an den falschen Messias, der sich im Tempel verehren lässt. Er wird dazu nicht schweigen, sondern anfangen, alle, die sich ihm nicht beugen, zu verfolgen und umzubringen (siehe Offb 12,13.17 und 13,15). Der Druck, unter dem die Glaubenden ihr Zeugnis aufrechterhalten, wird so groß sein, dass sie die Tage einzeln zählen (Dan 12,12.13). Daher wird die Dauer ihres Zeugnisses nicht in Jahren (wie in Offb 12,14 [Zeiten]) oder in Monaten (wie in Offb 11,2), sondern in Tagen angegeben. Aber wir lesen, dass Gott Seinen Zeugen »Kraft geben« wird. Das werden sie brauchen; das braucht es auch heute, wenn man gegen die Ambitionen und Ideale des Zeitgeistes den Glauben an Jesus Christus bezeugt.

Gott aber wird dann das Zeugnis durch Zeichen und Wunder, wie sie einst Mose und Elia taten, bestätigen (vgl. Hebr 2,4). Beachten wir, dass diese Zeichen samt und sonders *zum Gericht*, nicht zum Heil sind. Als der Sohn Gottes auf Erden war, tat Er Zeichen, die mit Ausnahme eines einzigen – der Verfluchung des Feigenbaumes –, stets zum Wohl und zum Heil der Menschen waren. Blinde wurden sehend, Aussätzige gereinigt, Tote auferweckt. Für das Ende spricht die Bibel aber nur von Zeichen, die Gott als Ausdruck Seines Zornes wirkt. Das sollten wir uns gerade bei der Beurteilung der gegenwärtig wachsenden Zeichen- und Wundersucht gut merken, dies umso mehr, als die endzeitliche Verführung *durch Zeichen und Wunder* begleitet sein wird (Offb 13,3.14; 16,14; Mt 24,24).

Die in 11,6 genannten Zeichen sind die gleichen, die Mose und Elia einst taten. Die erste Gerichtsplage, die Gott über Ägypten verhängte, war die Verwandlung von Wasser – der Lebensquelle Ägyptens – in Blut (2Mo 7), wie denn stets Unglaube Segen in Fluch (Mal 2,2), Leben in Tod verkehrt. Und Elia betete, worauf Feuer vom Himmel fiel und seine Verfolger verzehrte (2Kö 1) und der Himmel keinen Regen gab (1Kö 17). Es werden sich die Zeichen des Mose und des Elia deshalb wiederholen, weil Israel sich in einer ähnlichen Lage befinden wird wie bereits vor Jahrtausenden. Es wird wiederum wie damals von Pharao von einem Tyrannen, der jedem Anspruch Gottes trotzt, beherrscht werden, und Israel wird wie in den Tagen Elias abgefallen sein und den Götzen dienen. Daher wird auch seine Hauptstadt Jerusalem *Sodom,* ein Ort des Götzendienstes und der Gräuel, und *Ägypten* (Vers 8), Stätte der Versklavung, genannt.

Gott wird Seine Zeugen übernatürlich bewahren, bis ihr Zeugnis erfüllt ist.[7] Als Folge dieses treuen Bekenntnisses werden »viele sich reinigen und weiß machen und läutern; aber die Gottlosen werden gottlos handeln« (Dan 12,10).

Scheinbare Niederlage und vollkommener Triumph (11,7-13)

»Und wenn sie ihr Zeugnis vollendet haben werden, so wird das Tier, das aus dem Abgrund heraufsteigt, Krieg mit ihnen führen, und wird sie überwinden und sie töten. Und ihr Leichnam wird auf der Straße der großen Stadt liegen, welche geistlicherweise Sodom und Ägypten heißt, wo auch ihr Herr gekreuzigt wurde. Und viele aus den Völkern und Stämmen und Sprachen und Nationen sehen ihren Leichnam drei Tage und einen halben und erlauben nicht, ihre Leichname ins Grab zu legen. Und die auf der Erde wohnen, freuen sich über sie und frohlocken und werden einander Geschenke senden, weil diese, die zwei Propheten, die quälten, welche auf der Erde wohnen. Und nach den drei Tagen und einem halben

7 »Er, der uns aussendet, wird uns bewahren. Alle Teufel der Hölle können uns nicht schaden, bis wir unser Zeugnis vollendet haben.« Das schrieb der englische Erweckungsprediger George Whitefield in einem Brief an einen befreundeten Diener des Herrn.

kam der Geist des Lebens aus Gott in sie, und sie standen auf ihren Füßen; und große Furcht fiel auf die, welche sie schauten. Und ich hörte eine laute Stimme aus dem Himmel zu ihnen sagen: Steigt hier herauf! Und sie stiegen in den Himmel hinauf in der Wolke, und es schauten sie ihre Feinde. Und in jener Stunde geschah ein großes Erdbeben, und der zehnte Teil der Stadt fiel, und siebentausend Menschen kamen in dem Erdbeben um; und die Übrigen wurden voll Furcht und gaben dem Gott des Himmels Ehre.«

Erst »wenn sie ihr Zeugnis vollendet« haben, lässt Gott es zu, dass das Tier aus dem Abgrund, der Herrscher des wiedererstandenen Römischen Reiches, der sich mit dem in Jerusalem regierenden falschen Messias, dem Antichristen, verbündet haben wird (Jes 28,15; Dan 9,27), die Zeugen umbringt. Endlich sind diese das Gewissen der Menschen quälenden Stimmen verstummt; endlich sind diese lästigen Mahner beseitigt, die mit ihrer Gerichtsbotschaft den Optimismus der Zeit nur störten! Der Mord an den Zeugen des Messias wird von den Menschen nicht lediglich stillschweigend hingenommen, sondern mit Beifall bedacht. Der Totalitarismus des letzten menschlichen Großreiches wird schlimmer sein als alles bisher Dagewesene. Die Gräuel der Nationalsozialisten, der Judenmord, wurden vor fünfzig Jahren schweigend hingenommen – und das war schlimm genug –, aber nicht offen bejubelt. Der überwunden geglaubte Totalitarismus wird dann, wenn das Tier aus dem Abgrund steigt, in noch schlimmerer Form wieder erstehen. Selbstverständlich wird das nur möglich sein, weil der entsprechende Nährboden in den Jahren und Jahrzehnten davor durch systematische Gehirnwäsche bereitet worden ist. Wie denn diese Gehirnwäsche vor sich gehe, wollen viele wissen, die in unserer permissiven und liberalen Gesellschaft nichts dergleichen vermuten können. Zur Hauptsache durch die Massenmedien mit ihrer – was die antichristliche Sittlichkeit betrifft – weitgehend gleichgeschalteten Botschaft. Wir sehen heute die erste Generation heranwachsen, die nicht durch die Eltern, sondern durch die Medien erzogen wird. Der Gedanke daran, wofür und wozu sie damit bereitet werden, lässt erschaudern.

Man wird die Glaubenden dann nicht allein umbringen, sondern sie auch noch öffentlich der Schande und dem Hohn ihrer Hasser preisgeben: Die Leichname der beiden Zeugen dürfen nicht beerdigt werden. Ps 79,1-3 hat das in Offenbarung 11 Geschilderte bereits vorweggenommen: »Gott, die Nationen sind in dein Erbteil gekommen, haben deinen heiligen Tempel verunreinigt, haben Jerusalem zu Trümmerhaufen gemacht, die Leichen deiner Knechte haben sie den Vögeln des Himmels zur Speise gegeben, das Fleisch deiner Frommen den wilden Tieren der Erde. Sie haben ihr Blut wie Wasser vergossen rings um Jerusalem, und *niemand war da, der begrub*.«

Aber dann handelt Gott. Es steht bereits im 1. Buch Samuel: »Die mich ehren, werde ich ehren, und die mich verachten, werden gering geachtet werden« (1Sam 2,30). Er sorgt dafür, dass Seine treuen Knechte gerade dort öffentlich von Ihm geehrt werden, wo sie um Seinetwillen öffentlich geschändet wurden. Und ihre Feinde müssen das mit eigenen Augen sehen: »Sie stiegen in den Himmel hinauf in der Wolke, und es schauten sie ihre Feinde« (vgl. Ps 112,10). Die Wolke ist der sichtbare Ausdruck der Gegenwart Gottes, wie uns die auf der Stiftshütte ruhende Wolke lehrt (2Mo 40,34), wie auch die Wolke, in die der Herr aufgenommen wurde, bestätigt (Apg 1,9). So werden die Feinde der Boten des Kommenden begreifen: Sie sind gleich ihrem Meister in Gottes Gegenwart eingegangen (vgl. Lk 24,26). Dies, und das göttliche Gerichtszeichen (das Erdbeben), wird viele zur Umkehr bringen.

Die siebente Posaune = das dritte Wehe (11,14-18)

»Das zweite Wehe ist vorüber; siehe, das dritte Wehe kommt bald. Und der siebte Engel posaunte: und es geschahen laute Stimmen im Himmel, die sprachen: Das Reich der Welt unseres Herrn und seines Christus ist gekommen, und er wird herrschen von Ewigkeit zu Ewigkeit. Und die vierundzwanzig Ältesten, die vor Gott auf ihren Thronen sitzen, fielen auf ihr Angesicht und beteten Gott an und sprachen: Wir danken dir, Herr, Gott, Allmächtiger, der da ist und der da war, dass du angenommen hast deine große Macht und angetreten deine Herrschaft! Und die Nationen sind

zornig gewesen, und dein Zorn ist gekommen und die Zeit der Toten, um gerichtet zu werden, und den Lohn zu geben deinen Knechten, den Propheten, und den Heiligen und denen, die deinen Namen fürchten, den Kleinen und den Großen, und die zu verderben, welche die Erde verderben.«

Der Himmel betet angesichts der Ergebnisse der siebten Posaune an; denn diese bringt Gottes Gerichte an ihr Ende und führt die Aufrichtung der Regierung des Messias herbei. Erneut sehen wir (wie bereits in Kapitel 5), dass die Gerichte nicht ein Selbstzweck sind, sondern dass sie lediglich der Weg und das Mittel sind, um dem Reich des Christus Platz zu machen.

Worin besteht denn die siebte Posaune? Sie besteht in den *sieben Zornesschalen,* den letzten Plagen Gottes, die durch diese ausgelöst werden. Wir hatten gesehen, dass das siebte Siegel die sieben Posaunen auslöste. Ebenso gibt die siebte Posaune das Signal für den nächsten Zyklus von göttlichen Gerichtsschlägen. Von diesen handelt das Kapitel 16. Der zeitliche Rahmen der Ereignisse zeigt, dass die sieben letzten Schläge Gottes in dichter Folge aufeinander fallen; denn die von Daniel angekündigten sieben letzten Jahre der Geschichte der erwählten Nation sind, wie wir bereits gesehen haben, mit dem abgeschlossenen Zeugnis der beiden Zeugen nahezu abgelaufen. Es kann sich also nur noch um Wochen handeln. Wir haben einen Hinweis zur noch verbleibenden Dauer im letzten Kapitel des Propheten Daniel:

»Und von der Zeit an, da das beständige Opfer abgeschafft wird – das geschieht in der Mitte der letzten Jahrwoche, Daniel 9,27, und zwar –, um den verwüstenden Gräuel aufzustellen, sind 1290 Tage« (Dan 12,11). Das sind 30 Tage über das Zeugnis der beiden Zeugen hinaus. Dann heißt es in Daniel 12,12: »Glückselig der, welcher harrt und 1335 Tage erreicht!« Es schließen sich noch weitere 45 Tage an, bis man das Ziel der Glückseligen endlich erreicht hat. In den 75 Tagen, die sich damit als Zeitspanne zwischen der Ermordung der Zeugen und der Wiederkunft des Messias ergeben, fallen die letzten Gerichte.

Beachten wir hier den Zusammenhang, der zwischen der Zerstörung der Erde und dem Gericht besteht. Gott hat dem Menschen die Erde zur Verwaltung unterstellt; er soll sie bebauen und bewahren. Die Sünde des Menschen lässt ihn in gottvergessener Ichsucht die Erde aussaugen. Dieser Sünde wegen schlägt Gott zunächst den Lebensraum des Menschen (Ps 107,33.34; Jes 24,1-6; Hos 4,1-3) und damit indirekt natürlich auch den Menschen. Im Gericht wird Er ihn der gottlosen Ausbeutung der Erde wegen schließlich direkt strafen. Dieser ganze Zusammenhang wird von Umweltschützern vollständig ausgeklammert; sie machen aus der Schöpfung alles, aus dem Schöpfer nichts, verurteilen Wirtschaftssysteme, beugen sich aber nicht unter ihre eigene Sünde. Ihre Programme und Bemühungen sind götzendienerisch und darum nichtig.

Wir sind aber im Kapitel 11 noch nicht am Ende unseres Buches angelangt, obwohl hier schon vom Regierungsantritt des Messias gesprochen wird. In den nächsten Kapiteln wird der Seher zeitlich wieder zurückgehen und sich eines ganz besonderen Themas annehmen, um es ausführlich zu beleuchten. Worum es gehen wird, kündigt der Vers 19 dieses Kapitels an, der eigentlich der erste Vers des nachfolgenden Kapitels sein sollte.

Kapitel 12-14: Der wahre und der falsche Messias

Die Kapitel 12 bis 14 behandeln ausführlich einen besonderen Gegenstand der Weissagungen des Johannes. Wir werden zu Beginn an den Gnadenbund und dann an die Berufung und Bestimmung Israels erinnert. Diese ist untrennbar verbunden mit dem Messias, der aus diesem Volk und für dieses Volk kam. Am Messias entscheidet sich das Schicksal Israels. Darum wird in Kapitel 12 an Seine Geburt erinnert; und darum handelt das 13. Kapitel vom falschen Messias, dem Antichristus. Wer aus Israel dem falschen Messias folgt, geht verloren; wer dem wahren Messias vertraut, wird errettet. Das Kapitel 14 endet mit dem Gericht, das scheidend durch dieses Volk gehen wird.

Israel und der Neue Bund (11,19)

»Und der Tempel Gottes im Himmel wurde geöffnet, und die Lade seines Bundes wurde in seinem Tempel gesehen; und es geschahen Blitze und Stimmen und Donner und ein Erdbeben und ein großer Hagel.«

Dieser Vers ist der Vorspann zu dem in den Kapiteln 12-14 behandelten Thema, wo uns gezeigt wird, unter welchen Umständen

Israel in den Neuen Bund eingehen wird. Darum wird der Ausdruck »Lade *des Bundes*« verwendet, und nicht »Lade des Zeugnisses«, was ja eine häufige Bezeichnung dafür ist (2Mo 25,22; Jos 4,16 etc.). Wenn hier wiederum Blitze, Donner und Stimmen geschehen, dann besagt das einmal mehr, dass göttliche Gerichte Israels Weg in den lang ersehnten Hafen (vgl. Ps 107,30) begleiten werden. Wenn aber die Lade »im Himmel« gesehen wird, dann ist das die Gewähr dafür, dass der Bund gewiss ist. Gegen allen Widerstand werden sich die himmlischen Ratschlüsse mit dem irdischen Gottesvolk Israel erfüllen. Hatte der Herr den Jüngern nicht verheißen, dass wohl Himmel und Erde (das ist die Schöpfung) vergehen mögen, nicht aber Sein Wort und daher auch nicht Sein Volk (Mt 24,34.35)?

Die Lade, die damals *auf der Erde* war und als der Ausdruck der Gegenwart Gottes in Seinem Volk galt (siehe 4Mo 10,33-36; Ps 80,2), ging während der babylonischen Gefangenschaft verloren. Der Bund selbst war wie das Unterpfand des Bundes – die Lade – *menschlicher Verantwortung* unterstellt gewesen. Daher musste der Bund in die Brüche, musste die Lade verloren gehen. Die Lade *im Himmel* aber ist vollkommen in Gottes Hand. Der entsprechende Bund ebenso, weshalb er im Gegensatz zum Alten *nie wird gebrochen werden können* (vgl. Jer 31,31-34).

Kapitel 12

Israels Bestimmung (12,1.2)

»Und ein großes Zeichen erschien in dem Himmel: Eine Frau, bekleidet mit der Sonne, und der Mond unter ihren Füßen, und auf ihrem Haupte eine Krone von zwölf Sternen. Und sie ist schwanger und schreit in Geburtswehen und in Schmerzen zu gebären.«

Beachten wir, dass Johannes »ein Zeichen« sieht, die Frau ist also ein *Symbol* und nicht eine wirkliche Person. Daher kann die Frau unmöglich die Jungfrau Maria sein, wie einige meinen. Dann hätte stehen müssen, dass er »im Gesicht eine Frau sah« oder so ähnlich. Was aber bedeutet das »Zeichen«? Es ist, wie so oft im Alten wie im Neuen Testament, ein Symbol für das *Volk Gottes*. Israel wird *Braut* (Jer 2,2) und auch *Ehefrau* des Herrn genannt (Jes 54,6), als untreues Volk heißt es *Ehebrecherin* (Hes 16,38), als vom Herrn *Verstoßene* schließlich *Witwe* oder *Vereinsamte* (Jes 54,1).

Das Zeichen wird »im Himmel« gesehen. Das bedeutet, dass hier gezeigt wird, was sich der Himmel für Israel vorgesetzt hat, was Israel nach *Gottes Gedanken* sein soll und einst sein wird. Was sind denn die Absichten Gottes mit dieser Nation? Er will sie *zur höchsten der Nationen* machen (5Mo 26,19; 28,1.13). Das finden viele empörend, besonders in einer Zeit, da egalitäre Postulate den Rang ewig gültiger göttlicher Orakel angenommen haben. Dennoch bleibt Gottes Verheißung für dieses Volk wahr. Er hat es vor allen anderen Völkern ausgesondert (2Mo 19,5), um es zum Haupt der Nationen zu machen (5Mo 28,13). Das nämlich bedeutet die Sonne, mit der die Frau bekleidet ist: Israel ist eingekleidet mit höchster Autorität. Der Mond steht für untergeordnete Autoritäten. Diese sind unter den Füßen der Frau. Im Tausendjährigen Reich wird Israel Lehrer, Führer und Haupt über die Nationen sein. Der Kranz von 12 Sternen spricht von der vollkommenen Verwaltung der Erde – die Sterne sind von Gott eingesetzte Autoritäten –, die von Israel ausgehen wird.

Im Bild der schwangeren Frau, die in Schmerzen schreit, sagt Gott, dass Israel nicht anders als durch Not und Drangsal diese Bestimmung erreichen wird. Durch wie viel Not ist dieses Volk schon gegangen (Jes 26,17.18; Mi 4,9.10)! Und doch stehen ihm die schlimmsten Wehen noch bevor. Der Herr selbst hat gesagt, dass die Zeit vor Seinem zweiten Kommen für Israel wie Geburtswehen sein wird (Mt 24,8; siehe auch Jer 30,6.7). Die Drangsal ergibt sich aus der Bestimmung dieses Volkes, den Messias zur Welt zu bringen; denn »das Heil ist aus den Juden« (Joh 4,22). Aus Israel ist »dem Fleisch nach der Christus« (Röm 9,5). Und nur damit hängt die Einzigartigkeit dieses Volkes zusammen. Das ist der Grund, warum Gott sich ein Volk erwählte, um nämlich durch dieses Volk Seinen Messias in die Welt einzuführen. Durch wie viel Leiden musste nicht Gott dieses Volk führen, um es für seine einzigartige Aufgabe zu erziehen, nämlich Stammvater des Messias und Lehrer der Nationen zu sein! Zu Letzterem noch eine Frage: Woher wüssten wir, wer Gott ist, was Seine Gedanken sind, wenn nicht durch die israelitischen Propheten und jüdischen Apostel? Also ist Israel tatsächlich Lehrer gewesen; es wird es wieder sein (Jes 66,19).

Die Feindschaft Satans gegen den Samen des Weibes (12,3-6)

»Und es erschien ein anderes Zeichen in dem Himmel: Und siehe, ein großer feuerroter Drache, der sieben Köpfe und zehn Hörner hatte, und auf seinen Köpfen sieben Diademe; und sein Schwanz zieht den dritten Teil der Sterne des Himmels mit sich fort; und er warf sie auf die Erde. Und der Drache stand vor der Frau, die im Begriff war zu gebären, damit er, wenn sie geboren hätte, ihr Kind verschlänge. Und sie gebar einen männlichen Sohn, der alle Nationen weiden soll mit eiserner Rute; und ihr Kind wurde entrückt zu Gott und zu seinem Thron. Und die Frau floh in die Wüste, wo sie eine von Gott bereitete Stätte hat, damit man sie dort ernähre 1260 Tage.«

Das zweite Zeichen im Himmel zeigt uns die Feindschaft Satans gegen die Frau. Der Satan hasst das Volk Israel einzig aus diesem Grund, dass es den Retter und kommenden Herrscher der Welt hervorgebracht hat. Der Drache zieht mit seinem Schwanz den dritten Teil der Sterne auf die Erde herab: Wenn das Tier mit den sieben Köpfen als Satan in Person gesehen wird, dann bedeutet das, dass ein Drittel der Engel, von Satan verleitet, gefallen ist und ihm folgt und seinen Zwecken dient (vgl. Verse 7 und 9). Der Drache hat sieben Köpfe und zehn Hörner wie das Tier aus Kapitel 13. Daher sollten wir das Zeichen eher so verstehen, dass der Satan sich *menschlicher Reiche und Herrscher* bedient hat und bedienen wird in seinem Ansinnen, das Volk Israel und damit den Messias zu vernichten. Beim ersten Kommen Jesu versuchte der Drache durch das Römische Reich Ihn zu verschlingen. Dieses gleiche Reich wird bei Seiner Wiederkunft Krieg gegen Ihn führen (17,14).

Die vom Himmel gefallenen Sterne stehen ähnlich wie in 6,13 für menschliche Gewalten.

Alle Versuche, dieses Volk auszurotten, sei es durch den Pharao in Ägypten (2Mo 1), sei es durch Haman während der Zeit persischer Oberhoheit (das Buch Esther), galten letztlich dem großen Sohn dieses Volkes, der einst zur Welt kommen sollte. Und weil das Heil aus den Juden gekommen ist, wurde das Volk der Juden seither und bis heute gehasst.

Aber Gottes Ratschlüsse können nicht vereitelt werden: Der Drache kann das Kind nicht verschlingen; es wird zu Gott entrückt. Im Gesicht werden Geburt und Himmelfahrt des Sohnes Gottes zusammengefasst, obwohl wir wissen, dass ein dreißigjähriges Leben, dann Leiden und Sterben des Messias dazwischenlagen. Vom zum Himmel entrückten Kind heißt es, dass es die Völker weiden werde. Die altorientalischen Völker und auch die Griechen nannten mit Vorliebe Könige und Herrscher »Hirten«. Das Alte Testament nun sagt, dass der wahre Hirte der Völker der Gott Israels selbst ist, und das ist niemand anders als der menschgewordene Gottessohn. Von Ihm hat der Prophet Micha in einer Weissagung, die wie unser vorliegender Abschnitt von der Geburt des Herrn bis zu Seiner messianischen Regierung geht, bereits gesagt:

»Und du, Bethlehem ..., aus dir wird hervorkommen, der Herrscher über Israel sein soll; und seine Ausgänge sind von der Urzeit, von den Tagen der Ewigkeit her. Darum wird er sie dahingeben, bis zur Zeit, *da eine Gebärende geboren hat* ... Und er wird dastehen und *seine Herde weiden* in der Kraft des HERRN, in der Hoheit des Namens des HERRN, seines Gottes. Und sie werden wohnen; denn nun wird er groß sein *bis an die Enden der Erde*. Und dieser wird Friede sein« (Mi 5,1-4).

Micha übergeht wie Johannes das Leben, Leiden und Sterben des Herrn und fasst in einer großartigen Schau Geburt und kommende Herrschaft des Messias zusammen.

Im nächsten Bild befinden wir uns, die wir in diesen beiden Gesichten an den göttlichen *Ursprung* zurückgeführt und an die von *Anfang* an gegebene Bestimmung Israels erinnert worden sind, wieder am *Ende* der Zeit: Die Frau flieht in die Wüste. Es ist in prophetischen Büchern nichts Außergewöhnliches, dass in einem Atemzug Dinge genannt werden, die Jahrtausende auseinanderliegen. Ein bekanntes Beispiel dafür ist neben dem bereits genannten auch Sacharja 9,9.10. Vers 9 spricht vom ersten Kommen des Herrn, Vers 10 vom zweiten Kommen, das noch vor uns liegt.

Wenn weiter oben gesagt wurde, die einzigartige Bedeutung Israels und die göttliche Bestimmung Israels lägen darin, dass es den Messias hervorgebracht hat, dann müssen wir in unserem gegenwärtigen Zusammenhang noch Folgendes festhalten: *Das ganze Schicksal Israels entscheidet sich an seiner Stellung zu ebendiesem Messias.* Glaubt es an Ihn, wird es in den von Gott verordneten Neuen Bund eingeführt; glaubt es nicht an Ihn, geht es in den göttlichen Gerichten unter (Joh 8,24). Die große Entscheidungsfrage wird daher im vorliegenden Abschnitt (Kapitel 12-14) genau die sein: Wem folgt Israel, dem wahren oder dem falschen Messias? Daher ist in Kapitel 13 die Rede vom falschen Messias, vom Antichristus und seinem Anhang, in Kapitel 14 vom wahren Christus und Seinen Nachfolgern.

Die Zeitangabe in Vers 6 zeigt, dass es sich um die gleiche Zeit handelt, in der die beiden Zeugen in Jerusalem ihr Zeugnis vollenden werden. Interessanterweise wird die Zeit auch hier in Tagenangegeben. Was das für die in Jerusalem verbliebenen Zeugen des kommenden Königs bedeutete, haben wir bereits gesehen. Hier flieht die Frau – gemeint ist wohl ein Großteil des gläubigen Überrests Israels – vor der Verfolgung, wozu der Herr sie ja auch in Seiner Endzeitrede aufgefordert hatte, und zwar genau zu dem Zeitpunkt, da der Antichrist in der Hälfte der Woche den Gottesdienst verderben und sich selbst als Gegenstand der Anbetung in den Tempel setzen würde (Mt 24,15-22). Wie gerade Matthäus 24,22 zeigt, wird auch den Flüchtigen die Zeit lang werden. Wie tröstlich zu wissen, dass Gott selbst die Zeit verkürzen wird. Das heißt, dass Er durch Sein Eingreifen dafür sorgen wird, dass die Schreckensherrschaft der beiden Tiere (siehe Offb 13) nicht endlos sein wird (vgl. Ps 125,3). Jeder Tag ist gezählt, die Zeit des Ausharrens ist genau bemessen (vgl. auch Offb 2,10). Auch dafür sorgt »der Gott des Maßes« (2Kor 10,13).

Satan wird aus dem Himmel geworfen (12,7-12)

»Und es entstand ein Kampf im Himmel: Michael und seine Engel kämpften mit dem Drachen. Und der Drache kämpfte und seine Engel; und sie obsiegten nicht, auch wurde ihre Stätte nicht mehr im Himmel gefunden. Und es wurde geworfen der große Drache, die alte Schlange, der Teufel und Satan genannt wird, der den ganzen Erdkreis verführt, geworfen wurde er auf die Erde, und seine Engel wurden mit ihm hinabgeworfen. Und ich hörte eine laute Stimme im Himmel sagen: Nun ist das Heil und die Macht und das Reich unseres Gottes und die Gewalt seines Christus gekommen;[8] denn hinabgeworfen ist der Verkläger unserer Brüder, der sie Tag und Nacht vor unserem Gott verklagte. Und sie haben ihn überwunden um des Blutes des Lammes und um des Wortes ihres Zeugnisses willen, und sie haben ihr Leben nicht geliebt bis zum Tod! Darum seid fröhlich, ihr Himmel und die ihr in ihnen wohnt! Wehe der Erde und

8 »Nun ist das Reich … gekommen …«: Wir sind ein wenig verwundert und fragen uns, was das heißt, dass »nun«, also mit dem Hinabwurf Satans aus dem Himmel, »das Reich unseres Gottes und die Gewalt seines Christus« gekommen sei. Die Begründung, die hier gegeben wird, lautet: »denn hinabgeworfen ist der Verkläger«. Solange der Verkläger die Heiligen »Tag und Nacht vor Gott verklagte«, war das Reich noch nicht gekommen. Erst wenn dieses beständige Verklagen aufhört, kommt das Reich. Der Sohn Gottes hat im Gebet, das Er den Jüngern beibrachte, gelehrt, dass Gottes Reich durch Vergebung kommt (Mt 6). Solange Sünde verklagt wird, kommt das Reich nicht. Aber das heißt nicht, dass die Heiligen deshalb der Regierung des Verklägers unterstellt seien. Nein, »sie haben ihn überwunden«, auch wenn das Reich noch nicht gekommen war; genauer: in Macht geoffenbart worden war. So überwanden sie die Stimme des Verklägers, und so regierte Gottes Wille und Gottes Friede trotz allem in ihrem Herzen. Wie konnten sie überwinden? Dadurch, dass sie »ihr Leben nicht liebten bis zum Tod«. Das bedeutet durch Selbstverleugnung. Wenn der Satan unser Ich aufreizen kann, uns gegen die Klagen und Verleumdungen, die er vor Gott ausbreitet und durch den Mund der Menschen weiterreicht, zu empören, hat er uns überwunden. Dann hat er uns im Griff. Wir müssen daher unser Ich verleugnen, wir müssen Verleumdung still hinnehmen können und uns bei allem unter Gottes mächtige Hand demütigen. So beweisen wir, dass wir unser eigenes Leben nicht lieben, und darin finden wir Frieden. So beginnt die wunderbare Friedensherrschaft Jesu Christi in den Herzen der Heiligen, bevor diese Herrschaft offenbar wird.

dem Meer! denn der Teufel ist zu euch hinabgekommen und hat große Wut, da er weiß, dass er wenig Zeit hat.«

Dieser Blick in den Himmel erklärt, warum der Drache das Kind nicht verschlingen und die Frau nicht vertilgen konnte: Er hätte vorher den Himmel selbst besiegen müssen. Der Satan kann Gottes Ratschlüsse nicht umwerfen; aber er widersetzt sich dennoch Gottes Willen und Gottes Befehl mit aller Macht: Es entsteht ein Kampf im Himmel, in dem der Satan mit seinem Gefolge von gefallenen Engeln gegen Michael und dessen Engel kämpft. Das zeigt, dass der Angriff Satans auf das Volk Gottes in der letzten Absicht der Versuch Satans ist, Gott selbst vom Thron zu stürzen. Ein nichtiges Unterfangen! Es endet damit, dass der Satan selbst aus dem Himmel gestürzt wird; denn: »Wer ist wie Gott?« Das ist die Bedeutung des Namens Michael.

Emil Dönges schrieb in seiner Auslegung zum Buch der Offenbarung: »Als Anführer der Engel Gottes in dem Kampf mit Satan und seinen Engeln sehen wir den Erzengel Michael. Sein Name ist bezeichnend: Er heißt: ›Wer ist wie Gott?‹ Hatte Satan im Paradies auf Erden den ersten Menschen bei der Verführung vorgelogen: ›Ihr werdet sein wie Gott‹, so tritt ihm hier, wo die erlösten Menschenkinder ins himmlische Paradies eingeführt werden, ein Erzengel entgegen, der da heißt: ›Wer ist wie Gott?‹, und wirft ihn hinaus, hinab auf die Erde« (Emil Dönges: »Was bald geschehen muss«, Seite 163).

Gott lässt Seine Engel gegen Satan und dessen Engel kämpfen. Wir fragen uns, warum Gott den Satan nicht durch Seine Allmacht aus dem Himmel wirft, sondern es auf diesem indirekten Weg tut. Wir können nichts Sicheres darüber sagen, aber doch vermuten, dass es zur wirklichen Erniedrigung und Niederlage des Teufels gehören muss, dass er, ein Engel, von Engeln besiegt werden muss. Er hatte einen Teil der Engel als Verbündete gewinnen können; aber da war ein anderer Teil, der Gott die Treue hielt. Das ausgerechnet diese es sind, die ihn samt Anhang überwinden und aus dem Himmel fegen, macht seine Niederlage umso bitterer.

Der Fall Satans fällt in die Mitte der siebzigsten Jahrwoche Daniels. Er erklärt die vollständige Anarchie des sechsten Siegels, und er ist dafür verantwortlich, dass im Tempel der Gräuel der Verwüstung aufgestellt wird und dass das Tier, das aus dem Abgrund (11,7) und aus dem (Völker-)Meer (13,1) kommt, zur unumschränkten Gewalt aufsteigt. Die »kurze Zeit«, die in Vers 12 genannt wird, beträgt 42 Monate (11,2) oder 1260 Tage (12,6) oder »eine Zeit, Zeiten und eine halbe Zeit« (12,14), das sind dreieinhalb Jahre. Es ist die Zeit der »großen Wut« Satans. Sie äußert sich in drei Dingen: Er lästert den Himmel, er verfolgt und tötet die Gläubigen, und er bindet die übrigen Menschen an den schlimmsten Götzendienst der gesamten Menschheitsgeschichte. Davon wird in Kapitel 13 ausführlich die Rede sein.

Satan wütet auf der Erde (12,13-18)

»Und als der Drache sah, dass er auf die Erde geworfen war, verfolgte er die Frau, die das männliche Kind geboren hatte. Und es wurden der Frau die zwei Flügel des großen Adlers gegeben, damit sie in die Wüste fliege, an ihre Stätte, wo sie ernährt wird eine Zeit und Zeiten und eine halbe Zeit, fern vom Angesicht der Schlange. Und die Schlange warf aus ihrem Mund Wasser, wie einen Strom, hinter der Frau her, damit sie sie mit dem Strom fortrisse. Und die Erde half der Frau, und die Erde tat ihren Mund auf und verschlang den Strom, den der Drache aus seinem Mund warf. Und der Drache wurde zornig über die Frau und ging hin, Krieg zu führen mit den Übrigen ihres Samens, welche die Gebote Gottes halten und das Zeugnis Jesu haben.«

Der Frau wurden »die Flügel des großen Adlers« gegeben, ein Bild, das uns wiederum an die Errettung Israels aus Ägypten erinnert (2Mo 19,4; 5Mo 32,10.11), und auch damals zog das Volk »in die Wüste«. Aus tödlicher Gefahr und Nachstellung wird Israel gerettet werden: Der Strom, den die Schlange aus dem Mund wirft, steht für die Verfolgung der Gläubigen. Das lernen wir aus Ps 124. Wie David dort bereits gesungen hatte, wird der Herr Seine Erlösten befreien und retten: »Wenn nicht der Herr für uns gewesen wäre, als die Menschen gegen uns aufstanden, dann hätten sie uns lebendig verschlungen, als ihr Zorn gegen uns entbrannte; dann hätten uns *die Wasser überflutet*, wäre *ein Strom* über unsere Seelen gegangen; dann wären über unsere Seele gegangen *die stolzen Wasser*. Gepriesen sei der Herr, der uns nicht zum Raub gab ihren Zähnen!« (Ps 124,2-6).

Der Herr wird Menschen verwenden, die »den Strom verschlingen«: Die Gläubigen, die der Herr »die geringsten seiner Brüder« (Mt 25,40) nennt, werden vor ihren Häschern versteckt und versorgt werden (Mt 10,39-42; 25,34-40) wie einst die Kundschafter Josuas bei der Hure Rahab (Jos 2). Und wie damals Rahab ihres Glaubens wegen vor dem Untergang verschont wurde (Hebr 11,31), werden auch dann die Beschützer der Erlösten vom Gericht verschont werden, um in das Reich des Menschensohnes einzugehen (Mt 25,34).

Der Zorn des Drachen richtet sich nunmehr gegen die verbliebenen Erlösten, die nicht geflüchtet sind, und das sind u.a. die in Kapitel 11 genannten Zeugen: Sie haben »das Zeugnis *Jesu*«. Sie werden in der Stadt des Antichristen selbst bezeugen, dass *Jesus, der Mensch Jesus von Nazareth*, der wiederkommende Messias ist. Der Drache führt Krieg gegen sie. Und tatsächlich wird es dem Tier, dem großen Werkzeug des Zornes Satans, gelingen, viele Heilige zu überwinden und zu töten (11,7; 13,7).

Kapitel 13

In diesem Kapitel spielen zwei Tiere die Hauptrolle. Das erste Tier ist ein heidnischer Herrscher und ein heidnisches Reich; denn es steigt aus dem Meer auf. Das zweite Tier ist ein jüdischer Herrscher.

Das Tier aus dem Meer: Das letzte Weltreich und sein Herrscher (13,1-10)

»Und ich stand auf dem Sande des Meeres. Und ich sah aus dem Meer ein Tier aufsteigen, das zehn Hörner und sieben Köpfe hatte, und auf sei-

nen Hörnern zehn Diademe, und auf seinen Köpfen Namen der Lästerung. Und das Tier, das ich sah, war gleich einem Parder, und seine Füße wie die eines Bären, und sein Maul wie eines Löwen Maul. Und der Drache gab ihm seine Macht und seinen Thron und große Gewalt. Und ich sah einen seiner Köpfe wie zum Tod geschlachtet. Und seine Todeswunde wurde geheilt, und die ganze Erde verwunderte sich über das Tier. Und sie beteten den Drachen an, weil er dem Tier die Gewalt gab, und sie beteten das Tier an und sagten: Wer ist dem Tier gleich? Und wer vermag mit ihm zu kämpfen? Und es wurde ihm ein Mund gegeben, der große Dinge und Lästerungen redete; und es wurde ihm Gewalt gegeben, zu wirken zweiundvierzig Monate. Und es öffnete seinen Mund zu Lästerungen gegen Gott, seinen Namen zu lästern und seine Hütte und die, welche ihre Hütte im Himmel haben. Und es wurde ihm gegeben, mit den Heiligen Krieg zu führen und sie zu überwinden; und es wurde ihm Gewalt gegeben über jeden Stamm und Volk und Sprache und Nation. Und alle, die auf der Erde wohnen, werden es anbeten, ein jeder, dessen Name nicht geschrieben ist im Buch des Lebens des geschlachteten Lammes von Grundlegung der Welt an. Wenn jemand ein Ohr hat, so höre er! Wenn jemand in Gefangenschaft führt, so geht er in Gefangenschaft; wenn jemand mit dem Schwert töten wird, so muss er mit dem Schwert getötet werden. Hier ist das Ausharren und der Glaube der Heiligen.«

Dieses Kapitel beschreibt uns, was Satan tun wird in seiner Wut gegen Gott und in seinem Hass auf den Menschen. Das Regiment, das hier beschrieben wird, ist das Werk von Satans großem Zorn (12,12), sein letztes, ohnmächtiges Aufbegehren gegen die unabänderlichen Ratschlüsse Gottes. Wenn Gott Sein Reich aus *Liebe* zum Menschen aufrichtet, dann richtet der Satan seins auf aus *Hass* auf die Menschen. Und Gott wird es fügen, dass am Ende der Zeit für kurze Zeit ein Reich erstehen wird, das nun ganz so sein wird, wie es der ungläubige Mensch in seinem innersten Herzen begehrt hat. Denn dieser hat den Sohn Gottes und dessen Herrschaft von sich gewiesen (Lk 19,14) und stattdessen das Regiment des Menschenmörders gewählt (Apg 3,14). Als die Menschen den Sohn Gottes zur Hinrichtung abführten, sagte Er: »Dies ist *eure Stunde und die Gewalt der Finsternis*« (Lk 22,53). Merken wir, wie der

Mensch, wenn er seine Stunde hat, den Schöpfer und Erlöser über sich abweist und der *Gewalt der Finsternis* verfällt? Gott ist freundlich und überlässt den Menschen nicht ungehindert seinen Wünschen, weshalb ein einigermaßen erträgliches Zusammenleben in Völkern und Staaten vielerorts noch möglich ist. Am Ende aber wird Gott dem Menschen bis auf den Grund das gewähren, was er will. Das Ergebnis ist das in diesem Kapitel beschriebene Terrorregiment, dem keine tausend Thermidor, keine nationalsozialistischen Vernichtungslager, kein stalinistischer Gulag, kein einziges aus der Unzahl islamischer Despotien auch nur annähernd gleichkommen. Mord wird regieren und dazu die Lüge (Verse 11-18), die beiden Charakterzüge Satans (Joh 8,44).

Der Charakter dieses Reiches ist ein doppelter: Es ist wie ein Tier[9], das anders als der Mensch seinen Blick nie über den Horizont des Geschaffenen erhebt, nicht die Zwiesprache und Gemeinschaft mit seinem Schöpfer begehrt. Das letzte Weltreich wird den Schöpfer radikal leugnen (Vers 6) und aus dem Geschöpf alles machen (Vers 12). Dieses Reich ist nicht irgendein Tier, sondern ein Raubtier. Es wird also mit roher Gewalt, mit Drohung, Zwang und Mord sein Regiment führen (Verse 7.15.17). Gottlosigkeit und Gewalttat werden wie in den Tagen vor der Flut überhandnehmen (1Mo 6,11).

9 Das Tier ist kein buchstäbliches Tier, sondern es symbolisiert ein Reich, wie wir aus den Gesichten Daniels lernen (Kap. 7). Das bedeutet aber, dass die Todeswunde nicht eine buchstäbliche Wunde sein kann, die zum leiblichen Tod des »Tieres« führt. Daher kann die Bedeutung dieser Verse nicht der sein, dass es zu einer buchstäblichen Auferweckung eines verstorbenen Menschen kommen werde, wie einige Bibelausleger meinen. Vielmehr muss es um die Auferstehung eines Reiches gehen, das untergegangen und daher tot war. In V. 14 vernehmen wir, dass die tödliche Wunde durch ein Schwert geschlagen worden war. So wenig das Tier ein buchstäbliches Tier ist, ist das Schwert ein buchstäbliches Schwert. Es muss als das verstanden werden, was es in der symbolischen Sprache des Alten und Neuen Testaments immer bedeutet: das Wort Gottes. Die Predigt und Annahme des Evangeliums hatte dem heidnischen Weltreich Rom den Untergang bereitet. Erholt sich das Tier von dieser tödlichen Wunde, dann müssen wir annehmen, dass die christianisierten Völker wieder in das vorchristliche Heidentum zurückfallen werden. Das Reich steht wieder auf, wenn es die Ursache für seinen einmaligen Untergang überwunden hat, das Evangelium. Genau das hat der Herr, solches hat der Völkerapostel angekündigt; wie erleben es heute, wie sich die christlichen Völker unter unseren Augen ganz bewusst und entschieden zu heidnischen Völkern verwandeln.

Vergleichen wir die Beschreibung dieses Tieres mit den Tieren von Daniel 7, stellen wir fest, dass es alle Wesenszüge der dort genannten in sich vereint: Es ist wie ein Leopard, wie ein Bär und wie ein Löwe. Mithin wird hier ein Reich beschrieben, das wie die Summe aller vorangegangenen Weltreiche ist; es vereint in sich alle sündigen Merkmale der heidnischen Großreiche. In einem Punkt unterscheidet es sich aber von allen Weltreichen, die je existiert haben: Der *Drache* gibt ihm seine Macht und seinen Thron. Noch nie hat der Satan einem menschlichen Reich seine ganze Gewalt abgetreten, aber hier wird er es tun.

Erneut stellen wir fest, wie das Reich des Tieres das Gegenteil vom Reich des Menschensohnes ist. Wir erinnern uns, dass der Menschensohn sich weigerte, die Macht über die Welt aus der Hand Satans entgegenzunehmen (Mt 4,8-10). Er empfing das Reich und die Macht aus der Hand Gottes (Dan 7,13.14; Ps 2,8), und das hieß über den Weg des Gehorsams, der Erniedrigung, des Kreuzestodes. Wie wunderbar ist es, einem solchen Herrn zu dienen, der uns in Leiden und Tod vorangegangen ist! Wie freudig gehorchen wir einem Herrscher, der sich zuerst zu unser aller Diener gemacht hat, und der uns bis zum Äußersten (Joh 13,1) geliebt hat! Wie bitter ist es hingegen, einem grausamen und herzlosen Gewaltherrscher versklavt zu sein, jemandem, dem man nur aus Angst dient, der sein Sklavenheer mit Drohung und Gewalt gefügig halten muss und dabei einen jeden seiner Knechte verachtet!

Zum Reich des Tieres gehört, dass ihm »ein Mund gegeben wurde, der große Dinge redete«. Lüge und Propaganda begründen die Macht des Tieres über die Menschenseelen. Heute stehen bereits alle Mittel bereit, den Menschen zu indoktrinieren. Die Propaganda wird dann nur ein letztes Ziel haben: Gott zu lästern. Das geschieht dadurch, dass wie im Garten Eden Gottes Wort geleugnet, Gottes Gebote für nichtig erklärt werden. Beachten wir, dass Johannes sagt: »Es wurde ihm gegeben.« Das Tier kann nichts tun, was Gott ihm nicht erlaubt.

Und schließlich tötet das Tier die Heiligen. Auch das »wurde ihm gegeben«. Wollte es Gott nicht, könnte das Tier nicht einen einzigen Seiner Heiligen und Geliebten töten. Gott lässt den Gottlosen gewähren, denn sein Wesen muss jetzt ganz offenbar werden. Es muss offenbar werden, was der Mensch ohne Gott wirklich ist. Gottlosigkeit, Gewalttat und Hass auf die Heiligen sind die Merkmale des letzten Weltreiches. Wenn wir uns fragen, wie Gott denn zulassen könne, dass Seine Geliebten getötet werden, dann gibt uns 20,4 die Antwort. Die Märtyrer werden auferweckt und an der Regierung des Messias über die ganze Schöpfung teilhaben. Damit, dass sie das Leben verlieren, verlieren sie zwar den Eingang ins messianische Reich; aber der Herr gibt ihnen etwas Besseres: Sie werden zu Regenten in diesem Reich.

Die Zeit ist von Gott bestimmt: zweiundvierzig Monate. Das ist der gleiche Zeitraum, dem wir in 11,2.3 und in 12,6.14 schon begegnet sind. Die Gewalt zu wirken wird »ihm gegeben«. Nicht einmal der Böse kann etwas tun ohne Gott, den Schöpfer und Herrscher aller Dinge. Gott gibt dem Tier Zeit und Gewalt zu wirken. Dass er sie nur zum Bösen verwendet, offenbart seinen bösen Charakter und macht ihn schuldig.

Wer ist das Tier? Und was bedeutet es, dass es aus dem Meer aufsteigt? Wie so oft in diesem Buch gibt uns der Prophet Daniel den Schlüssel zum Verständnis. Wir lesen in Kapitel 7 seines Buches: »Ich schaute in meinem Gesicht bei der Nacht, und siehe, die vier Winde des Himmels brachen los auf das große Meer. Und vier große Tiere stiegen aus dem Meere herauf, eines verschieden von dem anderen« (Verse 2.3).

Daniel beschreibt *heidnische Reiche,* die nach dem Untergang Jerusalems im sechsten vorchristlichen Jahrhundert entstanden. Daher steigen die Tiere aus dem Meer auf, dem bekannten, von den Propheten verschiedentlich benutzten Bild für die Heidenvölker (Jes 17,12.13; Ps 65,8.9). Das Tier aus unserem Kapitel ist mithin ein *Weltreich,* und zwar ein *heidnisches,* das heißt nichtisraelitisches. Von Daniel lernen wir auch, dass das allerletzte Weltreich das gleiche sein wird wie das vierte von ihm beschriebene, und das ist das *Römische* (Dan 2,41.42; 7,7-11; 9,26). Jenes Reich, das bei der Geburt des Herrn Ihn (durch einen seiner vielen Vasallen) zu verschlingen suchte, wird auch beim zweiten Kommen des Herrn die Welt beherrschen. Das Tier, das aus dem Meer steigt, ist folglich *das wiedererstandene Römische Reich*, das am Ende der Tage zur absoluten Weltmacht werden wird. Ob das ganz genau innerhalb der Grenzen des alten *Imperium Romanum* liegen wird, wage ich zu bezweifeln; sicher aber wird es nicht in Asien und nicht in Amerika, sondern in *Europa* erstehen, ist doch Europa eindeutig der kulturelle Erbe Roms. Bemerkenswert ist, wie das seit 1945 geschlagen darniederliegende Europa wirtschaftlich und politisch geeint sich wieder seiner Sendung und seiner Macht bewusst wird.

Die Wiedererstehung dieses Reiches wird der Welt wie ein Wunder erscheinen, sodass es darob über die Maßen erstaunt das Tier und dessen Macht anbeten wird (siehe auch 17,8). Offensichtlich werden die Schwierigkeiten, Europa unter einer gemeinsamen Regierung zu einen, unüberwindlich erscheinen, sodass der Mann, der sie doch überwinden kann, einer dankbaren und verwunderten Menschheit wie ein Genie, ein Held, ein Retter erscheinen wird. Man wird ihn wie einen Gott anbeten.

Und wer das Tier nicht vor lauter Bewunderung freiwillig anbetet, wird es unter der Androhung der wirtschaftlichen Ausgrenzung tun (V. 16.17). Es wird Glaubensmut brauchen, sich diesem Regime zu verweigern; und diesen Glauben haben nur die Erwählten. Sie sind eingeschrieben im Lebensbuch[10] des Lammes, das von Grundlegung der Welt an geschlachtet wurde (V. 8), aber als Lamm zuvorerkannt war »vor Grundlegung der Welt« (1Petr 1,20). Das bedeutet auch, dass sie Leben haben. Nur wer dieses Leben hat, kann dem Druck und den Verlockungen des Tieres widerstehen.

Die Versuchung wird groß sein, mit Gewalt auf Gewalt zu antworten. Der Herr sagt daher: »Hier ist die Geduld und das Ausharren der Heiligen« (vgl. 1,9); mit anderen Worten: »Habt Geduld; rächt nicht euch selbst; denn die euch jetzt ins Gefängnis schleppen, werden einst selbst ins ewige Gefängnis geworfen werden, die euch jetzt töten, werden dem zweiten, dem ewigen Tod übergeben werden.«

---

10 Das Buch des Lebens wird in der Offenbarung oft erwähnt: 3,5; 13,8; 17,8; 20,12.15; 21,27.

Das Tier aus der Erde: Der falsche Messias (13,11-18)

»Und ich sah ein anderes Tier aus der Erde aufsteigen: Und es hatte zwei Hörner gleich einem Lamm, und es redete wie ein Drache. Und die ganze Gewalt des ersten Tieres übt es vor ihm aus, und es macht, dass die Erde und die auf ihr wohnen das erste Tier anbeten, dessen Todeswunde geheilt wurde. Und es tut große Zeichen, dass es selbst Feuer vom Himmel auf die Erde herabkommen lässt vor den Menschen; und es verführt die auf der Erde wohnen wegen der Zeichen, die vor dem Tier zu tun ihm gegeben wurde, indem es die, die auf der Erde wohnen, auffordert, ein Bild zu machen vom Tier, das die Wunde des Schwertes hat und lebte. Und es wurde ihm gegeben, dem Bild des Tieres Odem zu geben, damit das Bild des Tieres auch redete und bewirkte, dass alle getötet wurden, die das Bild des Tieres nicht anbeteten. Und es bringt alle dahin, die Kleinen und die Großen, und die Reichen und die Armen, und die Freien und die Knechte, dass sie ein Malzeichen annehmen an ihre rechte Hand oder an ihre Stirn; und dass niemand kaufen oder verkaufen kann, als nur wer das Malzeichen hat, den Namen des Tieres oder die Zahl seines Namens. Hier ist die Weisheit. Wer Verständnis hat, berechne die Zahl des Tieres, denn es ist eines Menschen Zahl; und seine Zahl ist sechshundertsechsundsechzig.«

Das zweite in diesem Kapitel genannte Tier ist der unerlässliche Helfer, der unverzichtbare Verbündete des ersten Tieres. Verkörpert das erste Tier die ökonomische, politische und militärische Kraft, dann dieses zweite die religiöse. Der Mensch als religiöses Wesen braucht Religion; auch die letzte, Gott und den Himmel offen lästernde Zivilisation wird wie alle vorangegangenen Zivilisationen religiös sein. Den religiösen Bedürfnissen einer ungläubigen Menschheit begegnet nun ebendieses zweite Tier, der *Antichrist*. Das erste Tier steigt aus dem Meer, der Völkerwelt, auf, das zweite aus der Erde, und das ist Israel, ebender Teil der Völkerfamilie, der eine gesonderte Existenz und Berufung hat und daher nicht zum Völkermeer zählt. Aus dem Judentum wird ein großer religiöser Führer aufsteigen. Der Prophet Daniel hat ihn angekündigt (Dan 11,36.37) ebenso wie unser Herr (Joh 5,43).

Dieses Tier ist der *eigentliche,* der endzeitliche Antichrist, nachdem schon »viele Antichristen geworden sind« (1Jo 2,18). Er sieht aus wie ein Lamm, ahmt also das Lamm Gottes, den Christus Gottes nach. Aber er redet wie ein Drache. Die an den Messias glauben und Ihm gehören, kennen Seine Stimme und werden daher dem falschen Propheten nicht folgen (Joh 10,5). Wer aber nicht aus der Wahrheit ist und nicht Seine Stimme hört (Joh 18,37), wird sich vom Dunst religiöser Verführung betören und ins Verderben ziehen lassen. Sie lassen sich vom zweiten Tier unter die Herrschaft des ersten führen. Die beiden Tiere arbeiten also zusammen. So hat auch der Prophet Jesaja vorhergesagt, dass Israel, angeführt durch den falschen Messias, sich auf ein »Bündnis mit dem Scheol« einlassen werde (Jes 28,15). Auch Daniel hat das gesagt (Dan 9,27).

Zwei Dinge geben dem falschen Messias Macht über die Menschenseelen: Zeichen und Wunder und Einschüchterung durch angedrohte Todesstrafe. Man beachte, welche Zeichen das Tier tut, um die Menschen zur Anbetung eines Bildnisses zu bewegen; denn dass ausgerechnet die Juden ein Bild anbeten sollten, nachdem sie seit dem babylonischen Exil vor zweieinhalbtausend Jahren vom Götzendienst geheilt sind, hielte man zunächst für vollkommen ausgeschlossen. Wir lesen in Vers 13, dass der falsche Prophet »selbst Feuer vom Himmel auf die Erde herabkommen lässt«. *Selbst* Feuer, das ist bedeutungsvoll; denn genau das war einmal in der Geschichte der erwählten Nation *das Zeichen des wahren Propheten.* In 1. Könige 18 standen einander Elia, der Prophet des Gottes Israels, und die Diener des Baal gegenüber. Beide riefen ihren Gott an, und »der Gott, der mit Feuer antworten wird, ist der wahre Gott« (Vers 24). Als nun der Herr auf Elias Gebet hin Feuer auf das Brandopfer herabfallen ließ, fiel alles Volk nieder und bekannte: »Der HERR ist Gott!« (Vers 39).

Wenn nun am Ende der Zeit jener vom Messias selbst Angekündigte »in seinem eigenen Namen« (Joh 5,43), das heißt ohne Gottes Auftrag und Sendung, kommt und ausgerechnet jenes Zeichen tut, das den Propheten Jahwes legitimierte, dann begreifen wir, dass sehr viele Juden sich durch das Zeichen blenden lassen.

Sie können sich sogar auf die Bibel berufen und sagen: »Damals geschah dieses Zeichen, und es war von Gott; heute geschieht es, und es muss von Gott sein.«

Und dann das zweite Zeichen, das die Verführung besiegelt: Der falsche Prophet gibt dem Bilde *Odem,* sodass es redet. Nun aber galt für den Juden als unumstößliche Wahrheit, dass die Götzen der Heiden stumm sind, dass nur der Gott Israels der lebendige Gott sei, der zu Seinem Volk geredet habe. So sagt der Psalmist: »Unser Gott ist in den Himmeln; alles, was ihm wohlgefällt, tut er. Ihre Götzen aber sind Silber und Gold, ein Werk von Menschenhänden. Einen Mund haben sie *und reden nicht* … keinen Laut geben sie mit ihrer Kehle« (Ps 115,3-5.7). Und: »Die Götzen der Nationen sind Silber und Gold … auch ist *kein Odem* in ihrem Munde« (Ps 135,15.17).

Wiederum wird sich der Jude auf die Bibel berufen und behaupten können: »In diesem Fall ist das kein Götze, sondern eben doch ein Bild Gottes selbst; denn es redet ja, was die Götzen definitionsgemäß nicht können; und es *hat* Odem, was Götzen gemäß der Bibel nie hatten.«

Wie soll sich der Mensch angesichts solcher Zeichen vor Verführung schützen? Es ist ja so, als ob Gott in heimtückischer Weise Dinge geschehen ließe, die den Menschen geradezu zwangsläufig in die Irre leiten müssen. Wir finden die Erklärung in 2Thes 2, 9-12: »Ihn, dessen Ankunft nach der Wirksamkeit des Satans ist in aller Macht und allen *Zeichen und Wundern der Lüge* und in allem Betrug der Ungerechtigkeit denen, die verloren gehen, darum dass sie die Liebe zur Wahrheit nicht annahmen, damit sie errettet würden. Deshalb sendet ihnen Gott *eine wirksame Kraft des Irrwahns,* dass sie *der Lüge glauben,* damit alle gerichtet werden, die der Wahrheit nicht geglaubt, sondern Wohlgefallen gefunden haben an der Ungerechtigkeit.«

Die Zeichen und Wunder des Tieres sind ein Gericht Gottes über jahrhunderte-, ja, jahrtausendealten Unglauben, über die Weigerung, an den Sohn Gottes zu glauben. Weil die Menschen nicht glauben wollen, gibt sie Gott der Verführung preis. Das geschieht nicht ohne eine entsprechende Vorgeschichte. Aber dann sendet *Gott* diese Irrtümer. Wie ernst ist das!

Gott hat in Seinem Wort Sein Volk bereits im Alten Testament darauf vorbereitet, dass Er im Laufe ihrer Geschichte falsche Propheten mit Zeichen und Wundern der Verführung senden würde. Daran würde immer wieder offenbar werden, ob das Volk Gottes Gott und Sein Wort liebt oder nicht. Liebt es Ihn nicht und liebt es die Wahrheit nicht, würde es verführt werden (5Mo 13,2-4). Das ist auch heute so. Wir leben zwar noch nicht in der Zeit der großen Drangsal, aber bereits in unserer Zeit treten immer mehr Menschen im Namen Christi auf, gehen in der christlichen Kirche ein und aus, tun Zeichen und Wunder, und Gott lässt es geschehen. Wer nun nicht Gott und Seinem Wort allein vertraut – ist Vertrauen etwas anderes als ein Ausdruck der Liebe? –, der wird sich von ihren Zeichen betören und verführen lassen.

Das Tier und der falsche Prophet wollen die Menschen in ein sie vollständig knechtendes System integrieren. Wie wird diese totale Integration erreicht? Interessanterweise durch *Religion*. Es gibt offenkundig nichts, das die Menschen so willfährig macht und sie so stark eint wie Religion. Diese ist das Mittel, das das zweite Tier benutzt, um den Menschen zum totalen Sklaven des Wirtschaftslebens zu machen. Nur wer dem Tier die Anbetung verweigert, bleibt davor bewahrt, freilich um einen hohen Preis: den Ausschluss vom wirtschaftlichen System.

Religion ist Perversion göttlicher Offenbarung. Das wird gerade an der Methode, deren sich das zweite Tier zur totalen Integration bedient, sehr deutlich: Wer teilhaben will an Kaufen und Verkaufen, wer weiterhin den Glanz und den Tand der Warenhäuser und Supermärkte genießen will, muss sich an Hand oder Stirn das Malzeichen des Tieres aufdrücken lassen. Das ist dem Wort Gottes abgeguckt; denn wir lesen in 5Mo 6: »Du sollst den Herrn, deinen Gott lieben … und diese Worte, die ich dir heute gebiete, sollen auf deinem Herzen sein. … Und du sollst sie zum *Zeichen auf deine Hand* binden, und sie sollen zu *Stirnbändern sein zwischen deinen Augen*« (Verse 5.6.8).

Etwas, was Gott gewiesen hat, kopiert und pervertiert der Feind Gottes. Wir lernen aus dieser Sache Folgendes: Wenn nicht Gottes Wort und Seine darin geoffenbarten Gedanken unsere

Hand und unseren Blick lenken, wird es die Sünde und am Ende der Antichrist tun. Dienen wir nicht Gott aus Liebe und Dankbarkeit, werden wir am Ende zu Knechten Satans. Sind wir nicht von Gottes Wort geprägt, wird am Ende unser Handeln und Denken vom Tier geprägt sein. Der in der Endzeit in seiner Sünde voll ausgereifte Mensch wird ein getreues Abbild Satans, wird gleich dem Antichristen auch ein »Mensch der Sünde« sein (2Thes 2,3). Genau das sagt der letzte Vers des Kapitels: Die Zahl des Tieres ist auch eines *Menschen* Zahl. Der Mensch ist dem Tiere gleich geworden. Wie entsetzlich ist das! Unser einziger Schutz davor ist das Wort Gottes, das unser ganzes Handeln und Sinnen erfüllt.

Kapitel 14 – Gottes Erbarmen inmitten des Zornes

Das Kapitel 13 hat uns jenes Regiment beschrieben, das ein Ausdruck der Wut Satans (12,12) ist, eine Herrschaft, der sich niemand scheint entziehen zu können. Aber das Kapitel 14 zeigt uns, dass während dieser gleichen Zeit Gott dennoch nicht untätig ist. Die ganze Heilsgeschichte bestätigt es immer wieder: Dort, wo die Sünde mächtig ist, ist die Gnade noch mächtiger (Röm 5,20). Gott wirkt auch in dieser allerfinstersten Zeit der Willkür Satans und der Sünde des Menschen. Er redet zu den Menschen, warnt sie, ruft sie zur Buße, und Er tröstet und bewahrt die Glaubenden. Das wird uns in Kapitel 14 in verschiedenen Gesichten in sieben Abschnitten gezeigt.

Das Lamm und die Seinen auf dem Berg Zion (14,1-5)

»Und ich sah: Und siehe, das Lamm stand auf dem Berge Zion und mit ihm hundertvierundvierzigtausend, welche seinen Namen und den Namen seines Vaters an ihren Stirnen geschrieben trugen. Und ich hörte eine Stimme aus dem Himmel wie das Rauschen vieler Wasser und wie das Rollen eines lauten Donners; und die Stimme, welche ich hörte, war

wie von Harfensängern, die auf ihren Harfen spielen. Und sie singen ein neues Lied vor dem Throne und vor den vier lebendigen Wesen und den Ältesten; und niemand konnte das Lied lernen als nur die hundertvierundvierzigtausend, die von der Erde erkauft waren. Diese sind es, die sich mit Frauen nicht befleckt haben, denn sie sind Jungfrauen; diese sind es, die dem Lamme folgen, wohin irgend es geht. Diese sind aus den Menschen erkauft worden als Erstlinge Gott und dem Lamme. Und in ihrem Munde wurde kein Falsch gefunden; denn sie sind tadellos.«

Dieser Abschnitt bildet einen Gegensatz zum düsteren Bild des vorhergehenden Kapitels. Hier sehen wir das Lamm – nicht ein Tier, das nur aussieht wie ein Lamm. Ihm folgen Seine Erlösten. Es sind solche, die nicht den Namen des Tieres, sondern den Namen des Lammes und Seines Vaters an ihren Stirnen haben (vgl. 3,12). Dort, wo das Tier in aller Öffentlichkeit Gott lästert, beten diese Gott an; und während sich alle Welt dem Götzendienst, das ist der geistlichen Hurerei, ergeben hat, haben diese sich von jeglicher Hurerei, das ist eben vom Götzendienst, rein gehalten. Und schließlich sind sie nicht von »der Lüge« (2Thes 2,9.11), sondern vom Wort der Wahrheit geprägt: In ihrem Mund ist kein Falsch.

Drei himmlische Boten (14,6-14)

1. Ruf zur Umkehr (14,6.7)

»Und ich sah einen anderen Engel inmitten des Himmels fliegen, der das ewige Evangelium hatte, um es denen zu verkündigen, die auf der Erde ansässig sind, und jeder Nation und Stamm und Sprache und Volk, indem er mit lauter Stimme sprach: Fürchtet Gott und gebt ihm die Ehre, denn die Stunde seines Gerichts ist gekommen; und betet den an, der den Himmel gemacht hat und die Erde und das Meer und die Wasserquellen.«

Während das Tier, wie wir in 13,7 lasen, Gewalt ausübt über »jeden Stamm und Volk und Sprache und Nation«, sorgt Gott dafür, dass sein ewiges Evangelium an »jede Nation und Stamm und Sprache und Volk« verkündet wird. Der Engel ist hier natürlich nicht ein Engelwesen; denn Gott hat es dem Menschen und sonst niemandem vorbehalten, das Evangelium zu verkündigen. Im Gesicht wird ein »Engel«, das ist wörtlich »ein Bote« gesehen. Das heißt ganz einfach, dass Gott durch menschliche Boten auf der Erde zu Buße und Umkehr aufrufen wird. Während das Tier Gott lästert, sagen sie: »Fürchtet Gott!«; und während es mit seinem großen Maul, seinem weltumspannenden Propaganda-Apparat, verbreiten lässt, es gebe keinen jenseitigen Gott und keine Ewigkeit (Ps 14,1), fordern die Boten des Herrn die Menschen auf, den Schöpfer zu ehren.

2. Das Ende Babylons angekündigt (14,8)

»Und ein anderer Engel folgte und sprach: Gefallen, gefallen ist Babylon, die große, die mit dem Wein der Wut ihrer Hurerei alle Nationen getränkt hat.«

Hier wird Babylon erstmals genannt; wer und was damit gemeint ist, wird erst in den Kapiteln 17 und 18 erläutert. So viel lernen wir aus diesem kurzen Abschnitt: In Zeiten religiöser Verführung – denn das verkörpert Babylon – sorgt Gott dafür, dass die Menschen vor ebendieser Verführung gewarnt werden. Seine Boten verkündigen, dass dieses ganze prachtvolle, sich mit Pomp umgebende religiöse System im Gericht Gottes untergehen wird. Man lasse sich darum nicht blenden und werfe sich der großen Hure (17,5) nicht in die Arme!

3. Warnung vor der Anbetung des Tieres (14,9-12)

»Und ein anderer, dritter Engel folgte ihnen und sprach mit lauter Stimme: Wenn jemand das Tier und sein Bild anbetet und ein Malzeichen annimmt an seine Stirn oder an seine Hand, so wird auch er trinken vom Wein des Grimmes Gottes, der unvermischt im Kelch seines Zornes bereitet ist; und er wird mit Feuer und Schwefel gequält werden vor den heili-

gen Engeln und vor dem Lamm. Und der Rauch ihrer Qual steigt auf von Ewigkeit zu Ewigkeit; und sie haben keine Ruhe Tag und Nacht, die das Tier und sein Bild anbeten, und wenn jemand das Malzeichen seines Namens annimmt. Hier ist das Ausharren der Heiligen, welche die Gebote Gottes halten und den Glauben an Jesus.«

Die Menschen werden davor gewarnt, das Tier anzubeten. Wenn wir uns im letzten Kapitel fragten, wie denn Gott es zulassen könne, dass solch tückische Verführung geschieht, dann verstehen wir aus diesen Versen, dass Gott gleichzeitig durch treue Zeugen auch die Wahrheit verkünden wird. Er lässt sich in Seiner Gnade trotz allem nicht unbezeugt. Die Warnung vor der Anbetung des Tieres ist gleichzeitig eine Verurteilung des Tieres; es ist trotz Zeichen und Wundern nicht Gott. Darum soll man es nicht anbeten, und man lasse sich durch den wirtschaftlichen Druck nicht dazu verleiten, das Malzeichen des Tieres anzunehmen! Es ist besser, im Glauben an das Kommen Jesu auszuharren und Mangel zu leiden, als wie ein Esau seine momentanen Gelüste zu stillen und dafür die Ewige Seligkeit zu verlieren.

Diese Warnung ist zugleich die Begründung, warum Gott den Menschen der ewigen Verdammnis überantwortet: Weil er sich weigert, Gott durch Glauben und Gehorsam zu verherrlichen.

Ein Trostwort für die Verfolgten (14,13)

»Und ich hörte eine Stimme aus dem Himmel sagen: Schreibe: Glückselig die Toten, die im Herrn sterben, von nun an! Ja, spricht der Geist, damit sie ruhen von ihren Arbeiten, denn ihre Werke folgen ihnen nach.«

Hier wird eine Verheißung an die gerichtet, die versucht sein werden, angesichts der Todesdrohung (vgl. 13,15) nachzugeben. Der Herr erinnert sie daran, dass es besser ist, hier verfolgt und gejagt, also rastlos zu sein, um dann in Ewigkeit zu »ruhen von den Arbeiten« (siehe auch 2Thes 1,7), als hier vor den Verfolgern Ruhe zu haben, um dafür in alle Ewigkeit Tag und Nacht keine Ruhe mehr zu finden (siehe Vers 11).

Zwei Gerichte auf der Erde (14,14-20)

1. Die Ernte der Erde: Die Glaubenden gerettet (14,14-16)

»Und ich sah: Und siehe, eine weiße Wolke, und auf der Wolke saß einer gleich dem Sohn des Menschen, der auf seinem Haupt eine goldene Krone und in seiner Hand eine scharfe Sichel hatte. Und ein anderer Engel kam aus dem Tempel hervor und rief dem, der auf der Wolke saß, mit lauter Stimme zu: Schicke deine Sichel und ernte; denn die Stunde des Erntens ist gekommen, denn die Ernte der Erde ist überreif geworden. Und der auf der Wolke saß, legte seine Sichel an die Erde, und die Erde wurde geerntet.«

Bei der Ernte der Erde werden die Gläubigen von den Ungläubigen geschieden. Der Menschensohn wird die Menschen wie Getreide worfeln, um die Spreu vom Weizen zu scheiden. Der Weizen wird in die Scheune des Messias gesammelt werden; die Spreu – das sind die Ungläubigen, die lediglich eine leere Hülle formaler Religion besitzen, aber kein Leben aus Gott –, wird mit Feuer verbrannt werden (Ps 1,4; Mt 3,12; Joel 4,13 [bzw. 3,13]).

2. Die Kelter wird getreten: Die Ungläubigen gerichtet (14,17-20)

»Und ein anderer Engel kam aus dem Tempel hervor, der im Himmel ist, und auch er hatte eine scharfe Sichel. Und ein anderer Engel, der Gewalt über das Feuer hatte, kam aus dem Altar hervor, und er rief dem, der die scharfe Sichel hatte, mit lautem Schrei zu und sprach: Schicke deine scharfe Sichel und lies die Trauben des Weinstocks der Erde, denn seine Beeren sind reif geworden. Und der Engel legte seine Sichel an die Erde und las die Trauben des Weinstocks der Erde und warf sie in die große Kelter des Grimmes Gottes. Und die Kelter wurde außerhalb der Stadt getreten, und Blut ging aus der Kelter hervor bis an die Gebisse der Pferde, tausendsechshundert Stadien weit.«

Die Kelter des Zornes Gottes ist das Gericht über die Lebendigen (vgl. 2Tim 4,1). Daher ist es ein Engel, »der Gewalt über das Feuer hatte«, der zum Handeln aufruft. Feuer spricht vom Zorn Gottes (Hebr 10,31; 12,29). Es ist der Menschensohn, der die Kelter tritt (Jes 63,3). Das ist eine Umschreibung für das Gericht der Lebendigen, das Er bei Seinem Kommen ausführen wird (2Tim 4,1). Das Blut, das aus der Kelter fließt, spricht vom Tod derer, die sich gegen das Lamm erhoben haben, um bei Seinem Erscheinen von Ihm gerichtet zu werden (Offb 19,19-21).

Wenn es nun heißt, dass das Blut »bis an die Gebisse der Pferde, 1600 Stadien weit« fließen werde, wird wieder einmal deutlich, dass wir ein Bild vor uns haben, das wir entsprechend übersetzen müssen; denn solche Mengen Blutes gibt es nicht. 1600 Stadien sind knapp 300 km, das entspricht gerade der Nord-Süd-Erstreckung Palästinas. So will dieses Bild wohl sagen, dass Gott jene Bitte in furchtbarer Konsequenz erfüllen wird, die die Juden einst an Pilatus gerichtet hatten: »Sein Blut komme über uns und unsere Kinder« (Mt 27,25). Wenn wir dazu noch 4Mo 35,33 lesen, wird ein Zusammenhang deutlich: »Und ihr sollt das Land nicht entweihen, in dem ihr seid; denn das Blut, das entweiht das Land; und für das Land kann keine Sühnung getan werden wegen des Blutes, das darin vergossen worden ist, außer durch das Blut dessen, der es vergossen hat.«

Gott richtet das Volk, das einst in Palästina den Messias verworfen und das Land durch das Blut des Sohnes Gottes entweiht hat, in ebendiesem Land. Gott führt darum das Volk der Juden in ihr Land zurück, um es dort in der schrecklichen »Drangsal Jakobs« (Jer 30,7) teils zu läutern (Dan 12,10; Sach 13,9; Mal 3,2.3), aber auch teils zu richten.

Das Gesagte gilt dem Grundsatz nach für alle Menschen; und so will dieses Gesicht auch sagen: Gott richtet den Menschen darum, weil er den Sohn Gottes verworfen hat. Weil er damit das Leben von sich gewiesen hat, wird er dem Gericht des Todes preisgegeben. Das Blut Jesu Christi, das den Glaubenden reinigt, klebt als Mörderblut an den Händen des Ungläubigen und klagt ihn vor Gott an.

Das Kapitel 14 hat uns in sieben Gesichten gezeigt, was *Gott* tut, während das Tier und sein Prophet ihr Terrorregime auf der

Erde führen: Er rettet, Er lässt Seine Botschaft des Heils an alle Welt verkünden, Er ruft zur Buße und warnt vor den Folgen der Verehrung des Tieres, Er tröstet die bedrängten Gläubigen, Er rettet sie schließlich aus der Hand ihrer Bedränger, indem Er gleichzeitig diese richtet. Das Letztgenannte geschieht, wenn der König der Könige erscheint. Damit hat uns der größere zusammenhängende Abschnitt der Kapitel 12-14 einmal mehr bis an das Ende der Gerichte und bis zur Wiederkunft des Messias gebracht. In den nächsten Kapiteln werden wir erneut zeitlich zurückgehen.

Kapitel 15 und 16: Die sieben Schalen vollenden Gottes Zorn

Wir können die beiden zusammengehörigen Kapitel wie folgt gliedern:

1. Das Vollmaß der Gerichte 15,1
2. Die vom Zorn Geretteten 15,2-3
3. Das Ergebnis der sieben letzten Plagen 15,4
4. Die Herkunft der Zornesschalen 15,5-8
5. Die sieben Schalen des Zornes Gottes werden ausgegossen 16

Mit dem Kapitel 15 nehmen wir den Faden wieder auf, den wir in Kapitel 11,15 liegen gelassen hatten. Dort lasen wir von der 7. Posaune, welche die im Folgenden beschriebenen sieben Schalen auslöst. Dazwischen war als großer Einschub die Frage behandelt worden: Was geschieht mit Israel, dem alten Bundesvolk? Wie führt Gott es Seinen Verheißungen gemäß ans Ziel? Woran entscheidet sich sein Schicksal?

Beachten wir, wie der ganze Einschub mit dem Satz: »Ein großes Zeichen erschien in dem Himmel« anhebt (12,1). Wenn nun die beiden Kapitel, die über die Zornesschalen berichten, mit »einem anderen Zeichen im Himmel« beginnen, dann sind wir natürlich eingeladen, uns zu fragen, was der Seher damit sagen wolle. Ich meine dies: Das Zeichen im Himmel von Kapitel 12 leitet die Darlegungen über das Ergehen Israels in der Drangsalszeit ein; das »andere Zeichen im Himmel« leitet entsprechend Darlegungen über das Ergehen der übrigen Menschheit ein.

Bevor die Handlung weitergeht und die sieben Schalen beschrieben werden, zeigt uns Kapitel 15, was diese für Gott und für die Erlösten im Himmel bedeuten. In Kapitel 16 werden wir sehen, wie die Schalen auf der Erde erlebt werden.

Kapitel 15

Das Vollmaß der Gerichte (15,1)

»Und ich sah ein anderes Zeichen in dem Himmel, groß und wunderbar: Sieben Engel, welche sieben Plagen hatten, die letzten; denn in ihnen ist der Grimm Gottes vollendet.«

Mit den sieben Zornesschalen »ist der Grimm Gottes vollendet«. Gottes Grimm hat einen Abschluss; denn Er wird nicht ewiglich zürnen (Ps 103,9). Er hat ein Vollmaß, denn Sein Zorn ist nicht willkürlich und darum nicht maßlos. Gottes Gerichte haben ein Ziel (Offb 15,4). Sie gehen von Gottes Thron aus (4,5), und sie geschehen so, wie sie zuvor im Buch der Gerichte aufgezeichnet waren (5,1). Gott ist in allem der Unveränderliche. Er handelt mit Wissen; Er handelt gerecht; Er handelt unwiderstehlich. Was Er sich vorgesetzt hat, geschieht. Was Er verordnet, trifft ein. Keine Sünde und keine Torheit des Menschen und keine List und kein Toben des Widersachers kann das verhindern. Im Gericht offenbart Gott Seine Gerechtigkeit und Seine Macht.

Die vom Zorn Geretteten (15,2-3)

»Und ich sah wie ein gläsernes Meer, mit Feuer gemischt, und die Überwinder über das Tier und über sein Bild und über die Zahl seines Namens an dem gläsernen Meere stehen, und sie hatten Harfen Gottes. Und sie singen das Lied Moses, des Knechtes Gottes, und das Lied des Lammes, und sagen: Groß und wunderbar sind deine Werke, Herr, Gott, Allmächtiger! gerecht und wahrhaftig deine Wege, o König der Nationen!

Es werden hier »Überwinder« genannt; das sind an Christus Gläubige (Röm 8,37), die Er durch alle Verfolgungen und Nöte hindurchgetragen hat (Röm 8,35.36). Es wird auch in der Drangsalszeit so sein, dass einzig der Glaube an den Christus Gottes die Menschen zum Ausharren befähigen wird. Die Überwinder bewähren sich gegenüber drei verschiedenen Äußerungen der

Macht Satans; sie haben *das Tier, sein Bild und seine Zahl* überwunden. Das *Tier*: Sie haben die rohe Gewalt und Todesdrohung dieses Schreckensregiments überwunden; *sein Bild*: Sie haben den Sirenenklängen religiöser Umnebelung widerstanden; die *Zahl*: Sie haben sich nicht dazu verleiten lassen, ihre Seele um die Teilhabe am wirtschaftlichen Wohlstand jener Zeit zu verkaufen.

In der Weise überwinden können sie natürlich nur durch den Sohn Gottes selbst. Das ist jetzt so, das wird auch dann der Fall sein. Und wer überwunden hat, kann »das Lied Moses, des Knechtes Gottes« singen. Das ist das Lied der Befreiung von der Schreckensherrschaft und der Sklaverei des Pharao (2Mo 15). Wie laut wird der Jubel derer sein, die aus unvergleichlich schlimmerer Not herausgerettet worden sind als damals das Volk Israel! Es gibt noch ein zweites Lied Moses: Das Lied, das er die Israeliten lehrte, bevor sie in das Land der Verheißung einzogen (5Mo 32). Es handelt von Gottes Walten in der Geschichte der Erwählung, Errettung, Züchtigung, Bewahrung und Wiederherstellung Israels. Das ewige Lied, das die Knechte Gottes vor Seinem Thron singen, wird Gottes Gnade und Gottes Gerechtigkeit erheben, Gottes Walten und Gottes Vollenden, wie sie sich in Errettung und Gericht offenbaren.

Das Ergebnis der sieben letzten Plagen (15,4)

»Wer sollte nicht dich, Herr, fürchten und deinen Namen verherrlichen? denn du allein bist heilig; denn alle Nationen werden kommen und vor dir anbeten, denn deine gerechten Taten sind offenbar geworden.«

Hier wird uns erneut deutlich, dass die Gerichte kein Selbstzweck sind; »denn nicht von Herzen plagt Gott die Menschenkinder« (Kla 3,33). Die Plagen führen dazu, dass die Nationen kommen und vor Gott anbeten (Offb 15,4). Das ist Gottes Absicht mit den Gerichten, wie wir schon in Kapitel 5 und in Kapitel 11 gesehen hatten. Beachten wir, dass bei den Schalen Gottes Handeln mit den *Nationen* im Mittelpunkt stehen wird. Als Folge der Gerichte, die diese treffen werden, kommen sie und beten an. Gott richtet, *um sich zu of-*

fenbaren. Das lesen wir unter anderem auch in Psalm 9: »Der Herr ist *bekannt geworden*. Er hat Gericht ausgeübt« (Vers 17).

Ursache und Herkunft der Zornesschalen (15,5-8)

»Nach diesem sah ich; und der Tempel der Hütte des Zeugnisses in dem Himmel wurde geöffnet. Und die sieben Engel, welche die sieben Plagen hatten, kamen aus dem Tempel hervor, angetan mit reiner, glänzender Leinwand und um die Brust gegürtet mit goldenen Gürteln. Und eines der vier lebendigen Wesen gab den sieben Engeln sieben goldene Schalen, voll des Grimmes Gottes, der da lebt von Ewigkeit zu Ewigkeit. Und der Tempel Gottes wurde mit Rauch gefüllt von der Herrlichkeit Gottes und von seiner Macht; und niemand konnte in den Tempel eintreten, bis die sieben Plagen der sieben Engel vollendet waren.«

Der Ausdruck »Tempel der Hütte des Zeugnisses« ist eine geradezu pleonastische Bezeichnung der Wohnstätte Gottes. Was soll diese dreifache Bezeichnung? Uns wird in diesem Gesicht gezeigt, von wo Gottes Zorn ausgeht: von Seinem Haus, aus Seiner Gegenwart. Dieses Haus heißt »Tempel«, denn Er hat in Seiner Wohnung den Menschen den Weg in Seine Gegenwart geöffnet. Im Tempel wurden Opfer dargebracht, und das erinnerte die Menschen jedes Mal daran, dass sie unter Gottes Zorn standen, dass aber Gott willens war, Seinen Zorn auf einen Stellvertreter zu legen, und sie, die Schuldigen, von der Schuld und so vom Zorn zu befreien. Dieses Haus heißt auch »Hütte«, denn Gott kam in Seiner Wohnung den Menschen nahe. Vollends ist Er uns in Christus nahe gekommen. Im Menschen Jesus wohnte, nein, »zeltete« (griechisch *eskênôsen*) Gott unter den Menschen, wie Johannes es sagt (Joh 1,14). Er entäußerte sich Seiner Macht und wurde so für den Menschen nahbar. Auf diese Weise lud Gott den Menschen ein, zu Ihm zu kommen. Ließ Er die Engel nicht bei Seiner Geburt sagen: »Fürchtet euch nicht!«, und sagte Er damals nicht: »Euch ist ein Retter geboren«? Und schließlich heißt der Tempel »Hütte des Zeugnisses«. Das erinnert an die Bundeslade mit den Gesetzestafeln. Gott hat Sein Wort in diese Welt gesandt. Er hat es aufschreiben lassen; und

Er hat Sein Wort in Christus Mensch werden lassen. Hier bezeugt Gott, wer Er ist und wie Er ist. Hier erfüllt sich, was ein Heiliger tausend Jahre vor Seiner Geburt schrieb: »Er sendet sein Wort und heilt sie, er rettet sie aus ihrer Grube« (Ps 107,20).

Dieses *Haus*, dieser *Tempel*, diese *Hütte* des Zeugnisses wird nun »im Himmel geöffnet«. Von ihm geht der Befehl aus, die Erde mit den sieben letzten Plagen des Zornes Gottes heimzusuchen. Wir verstehen nun, dass Gott gerecht ist, der einer Menschheit mit Zorn antwortet, die Seinen Tempel, Seine Hütte und Sein Zeugnis für nichts geachtet haben.

Auf Golgatha erfüllte sich in der Vollendung der Zeitalter, was Gott in den Opfern des Tempeldienstes angedeutet hatte. Dort offenbarte sich die Herrlichkeit Gottes – Seine unbeugsame Heiligkeit und Seine unauslotbare Liebe –, die im Gesicht wie Rauch den Tempel erfüllte (vgl. 1Kö 8,10; 2Chr 7,1.2). Weil der Mensch in der Verachtung des Opfers Jesu Christi Gott selbst geschmäht, Seine Herrlichkeit herausgefordert hat, wird er gerichtet, trifft ihn Gottes unvermischter Zorn. Gegenüber Sünde, gegenüber Unglauben und Auflehnung kann sich Gott nicht anders verherrlichen als im Zornesgericht.

Kapitel 16 – Die Zornesschalen werden ausgegossen

Es folgt die Beschreibung von *sieben* Gerichten. Damit ist das Maß voll. Gott richtet vollkommen gerecht; das Maß entspricht stets der Schwere der Schuld; sodann sind es sieben *verschiedene* Plagen. Das bedeutet, dass seine Schläge in ihrer Art der jeweiligen Art menschlicher Sünde entsprechen. Selbst im Zorn wirkt Gott so, dass sein Charakter aufscheint. Nichts an Ihm ist willkürlich oder beliebig. Wie anders ist er darin als wir Menschen (vgl. Hebr 12,10)!

Auch Folgendes zeigt, dass Gott mit vollkommenem Wissen und mit Bedacht handelt: Die letzten Plagen werden anders als die vorhergegangenen nicht mehr angekündigt. Sie fallen ohne Warnung. Hat Gott lange genug und deutlich genug gesprochen, kann Er nicht mehr länger zuwarten und wieder und wieder warnen. Salomo sagte kraft göttlicher Inspiration bereits: »Ein Mann, der, oft zurechtgewiesen, den Nacken verhärtet, wird *plötzlich* zerschmettert werden ohne Heilung« (Spr 29,1).

Die erste Schale (16,1.2)

»Und ich hörte eine laute Stimme aus dem Tempel zu den sieben Engeln sagen: Geht hin und gießt die sieben Schalen des Grimmes Gottes aus auf die Erde. Und der erste ging hin und goss seine Schale aus auf die Erde; und es kam ein böses und schlimmes Geschwür an die Menschen, die das Malzeichen des Tieres hatten und die sein Bild anbeteten.«

Ein böses und schlimmes Geschwür; das ist höchstes Unwohlsein und abstoßende Hässlichkeit. Welch passende Antwort des Himmels auf eine Zivilisation – kann man sie noch so nennen? –, die das Stillen jeder Lust (vgl. 2Mo 20,17; Mt 16,24) und die selbstverliebte Pflege äußerlicher Schönheit (vgl. Ps 147,10; Spr 31,30; 1Petr 3,3.4) zu obersten Lebensgrundsätzen erhoben hat! Die innere, die moralische Hässlichkeit des Menschen bricht hervor und entstellt sein Äußeres. Gott redet durch Seine Schläge.

Die zweite Schale (16,3)

»Und der zweite goss seine Schale aus auf das Meer; und es wurde zu Blut, wie von einem Toten, und jede lebendige Seele starb, alles, was im Meer war.«

Die zweite Plage erinnert an die zweite Posaune. Der auffallende Unterschied ist, dass das Ausmaß der Zerstörung hier nicht begrenzt ist. Erneut stellen wir fest, dass der Gott des Gerichts mit gerechter Hand und vollkommenem Wissen die Erde schlägt. Auf die immer verbissenere Weigerung des Menschen, auf Gottes Reden zu achten, antwortet Er mit vermehrter und verschärfter Strafe. Wenn es in Jakobus 1,20 heißt: »Eines Mannes Zorn wirkt nicht Gottes Gerechtigkeit«, dann können wir das von Gott nicht sagen. Selbst im Zorn bleibt er unverändert gerecht. Darum betet der Himmel – ob auch der Mensch den Namen Gottes lästern mag (Verse 9 u. 11) – angesichts der letzten Plagen an: »Deine *gerechten* Taten sind offenbar geworden« (15,4).

Wenn nun das Meer zu Blut wird, dann wird dieser Lebensraum von alles erfassendem Tod – es ist Blut »wie von einem Toten« – heimgesucht. Steht Meer, wie wir in Kapitel 8 feststellten, für internationalen Verkehr oder ganz allgemein für *Kommunikation*, dann hieße das: Der sich durch die Sünde von Gott abschottende Mensch wird auch von seinem Nächsten *total isoliert*. Radikale Vereinsamung ist eine furchtbare Plage. Aber erneut: Wie passend die Antwort Gottes auf die Weigerung des Menschen, sich in *Seine* Gemeinschaft rufen zu lassen! Will er die Gemeinschaft mit dem Höchsten nicht, die beglückendste, die es gibt, dann verliert er die Fähigkeit zur Gemeinschaft auch mit dem Nächsten.

Die dritte Schale (16,4-7)

»Und der dritte goss seine Schale aus auf die Ströme und auf die Wasserquellen, und sie wurden zu Blut. Und ich hörte den Engel der Wasser sagen: Du bist gerecht, der da ist und der da war, der Heilige, dass du so gerichtet hast. Denn Blut von Heiligen und Propheten haben sie vergossen, und Blut hast du ihnen zu trinken gegeben; sie sind es wert. Und ich hörte den Altar sagen: Ja, Herr, Gott, Allmächtiger, wahrhaftig und gerecht sind deine Gerichte.«

Die Ströme und Wasserquellen ermöglichen erst das Gedeihen alles Lebendigen auf der Erde. Und gedeihliches Zusammenleben der Menschen ist nur möglich, wenn diese sich von Quellen sittlicher Belehrung ernähren. Welche Sittlichkeit aber kann stete, unversiegende Quelle des Wohlbefindens und Wohlergehens sein? Nur eine von Gott, dem Schöpfer des Menschen, zu seinem Wohl gegebene. Hier werden die Wasserläufe zu Blut; alles, was Frieden untereinander und Freude aneinander hätte ermöglichen sollen, wirkt nur noch Zersetzung und Zerfall. Wie kommt es dazu? Gott gibt den Menschen Blut zu trinken, weil sie das Blut Seiner Propheten vergossen haben. Sie haben die von Gott gesandten Lehrer und Zeugen nicht gewollt. Gottes Wort und Gottes Ordnungen: Selbstlosigkeit, Unterordnung der Kinder gegenüber den Eltern, ausschließliche Liebe des Mannes zu seiner Frau und daraus entspringende Unterordnung der Frau unter den Mann, Achtung vor dem Alter, Ehrfurcht vor dem Leben, Gehorsam gegenüber Vorgesetzten und Autoritäten und schließlich eine zu solchen Tugenden inspirierende Furcht vor Gott (Spr 9,10), Ehrlichkeit in allen Geschäften, Treue und Pflichtbewusstsein bei der Arbeit, Fleiß, Bescheidenheit, Genügsamkeit – all diese Dinge sind ihnen ein Gräuel gewesen. Entsprechend vergilt ihnen Gott. Alles Liebliche, alles Freundliche, alles Beständige und Traute schwindet und macht Neid, Verlogenheit, Misstrauen, Entzweiung, Kampf der Geschlechter, Zerwürfnis zwischen den Generationen, enthemmtem Egoismus (2Tim 3,1-4) Platz. Unter solchen Umständen leben zu müssen, ist entsetzlich.

Die vierte Schale (16,8.9)

»Und der vierte goss seine Schale aus auf die Sonne; und es wurde ihr gegeben, die Menschen mit Feuer zu versengen. Und die Menschen wurden von großer Hitze versengt und lästerten den Namen Gottes, der über diese Plagen Gewalt hat, und taten nicht Buße, ihm Ehre zu geben.«

Die Sonne ist das Symbol für die oberste Regierungsgewalt (Ps 136,8). Diese versengt nun die Menschen mit Feuer, wobei Feuer hier für Verfolgung und Unterdrückung stehen kann, wie wir aus 1Petr 4,12 (»das Feuer der Verfolgung«) erkennen. Das Tier beginnt, die Untertanen seines Imperiums grausam zu knuten und zu schinden. Wollten die Menschen nicht das sanfte Joch dessen, der von sich sagt, Er sei »sanftmütig und von Herzen demütig«, auf sich nehmen (Mt 11,29), bekommen sie von Gott ein ehernes Joch auferlegt, das sie mitleidlos erdrückt (vgl. 5Mo 28,48).

Die fünfte Schale (16,10.11)

»Und der fünfte goss seine Schale aus auf den Thron des Tieres; und sein Reich wurde verfinstert; und sie zerbissen ihre Zungen vor Pein und lästerten den Gott des Himmels wegen ihrer Pein und wegen ihrer Geschwüre, und taten nicht Buße von ihren Werken.«

Bereits zum zweiten Mal lesen wir in diesem Kapitel, dass die Menschen unter den Gerichtsschlägen Gottes nicht Buße taten. Der Hebräerbrief sagt uns, dass Menschen, wenn sie sich lange genug dem Licht des Evangeliums widersetzt haben, einmal unfähig sein werden, Buße zu tun (6,4-6). Die Angehörigen der sogenannten »christlichen« Völker, die während Jahrhunderten Gelegenheit hatten, dem Evangelium der Gnade Gottes zu glauben, werden wegen ihrer hartnäckigen Verweigerung des Glaubens in der kommenden Trübsalszeit nicht mehr umkehren können. Sie vermögen nur noch den Himmel in zähneknirschender Wut zu verwünschen.

Nachdem das Reich des Tieres zuerst sein wahres Wesen enthüllt hat und in einen grausamen Terror verfallen ist, wird jetzt alles finster. Was wie Aufklärung, Fortschritt und Erleuchtung ausgesehen hatte, wird jetzt als vollkommene Verfinsterung offenbar. Wenn es dunkel ist, sieht keiner mehr etwas. Das bedeutet, dass angesichts vollständiger Orientierungs- und Beziehungslosigkeit bodenlose Verzweiflung die Menschen überfallen wird. Sie werden weder woher noch wohin, weder aus noch ein wissen. Zudem wird der Einzelne den Nächsten nicht mehr sehen. In dieser völligen Isolation ist der Einzelne vollkommen allein mit seiner Seele, die sich in Hass, Neid, Bitterkeit und Galle auffrisst. Vor Pein zerbeißen sich die Menschen – wie ein Epileptiker in seiner Raserei – die Zungen. Ein indischer Gottesmann und Christ sagte einmal: »Licht, das man verwirft, wird zu Finsternis.« Das sagte auch der Sohn Gottes, der das Licht der Welt ist, in Matthäus 6,23: »Wenn das Licht, das in dir ist, Finsternis ist, wie groß ist dann die Finsternis!«

Die sechste Schale (16,12-16)

»Und der sechste goss seine Schale aus auf den großen Strom Euphrat; und sein Wasser vertrocknete, damit der Weg der Könige bereitet würde, die von Sonnenaufgang herkommen. Und ich sah aus dem Mund des Drachen und aus dem Mund des Tieres und aus dem Mund des falschen Propheten drei unreine Geister kommen wie Frösche; denn es sind Geister von Dämonen, die Zeichen tun, die zu den Königen des ganzen Erdkreises ausgehen, sie zu versammeln zum Krieg jenes großen Tages Gottes, des Allmächtigen. (Siehe, ich komme wie ein Dieb. Glückselig, der da wacht und seine Kleider bewahrt, damit er nicht nackt wandle und man seine Schande sehe!) Und er versammelte sie an den Ort, der auf Hebräisch Armagedon heißt.«

Wir lasen zweimal, dass die Menschen nicht Buße taten. Was tun sie stattdessen? Sie lassen sich, verführt durch dämonisch gewirkte Zeichen und Wunder, von Satan zum offenen Krieg gegen Gott anstiften. Dämonische Mächte einen die Menschen in ihrem Aufruhr gegen den Himmel. Das ist sehr bezeichnend, und es soll uns eine Warnung davor sein, die Zusammenschlüsse und großen Verbrüderungen über alle Grenzen von Konfession und Glauben hinweg, wie wir sie in unseren Tagen erleben, euphorisch zu begrüßen. Denken wir auch an Kapitel 17,13.14. Dort lesen wir, dass zehn Könige *einen* Sinn haben, nämlich ihre Macht dem Tier zu leihen, das Krieg führt gegen das Lamm. Wer mag glauben, ein geeintes Europa und eine wirtschaftlich vernetzte Welt könne ein Werk göttlicher Gnade zu göttlichem Wohlgefallen sein? Vielmehr bahnt sich der Zusammenschluss der Könige der Erde an, die zusammen beraten werden, wie sie Gott und seinen Gesalbten ausstechen können: »Lasst uns zerreißen ihre Bande und von uns werfen ihre Seile« (Ps 2,2.3; 46,4.7). Sie beabsichtigen, wie die bösen Weingärtner von Matthäus 21,38, dem von Gott bestimmten Erben (Hebr 1,2) das Erbe streitig zu machen.

Wenn es hier heißt, Gott sammle sie »an den Ort, der auf Hebräisch Harmagedon heißt«, dann ist das eine Anspielung an jenes Geschehen, in dem erstmals an jenem Ort von einem Kampf fremder Heere gegen das Volk Gottes die Rede ist: Richter 5,19.20.

Wie dort wird auch hier der Herr vom Himmel her eingreifen und die Feinde Gottes und Seines Volkes schlagen. Das bedeutet auch, dass die Bezeichnung Harmagedon (= »Berg von Megiddo«) nicht auf die Geografie des Geschehens, sondern auf die *Art* des Geschehens hinweisen will; denn dieses wird sich laut Sacharja 14,1.2 und Micha 4,11-13 um Zion drehen.

Die Könige der Erde versammeln sich (Ps 48,5; Sach 14,2.3; Joel 4,9-17 [bzw. 3,9-17]), um die in Jerusalem lebenden Gläubigen zu vernichten. Indem sie diese bekriegen, führen sie Krieg gegen das Lamm, ähnlich wie Saulus, als er den Christen nachsetzte, in Wahrheit den Christus Gottes verfolgte; deshalb dessen Frage an ihn: »Saul, Saul, was verfolgst du *mich*?« (Apg 9,4).

Was sagt uns das Ganze ferner? Das von immer schlimmeren Plagen heimgesuchte Reich des Tieres wird in den Gläubigen die Sündenböcke sehen, die es auszurotten gelte, dann würde wieder Ordnung einkehren. Das Tier und sein Prophet sind durch die dämonische Hilfe in ihrer weltweiten Mission erfolgreich und können die Könige der Erde hinter sich sammeln, um auf Jerusalem zu marschieren. Sie ahnen nicht, dass es bereits göttliches Gericht ist, dass sich diese überhaupt einfinden; denn sie versammeln sich, um vom Sohn Gottes gerichtet zu werden. Und ist es nicht bemerkenswert, dass in Vers 14 wohl steht, die Dämonen versammelten die Menschen, in Vers 16 aber: *Gott* versammle sie (Zeph 3,8; Mi 4,11-13)? Er steht über allem, Er lenkt alles so, dass der Mensch selbstverschuldet ins Gericht eilt. Man vergleiche das mit Jeremia 50,24. In Offenbarung 19 wird beschrieben, wie der aus dem Himmel erscheinende König die zum Krieg versammelten Könige der Erde (19,19) richtet. (Man beachte, wie sowohl in 16,16 als auch in 19,19 das Wort »versammelt« steht.)

Eingeschoben ist eine Warnung an die Menschen angesichts des nahe bevorstehenden Kommens des Messias. Noch immer ruft Gott! Er tut dies natürlich durch Seine Zeugen, die trotz Verfolgung und Todesstrafe das Kommen des Königs aller Könige ankündigen. Und es werden wohl Menschen aus den zahlreichen Heidenvölkern auch diesen bald letzten Ruf zur Buße annehmen und nach dem Kommen des Königs Ausschau halten. Diese werden – anders als die Ungläubigen – Sein Kommen nicht wie den Dieb in der Nacht, das heißt als eine böse Überraschung, erleben.

Die siebte Schale (16,17-21)

»Und der siebte goss seine Schale aus in die Luft; und es ging eine laute Stimme aus vom Tempel des Himmels, vom Thron, die sprach: Es ist geschehen. Und es geschahen Blitze und Stimmen und Donner; und ein großes Erdbeben geschah, desgleichen nicht geschehen ist, seitdem die Menschen auf der Erde waren, solch ein Erdbeben, so groß. Und die große Stadt wurde in drei Teile geteilt, und die Städte der Nationen fielen, und die große Babylon kam ins Gedächtnis vor Gott, ihr den Kelch des Weines des Grimmes seines Zornes zu geben. Und jede Insel entfloh, und Berge wurden nicht gefunden. Und große Hagelsteine, wie ein Talent schwer, fallen aus dem Himmel auf die Menschen hernieder; und die Menschen lästerten Gott wegen der Plage des Hagels, denn seine Plage ist sehr groß.«

Alle Auflehnung menschlicher Zivilisation gegen die Herrschaft des Himmels ist nichtig. Am Ende bricht sie vollkommen in sich zusammen. Das will uns die siebte und letzte Schale des Zornes Gottes sagen; darum lesen wir hier von Erdbeben – dem Umsturz der dann bestehenden Ordnungen (Ps 97,4) – und von Städten, die fallen. Das Letzte, was der Himmel einer unbußfertigen Menschheit geben kann, ist Zerstörung: Hagelsteine fallen aus ihm und damit Tod. Dabei hatte der Himmel dem Menschen etwas Besseres bereitet: »Das Brot Gottes …, das aus dem Himmel kommt und der Welt das *Leben* gibt« (Joh 6,33).

Die große Stadt, die in drei Teile geteilt wird, ist Jerusalem. Sacharja 13,8.9 sagt dazu, dass zwei Teile der im Lande befindlichen Juden umkommen und der dritte Teil als Überrest übrig bleiben wird.

In einem Satz wird schließlich das Ende Babylons zusammengefasst. In den nachfolgenden zwei Kapiteln wird ihr Ende ausführlich beschrieben.

In drei Zyklen von Gerichten »ist der Grimm Gottes vollendet« (15,1)

Die Gerichte sind

- gezählt (je sieben)
- gemessen (Umfang und Dauer)
- abgestuft (Zunahme an Schwere und Umfang)

Die Siegel – Vorsehung	**Die Posaunen – Krieg**	**Die Schalen – Grimm**
begrenzt: »beschädigt nicht« (6,6) »der vierte Teil« (6,8)	*begrenzt*: »der dritte Teil« (8,7; 9,18) »fünf Monate« (9,5) *Warnung*: Hes 33,2.3	keine Begrenzung
Aufschub: »noch eine … Zeit« (6,11)	*abgestuft*: zuerst die Lebensbedingungen (8,6-12), dann der Mensch selbst (8,13 - 9,19)	keine Warnung (Spr 29,1)
zwischen dem 6. und 7. Siegel ein *Einschub des Heils* (Kap. 7)	zwischen der 6. und 7. Posaune ein *Einschub des Heils* (Kap. 10 u. 11)	kein Einschub des Heils

Kapitel 17 und 18: Babylon, die große Hure und die große Stadt

Diese beiden Kapitel handeln vom gleichen Gegenstand, von Babylon, der großen. Sie lassen sich in folgende acht Abschnitte gliedern:

1.	Das Wesen der großen Hure	17,1-6
2.	Das Geheimnis des Tieres und der Hure	17,7-14
3.	Das Ende der Hure durch das Tier	17,15-18
4.	Das Urteil des Herrn über Babylon	18,1-3
5.	Das Urteil der Glaubenden über Babylon	18,4-8
6.	Das Urteil der Kaufleute über Babylon	18,9-19
7.	Die Freude des Himmels über den Sturz Babylons	18,20
8.	»Babylon wird nie mehr gefunden werden«	18,21-24

Nachdem im vorhergehenden Kapitel das Gericht über Babylon in einem kurzen Satz erwähnt worden ist, werden hier ihr Wesen und ihr Ende ausführlich beschrieben. Dreimal kommt in Kapitel 17 das Wort »Hure« vor, dreimal »Hurerei«, einmal »Mutter der Huren«; denn hier wird Babylon als untreu gewordenes religiöses System gesehen. In Kapitel 18 heißt Babylon fünfmal »die große Stadt« (V. 10.16.18.19.21), einmal »die starke Stadt« (V. 10); denn hier wird sie als ein Wirtschaftsgigant gesehen.

Kapitel 17 – Die Hure Babylon

Das Wesen der großen Hure (17,1-6)

»Und es kam einer von den sieben Engeln, welche die sieben Schalen hatten, und redete mit mir und sprach: Komm her, ich will dir das Urteil über die große Hure zeigen, die auf den vielen Wassern sitzt, mit der die Könige der Erde Hurerei getrieben haben; und die auf der Erde wohnen sind

trunken geworden vom Wein ihrer Hurerei. Und er führte mich im Geist hinweg in eine Wüste; und ich sah ein Weib auf einem scharlachroten Tier sitzen, voll Namen der Lästerung, das sieben Köpfe und zehn Hörner hatte. Und das Weib war bekleidet mit Purpur und Scharlach und übergoldet mit Gold und Edelsteinen und Perlen, und sie hatte einen goldenen Becher in ihrer Hand, voll Gräuel und Unreinigkeit ihrer Hurerei; und an ihrer Stirn einen Namen geschrieben: Geheimnis, Babylon, die große, die Mutter der Huren und der Gräuel der Erde. Und ich sah das Weib trunken vom Blut der Heiligen und vom Blut der Zeugen Jesu. Und ich verwunderte mich, als ich sie sah, mit großer Verwunderung.«

Der Gerichtsengel zeigt Johannes »das Urteil« über die große Hure. Gott legt offensichtlich Wert darauf, dass wir das Wesen dieses grässlichen religiösen Systems kennen und entsprechend das göttliche Urteil über dasselbe finden. Bei der großen Hure geht es um die christuslose Christenheit, mit der sich die messiaslose Judenheit gut verstehen wird. Woher kann man das mit solcher Bestimmtheit wissen? Sie wird »Hure« genannt, ist also das Gegenteil einer treuen Braut oder einer treuen Ehefrau. »Braut« und »Ehefrau des Herrn« werden aber die Gemeinde im Neuen, beziehungsweise Israel im Alten Testament genannt. Daher bedeutet die Hure das untreue Israel und die untreue Christenheit. Offensichtlich werden sich eine abgefallene Christenheit und die Judenheit finden. Wie das im Einzelnen vor sich gehen wird, ist nicht so wichtig. *Dass* sie sich aber darin finden und verstehen, wie einst die Obersten der Juden und Pilatus, dass sie beide Jesus von Nazareth verleugnen und abweisen, ist deutlich, und das zu erkennen, ist entscheidend.

Das Neue Testament kündigt die Entwicklung an, die aus der einst reinen Braut (2Kor 11,2) am Ende die große Hure erstehen lässt. Wir lesen in 2. Thessalonicher 2,7: »Schon ist das Geheimnis der Gesetzlosigkeit wirksam.« In Offenbarung 17 steht ebenfalls das Wort »Geheimnis«: Der Hure steht dieses Wort an die Stirn geschrieben. Was an die Stirn geschrieben steht, ist inzwischen nicht mehr geheim; es ist offenbar und für alle Welt ersichtlich. So wird es am Ende sein. Anfangs aber wirkte die Gesetzlosigkeit, die am

Ende ein weltumspannendes System sein würde, im Verborgenen, nur dem wachsamen Gläubigen erkenntlich. Johannes spricht davon, dass bereits in seinen Tagen »viele Antichristen« aufgekommen waren (1Jo 2,18). Bereits in den Tagen der Apostel wirkte jener Geist der Lüge, der Religion, der Anbetung des Menschen, der den Christus Gottes herabsetzt und schließlich ganz verdrängt. In Offenbarung 2,20 lasen wir im Sendschreiben an Thyatira vom »Weib Jesabel«, die genau die Dinge damals bereits tat, die dann später die große Hure tun würde: »Sie lehrt und verführt meine Knechte, Hurerei zu treiben.«

Von der Gemeinde in Laodicäa, der Gemeinde, die besonders die Zustände der endzeitlichen Christenheit vorwegnimmt, heißt es, sie sei bereits *christuslos* geworden: Christus steht *vor* der Tür, also draußen, und muss um Einlass bitten. So wirkt das »Geheimnis der Gesetzlosigkeit« seit dem 1. Jahrhundert beständig und triumphiert am Ende der Tage vollends. Die große Hure hat weltweiten Einfluss, Könige machen ihr den Hof, sie sitzt *auf* dem Tier, hat sich dieses also *dienstbar* gemacht – nicht für lange freilich, wie vorliegendes Kapitel zeigt.

Wir wollen die Merkmale der Hure denen der Braut gegenüberstellen. Sie ist Punkt für Punkt verkommen, die Perversion der Gedanken Gottes über Seine Gemeinde, Sein Volk, Seine Braut.

1. Sie heißt »Hure«, während die Gemeinde eine »keusche Jungfrau« ist (2Kor 11,2).
2. Sie sitzt auf den vielen Wassern, will sich also von überall bereichern (vgl. Laodicäa: 3,17) und gegenüber allen Einflüssen offen sein, gleichzeitig auch überall mitreden. Die Gemeinde weiß nur um einen Quell (Joh 7,37; Ps 87,7), um einen Herrn, um einen Glauben und um ein Ziel (Eph 4,4.5). Darum hat sie ein einfältiges Auge (Mt 6,22).
3. Die Könige der Erde haben mit ihr Hurerei getrieben. Die Gemeinde ist nur dem König aller Könige ergeben (Röm 14,7-9; 2Kor 5,15; 1Tim 6,13-16).
4. Sie macht trunken. Die Gemeinde ist durch Gottes Geist und Gottes Wort nüchtern (Eph 5,18).
5. Die Hure wird vom Tier getragen, d.h. von irdischen Mäch-

ten. Wenn wir bedenken, dass in diesem Kapitel über das Tier gesagt wird, dass es mit dem Lamm Krieg führt (Verse 13.14), dann begreifen wir, dass die Hure sich von Mächten und Kräften tragen lässt, die den Sohn Gottes hassen. Die Gemeinde weigert sich, sich von irdischen Mächtigen tragen und versorgen zu lassen (wie einst Abraham, der Vater der Glaubenden: 1Mo 14,21-24); und das genau aus diesem Grund: Der Geist der Welt hasst Jesus Christus. Die Gemeinde will sich daher ausschließlich auf Christus selbst stützen (3Jo 7).

6. Die Hure herrscht. Die Gemeinde weiß, dass die Zeit zu herrschen noch nicht gekommen ist (1Kor 4,5). Daher *dient* sie gleich ihrem Meister (1Kor 9,19; Phil 2,5).
7. Die Hure bekleidet sich mit Purpur, Scharlach und Gold. Sie umgibt sich mit irdischem Prunk und Gepränge, da sie im Urteil der Welt etwas gelten will. Von den Kindern Gottes lesen wir hingegen: »Darum erkennt uns die Welt *nicht*, weil sie ihn nicht erkannt hat« (1Jo 3,1).
8. Die Hure ist »Mutter der Huren und Gräuel der Erde«; sie ist die Mutter aller den Menschen erniedrigenden und knechtenden Sünden. Von der die Gemeinde prägenden Gnade heißt es: »Das Jerusalem droben ist frei, welches unsere Mutter ist« (Gal 4,26). Diese Mutter gebiert »zur Freiheit« (Gal 5,1). Durch den Glauben an Christus ist sie »frei gemacht von der Sünde« (Röm 6,18).
9. Die Hure ist »trunken vom Blute der Heiligen«: Sie hasst und tötet sie. Eines der unverkennbaren Merkmale der Gemeinde ist, dass die Kinder Gottes einander lieben. Gemäß dem ganzen 1. Johannesbrief erkennt man ein Kind Gottes eben daran, dass es die Heiligen liebt. Der Herr der Gemeinde hat gesagt, dass man Seine Jünger daran erkennt, dass sie Liebe untereinander haben (Joh 13,34.35).

Rufen wir uns noch einmal in Erinnerung, dass im Buch der Offenbarung eben, wie sein Titel sagt, *enthüllt* wird, was schon immer vorhanden war, um erst am Ende in unverhüllter Gestalt ans Licht zu treten. Gemeinde und Religion, Gemeinschaft der Heiligen und staatlich organisierte, offiziell autorisierte und finanzierte Christenheit sind einander dem Wesen nach so fremd, dass wir nicht gleichzeitig Gemeinde des lebendigen Gottes sein und einem System angehören können, das den Sohn Gottes hasst, das alle Seine Gedanken über die Braut ins Gegenteil pervertiert und das Seine Geliebten verachtet.

Johannes verwunderte sich über diesen Anblick »mit großer Verwunderung«. Er hatte den Drachen gesehen, er hatte das Tier aus dem Meer und das Tier aus der Erde gesehen und sich nicht dermaßen verwundert. Dass aber ausgerechnet jene Gestalt, die sich mit dem Namen Christi umgibt, derart verkommen und pervers sein würde, ist dem Seher schier unfassbar.

Das Geheimnis des Tieres (17,7-14)

»Und der Engel sprach zu mir: Warum verwunderst du dich? Ich will dir das Geheimnis des Weibes sagen und des Tieres, das sie trägt, das die sieben Köpfe und die zehn Hörner hat. Das Tier, das du sahst, war und ist nicht und wird aus dem Abgrund heraufsteigen und ins Verderben gehen; und die auf der Erde wohnen, deren Namen nicht im Buch des Lebens geschrieben sind von Grundlegung der Welt an, werden sich verwundern, wenn sie das Tier sehen, dass es war und nicht ist und da sein wird. Hier ist der Verstand, der Weisheit hat: Die sieben Köpfe sind sieben Berge, auf denen das Weib sitzt. Und es sind sieben Könige: fünf von ihnen sind gefallen, der eine ist, der andere ist noch nicht gekommen; und wenn er kommt, muss er eine kleine Weile bleiben. Und das Tier, das war und nicht ist, er ist auch ein achter und ist von den sieben und geht ins Verderben. Und die zehn Hörner, die du sahst, sind zehn Könige, die noch kein Königreich empfangen haben, aber Gewalt wie Könige empfangen, eine Stunde mit dem Tier. Diese werden gegen das Lamm Krieg führen, und das Lamm wird sie überwinden; denn er ist Herr der Herren und König der Könige, und die mit ihm sind Berufene und Auserwählte und Treue.«

Als Erstes wird gesagt, dass das Tier die Hure trägt. Kirchliche, religiöse, aber bei alledem christuslose Systeme sind politisch-wirtschaftlichen Machtgebilden willkommene Förderer und Erhalter ihrer Macht, weshalb sie diese denn ihrerseits auch schützen und fördern. Dieses unselige Zweckbündnis zwischen Thron und Altar muss freilich früher oder später zu beiderseitigem Missfallen ausschlagen und in offener Feindschaft enden (Vers 16). Wie sollte es auch anders kommen? Nur im gemeinsamen Glauben an die Wahrheit und in der bedingungslosen Unterwerfung unter sie kann es gedeihliche Gemeinschaft zwischen Einzelnen wie auch Gruppen geben (Röm 15,5-7; Phil 2,1-6).

Dann wird als zweites Wichtiges vom Tier gesagt, dass es untergehen, aber wieder aufsteigen werde. Es ist dieser nie erwartete Aufstieg einer historischen Großmacht, die alle Welt in grenzenloses Staunen versetzen wird. Einzig die Glaubenden werden nicht staunen, noch werden sie sich vom allenthalben sich breitmachenden Optimismus oder gar Überschwang blenden lassen; denn sie erkennen, dass der Geist des Tieres dem ihres Herrn diametral entgegengesetzt ist.

Das Tier hat sieben Köpfe, die sieben Berge symbolisieren, auf denen das Weib sitzt. Rom hieß nun seit jeher *semptemcollis*, die Siebenhügelige. Das ist ein weiterer Beleg dafür, dass das Tier, dem wir bereits in den Kapiteln 11 und 13 begegneten, das wieder zur Weltmacht aufgestiegene Rom ist.

Gleichzeitig stehen die sieben Köpfe für sieben Herrscher[11], die der Reihe nach regiert haben. Der siebte wird dabei gleichzeitig der endzeitliche Herrscher, das Oberhaupt des neuen römischen Imperiums sein. Er wird nur »eine kleine Weile«, die wiederholt genannte Zeit von dreieinhalb Jahren, bleiben und dann »ins Verderben« gehen, bei der Wiederkunft des Herrn nämlich (19,20).

Die zehn Hörner sind ebenfalls zehn Könige, die aber nicht wie die sieben Köpfe der Reihe nach regieren, sondern die »Gewalt wie Könige empfangen *eine* Stunde mit dem Tiere«. Sie werden

---

11 Vielleicht sind auch sieben Arten der Herrschaft, also Regierungsformen gemeint. Auch in Dan 7,17 werden Reiche mit Königen gleichgesetzt. Sind die sieben Könige aber nicht sieben verschiedene Personen, dann können sie für sieben Formen der Reichsregierung stehen. »Fünf von ihnen« waren schon nicht mehr; »der eine ist«. Die zur Zeit des Johannes existierende Regierungsform war das Kaisertum. »Der andere«, der »noch nicht gekommen« ist, ist das noch zukünftige Rom, das ebenfalls eine Art Kaisertum sein wird.

erst dann aufkommen und ihre Macht erringen, wenn das Tier seine unumschränkte Macht angetreten hat. Wer diese zehn Könige sind, braucht uns nicht näher zu interessieren. Auf alle Fälle sind sie noch nicht erkenntlich, wie ja vorliegender Vers deutlich macht. Was uns aber interessieren muss, ist ihr Charakter: Sie sind sich darin vollständig eins – sie haben *»einen* Sinn« –, dass sie rückhaltlos das Tier unterstützen. Dessen Ziele sind ihre Ziele, dessen Charakter ist mithin auch ihr Charakter: Sie hassen den Sohn Gottes (Vers 14).

Wir beachten auch, dass die endzeitliche Supermacht einerseits zentral gesteuert und einen Alleinherrscher als Haupt haben wird, andererseits aber aus einem Zusammenschluss mehrerer Einzelstaaten besteht. Die Entwicklung Europas seit Ende des Zweiten Weltkrieges entspricht genau diesem Muster. Noch besteht es aus Einzelstaaten; diese haben aber Stück um Stück eigene Kompetenzen an eine europäische Zentralbehörde abgegeben. Es braucht keine Hellsichtigkeit, um zu sehen, dass Gründe der wirtschaftlichen, der sozialen und sicherheitspolitischen Opportunität die Regierungschefs drängen werden, alle Kompetenzen in die Hand eines gemeinsam gewählten Führers zu geben. Was bis zum Jahr 2008 im Zuge der europäischen Integration geschehen ist, ist überdies historisch eine absolute Einmaligkeit: Souveräne europäische Staaten haben freiwillig Teile ihrer eigenen Zuständigkeit und damit Autonomie an eine übergeordnete Macht abgegeben. Das war in Europa bisher nur durch Zwang und in Folge von Kriegen möglich gewesen. Jetzt aber geschieht es nicht nur freiwillig, sondern teilweise geradezu mit Begeisterung.

Die mit dem Lamm sind, werden durch drei Dinge charakterisiert. Sie heißen »Berufene und Auserwählte und Treue«. Das ist eine bemerkenswerte zusammenfassende Umschreibung ihres innersten Wesens. Sie sind »Berufene«. Niemand kann je »mit dem Lamm« sein, den Gott nicht dazu berufen hat (siehe 1Kor 1,9; 2Tim 1,9). Wenn wir fragen, warum gerade diese und nicht andere berufen sind, dann bekommen wir die Antwort in der zweiten Eigenschaft: Sie sind »Auserwählte«. Sie waren nicht besser oder würdiger als all die anderen, die dem Tier folgten und das Tier anbeteten. Aber Gott hatte sie zur Erkenntnis des Lammes Gottes zuvor auserwählt (siehe Röm 8,29.30; 11,5). Sie waren »von Anfang erwählt zur Seligkeit« (2Thes 2,13). Und schließlich wird die Frage beantwortet, woran man die Berufenen und Erwählten erkennt? Sie sind »treu«. Die Treue ist der Beweis der Auserwählung. Damit machen sie ihre Berufung und Erwählung fest (2Petr 1,10).

Das Ende der Hure (17,15-18)

»Und er spricht zu mir: Die Wasser, die du sahst, wo die Hure sitzt, sind Völker und Völkerscharen und Nationen und Sprachen; und die zehn Hörner, die du sahst, und das Tier, diese werden die Hure hassen und werden sie öde und nackt machen, und werden ihr Fleisch fressen und sie mit Feuer verbrennen. Denn Gott hat in ihre Herzen gegeben, seinen Sinn zu tun und in einem Sinne zu handeln und ihr Königreich dem Tier zu geben, bis die Worte Gottes vollbracht sein werden. Und das Weib, das du sahst, ist die große Stadt, die das Königtum hat über die Könige der Erde.«

Was hier offenbar wird, ist natürlich dem Prinzip nach immer wahr: Die politisch und wirtschaftlich Mächtigen verachten eine um Einfluss und Gunst buhlende Kirche, weil sie ihre Heuchelei ganz richtig erfassen. Die Ungläubigen durchschauen uns, wenn wir uns ihnen anbiedern und Methoden und Gebärden der Welt kopieren, um anzukommen. Solange es den Mächtigen der Welt nützlich erscheint, werden sie ein Zweckbündnis mit den Kirchen nicht verschmähen. Das kann aber nicht darüber hinwegtäuschen, dass sie sie hassen.

Gott selbst wird am Ende dafür sorgen, dass die Hure dem unverhüllten Hass des Tieres und seiner Vasallen preisgegeben wird. Ihr Gericht, die Verbrennung, ist das Urteil des Gesetzes über Hurerei von Priestertöchtern (3Mo 21,9). So gottlos das Tier und seine Könige sind, verwendet sie Gott in Seiner Souveränität als Seine Werkzeuge. So hat Gott manchen Despoten ohne dessen Wissen als Werkzeug benutzt, um Seine Absichten zu erfüllen. Das macht freilich den Despoten nicht schuldlos; er wird vielmehr seiner Sünden wegen zu seiner Zeit der gerechten Strafe zugeführt werden.

So wird der Herr das Tier und die Könige ihrer eigenen Bosheit wegen auch richten (19,20.21; man vergleiche damit Jes 10,5-15).

Eine Hure ist eine untreue Frau; die Hure wird selbst Treulosigkeit am eigenen Leib erfahren. Die den Herrn betrog, wird am Ende selbst betrogen: In Wortbrüchigkeit fallen unvermittelt ehemalige Verbündete über sie her. Wie groß wird darüber ihr Erschrecken und wie ohnmächtig ihre Verbitterung sein! Ändern kann sie damit nichts; Gottes Hand hat alles gefügt und teilt ihr die gerechte Vergeltung zu.

Durch Treulosigkeit wird Treulosigkeit gestraft. Dafür sorgt Gott in Seiner gerechten Regierung (vgl. die Ausführungen zu Kapitel 4). Bereits der erste »Antichrist«, der in Israel auftrat, Abimelech, der erste selbst ernannte und damit falsche König der erwählten Nation, kam durch Tücke an die Macht. Tücke bereitete sein Ende; ehemals Verbündete fielen ihm in den Rücken. Aber auch das war von Gott gefügt: »Abimelech herrschte über Israel drei Jahre. Und *Gott* sandte einen bösen Geist zwischen Abimelech und die Bürger von Sichem« (Ri 9,22.23).

Im letzten Vers des Kapitels wird die Hure erstmals »die große Stadt« genannt; damit leitet er über zum Kapitel 18, denn das ist dort die wiederholt verwendete Bezeichnung Babylons.

Kapitel 18 – Babylon, die große Stadt

Hatte die Bezeichnung »Hure« Babylon uns gelehrt, dass geistliche Untreue, Götzendienst, ihr Wesen ist, zeigt uns dieses Kapitel, dass ebenso eitler Reichtum, der in Tat und Wahrheit Armut ist (3,17), ihr Wesen ausmacht. Das falsche religiöse System ist offenkundig auch ein wirtschaftlicher Gigant. Thyatira war die Vorläuferin der großen Hure, Laodicäa die der großen Stadt. Es vereinen sich in Babylon tatsächlich alle Züge des Volkes Gottes, die Gott je ein Gräuel gewesen sind.

In diesem Kapitel ertönen vier Stimmen aus dem Himmel und drei Stimmen von der Erde:

- Die erste Stimme aus dem Himmel:
  »Gefallen ist Babylon«: 18,1-3
- Die zweite Stimme aus dem Himmel:
  »Geht aus Babylon hinaus, mein Volk«: 18,4-8
- Die drei Stimmen von der Erde:
  »Wehe, wehe! die große Stadt!«: 18,9-19
- Die dritte Stimme aus dem Himmel:
  »Seid fröhlich über sie, ihr Heiligen«: 18,20
- Die vierte Stimme aus dem Himmel:
  »Babylon wird nie mehr gefunden werden«: 18,21-24

Das Urteil des Herrn über Babylon (18,1-3)

»Nach diesem sah ich einen anderen Engel aus dem Himmel herniederkommen, der große Gewalt hatte; und die Erde wurde von seiner Herrlichkeit erleuchtet. Und er rief mit starker Stimme und sprach: Gefallen, gefallen ist Babylon, die Große, und ist eine Behausung von Dämonen geworden und ein Gewahrsam jedes unreinen Geistes und ein Gewahrsam jedes unreinen und gehassten Vogels. Denn vom Wein der Wut ihrer Hurerei haben alle Nationen getrunken, und die Könige der Erde haben Hurerei mit ihr getrieben, und die Kaufleute der Erde sind durch die Macht ihrer Üppigkeit reich geworden.«

Politische und wirtschaftliche Macht sind in den Händen der großen Hure. Daher wird sie auch »die große Stadt« genannt. Es ist ein »anderer Engel«, der sie richtet. Dieser hat »große Gewalt«, und seine Herrlichkeit erleuchtet die Erde. Im Licht himmlischer Herrlichkeit erst wird deutlich (vgl. Ps 36,10; 73,17), wie armselig, wie schäbig, wie verlogen alle irdische Pracht, aller Reichtum und alles Gepränge der großen Hure ist. Dieser »andere Engel« ist hier bereits zum vierten Male in diesem Buch der Sohn Gottes selbst (wie in 7,2; 8,3 und 10,1). Denn man könnte von keinem geschaffenen Wesen sagen, seine Herrlichkeit erleuchte die Erde. Hesekiel hat aber geweissagt: »Und siehe, die Herrlichkeit des Gottes Israels kam von Osten her; und ihr Rauschen war wie das Rauschen großer Wasser, und die Erde leuchtete von seiner Herrlichkeit« (Hes 43,2).

Er, der dem falschen Bekenntnis der großen Hure nach Herr der Kirche war, richtet sie selbst, auch wenn er sich dazu, wie Kapitel 17 zeigt, menschlicher Werkzeuge bedient.

Es werden drei Dinge genannt, die Babylons Untergang begründen:

1. Sie ist eine Behausung von Dämonen geworden.
2. Vom Wein ihrer Hurerei haben alle Nationen getrunken.
3. Die Kaufleute der Erde sind durch sie reich geworden.

Der Ausdruck »Behausung« ist besonders bemerkenswert; denn er kommt außer hier nur noch an einer Stelle im Neuen Testament vor. In Epheser 2,22 wird die Gemeinde eine »Behausung Gottes im Geiste« genannt. Beide Male steht das griechische Wort *katoiketêrion*. Wie groß aber ist der Unterschied! Die Gemeinde des Herrn ist Wohnstätte des Geistes des Herrn (vgl. 1Kor 3,17); Babylon ist Wohnstätte des Geistes des Widersachers Gottes. Sie ist damit zum genauen Gegenteil dessen geworden, was das Haus Gottes sein soll und ist. Unreine Vögel sind Bilder für unreine Geister. In einem Gleichnis hat der Herr selbst angekündigt, dass das, was der Herr durch Sein Kommen einsetzte – das Reich Gottes –, zu einem politischen und ökonomischen Machtgebilde und zur Behausung von Vögeln, das ist von unreinen Geistern, verkommen würde (Mt 13,31.32). Offenbarung 18 ist also die Erfüllung jenes Gleichnisses.

»Alle Nationen« haben mit Babylon verkehrt. Dieses System hat weltweiten Einfluss, weltumspannende Machtbefugnisse. Es will alle umfassen und allgemeine, universale Gültigkeit haben. »Universal« oder »allgemein« heißt auf Griechisch *katholikos*, mit eingedeutschter Endung: katholisch. Auch dies eine Perversion der Gedanken Gottes. Worin? Die Gemeinde soll ein Bethaus für alle Nationen sein, wie der Herr bestätigt hat (Mk 11,17). Nur heißt das nicht, dass die Gemeinde die Welt umfassen, sondern umgekehrt, dass aus allen Nationen Menschen aus der Welt *herausgenommen* (Gal 1,4) und ins Haus Gottes eingeführt werden (Hebr 10,19-22).

Warum haben wohl »Könige der Erde« Umgang mit Babylon? Weil sie davon profitieren. Der Reichtum Babylons lässt es den Regenten der Erde ratsam erscheinen, mit ihr in gutem Einvernehmen zu stehen. So gewinnt sie politischen Einfluss. Babylon ist ein wirtschaftlicher Gigant mit politischem Ehrgeiz. Worin besteht er? In nichts Geringerem als der *Weltherrschaft*. Das erklärt im Übrigen, warum Kommunismus und Katholizismus immer unversöhnliche Feinde waren. Sie waren Rivalen im Kampf um das gleiche Ziel.

In 1. Korinther 4,8 verurteilt der Apostel in einer scharfen Rüge das Begehren der Korinther zu *herrschen*. Wenn die Korinther das begehrten, dann ohne den Apostel; denn das Teil des Christen ist noch immer, um Christi willen als Tor zu gelten und ein Nichts zu sein (Gal 6,3). Erst wenn Er kommt, um Sein Reich auf dieser Erde zu errichten, wird die Zeit zu herrschen anbrechen (Offb 22,5).

Die »Kaufleute der Erde« sind durch Babylon reich geworden, solchen Reichtum besitzt sie. Einmal mehr hat sie damit die Weisung des Herrn verachtet. In 1Tim 6,5 wird gesagt, dass zerrüttete Menschen meinen, Gottseligkeit sei ein Gewerbe. Habsucht ist Götzendienst (Kol 3,5) und ist in jedem Fall schlimm genug. Wer aber den Namen des Herrn und Sein Evangelium als Mittel verwendet, um sich selbst groß und reich zu machen, ist dem Herrn äußerst verhasst. Er wird dieses religiöse System mit Macht niederwerfen, sodass es nie mehr aufstehen wird.

Aus dem dreifachen hier aufgeführten Grund muss Babylon fallen. Der Ruf »gefallen, gefallen« im Munde des Herrn selbst erinnert an ein anderes Gebilde, von dem der gleiche Herr angekündigt hatte, dass es einen »großen Fall« tun würde: das Haus, das Menschen bauen, ohne sich an das Wort des Herrn zu halten (Mt 7,26.27).

Das Urteil der Glaubenden über Babylon (18,4-7)

»Und ich hörte eine andere Stimme aus dem Himmel sagen: Geht aus ihr hinaus, mein Volk, damit ihr nicht ihrer Sünden teilhaftig werdet, und damit ihr nicht empfangt von ihren Plagen; denn ihre Sünden sind aufgehäuft bis zum Himmel, und Gott hat ihrer Ungerechtigkeiten ge-

dacht. Vergeltet ihr, wie auch sie vergolten hat, und verdoppelt ihr doppelt nach ihren Werken; in dem Kelch, den sie gemischt hat, mischt ihr doppelt. Wie viel sie sich verherrlicht und Üppigkeit getrieben hat, so viel Qual und Trauer gebt ihr. Denn sie spricht in ihrem Herzen: Ich sitze als Königin, und Witwe bin ich nicht, und Traurigkeit werde ich nicht sehen.«

Die Glaubenden werden aufgerufen, Babylon zu verlassen. Das erinnert uns, wie so vieles in diesem Buch, an das erste Buch der Bibel. Dort lesen wir auch von jemandem, der von Gott aufgerufen wurde, eine Zivilisation des Götzendienstes zu verlassen. In 1Mo 11 wird der *Turm von Babel* beschrieben, dessen Spitze an den Himmel hätte reichen sollen. Hier nun heißt es, Babylons Sünden seien aufgehäuft »bis zum Himmel«. Und dann wird in 1Mo 12 Abraham aufgefordert, diese götzendienerische Gemeinschaft zu verlassen. Damit ist der in der Bibel so überaus wichtige und im Neuen Testament mit Nachdruck gelehrte Grundsatz erstmals von Gott selbst offen gelehrt: *die Absonderung*. Man kann nicht Christus und Mammon nachfolgen, Christus und Belial dienen. Man kann nicht an der Gemeinde Gottes und an der Welt bauen. Reich Gottes und Reich der Welt sind einander ausschließende Größen, wie Jesus Christus vor Pilatus für jeden verstehbar genug bezeugte: »Mein Reich ist nicht von dieser Welt« (Joh 18,36). Daher auch an die Adresse der um weltlichen Einfluss und weltliches Ansehen buhlenden Korinther die Worte des Apostels: »Seid nicht in einem ungleichen Joch mit den Ungläubigen. Denn welche Genossenschaft hat Gerechtigkeit und Gesetzlosigkeit … welche Übereinstimmung Christus mit Belial … welchen Zusammenhang der Tempel Gottes mit den Götzenbildern … Darum geht hinaus aus ihrer Mitte und sondert euch ab …« (2Kor 6, 14-18).

»Vergeltet ihr, wie auch sie vergolten hat.« Ist das Rachsucht? Ist es lieblos, wenn man der Aufforderung nachkommt? Gott ist Liebe. Immer. Er hört nie auf, Liebe zu sein. Gott ist dennoch auch Richter. Wenn Er richtet, dann hat Er nicht aufgehört, Liebe zu sein; denn Er bleibt ewig unveränderlich (Hebr 13,8), Er kann sich selbst nicht verleugnen (2Tim 2,13). Es gibt keine wahre Liebe ohne Heiligkeit. Es ist daher nicht lieblos, das zu hassen, was Gott hasst. Er freut sich vielmehr, wenn wir es tun (Offb 2,6). Wie wichtig ist es, daran zu denken, in einer Zeit, da Diplomatie und Ausgleich nahezu unangefochten das Feld beherrschen, da das höflich unverbindliche »sowohl als auch« das unmissverständliche *Ja* oder *Nein* verdrängt hat, wo man vom friedlichen Nebeneinander »verschiedener Frömmigkeitsstile« schwärmt und Schlagworte ausgibt wie »Einheit in der Vielfalt« und ähnliche mehr.

Einmal wird freilich dieser Vers seine buchstäbliche Erfüllung finden, wenn nämlich der Herr kommt. Dann werden die Erlösten zusammen mit Ihm die Welt richten.

Von uns, die wir jetzt keinerlei richterliche Macht besitzen, heißt es, dass wir einst die Welt richten werden (1Kor 6,2). Wenn wir aber nicht jetzt, durch den Herrn selbst angeleitet, es gelernt haben, den Götzendienst, das Blendwerk, die Lüge und Arroganz der Welt *innerhalb der Gemeinde* zu verurteilen und abzuweisen, wie werden wir *dann* in der Lage sein, diese Dinge zu richten? Jetzt ist die Zeit, da wir lernen, im Glauben an Sein Wort Sein Urteil anzunehmen und entsprechend zu handeln. Jetzt ist der Tag der »geringsten« Dinge, da wir darin treu sein müssen, um eines Tages über das Eigentliche gesetzt zu werden (Lk 16,10): mit Christus über das Universum zu regieren. Wer am »Tag kleiner Dinge« (Sach 4,10) nicht treu ist, dem wird »am Tag seiner (des Messias) Macht« (Ps 110,3) auch nicht Größeres anvertraut werden.

Das Urteil der Kaufleute über Babylon (18,8-19)

»Darum werden ihre Plagen an ***einem*** *Tage kommen: Tod und Traurigkeit und Hungersnot, und mit Feuer wird sie verbrannt werden; denn stark ist Gott, der Herr, der sie gerichtet hat. Und es werden über sie weinen und wehklagen die Könige der Erde, die Hurerei und Üppigkeit mit ihr getrieben haben, wenn sie den Rauch ihres Brandes sehen, und werden von ferne stehen aus Furcht vor ihrer Qual und sagen: Wehe, wehe! die große Stadt, Babylon, die starke Stadt! denn in* ***einer*** *Stunde ist dein*

Gericht gekommen. Und die Kaufleute der Erde weinen und trauern über sie, weil niemand mehr ihre Ware kauft: Ware von Gold und Silber und Edelsteinen und Perlen und feiner Leinwand und Purpur und Seide und Scharlach, und alles Thynenholz und jedes Gerät von kostbarstem Holz und von Erz und Eisen und Marmor, und Zimmet und Amomum und Räucherwerk und Salbe und Weihrauch und Wein und Öl und Feinmehl und Weizen und Vieh und Schafe, und von Pferden und von Wagen und von Leibeigenen und Menschenseelen. Und das Obst deiner Seelenlust ist von dir gewichen, und alles Glänzende und Prächtige ist dir verloren, und du wirst es nie mehr finden. Die Kaufleute dieser Dinge, die an ihr reich geworden sind, werden aus Furcht vor ihrer Qual von ferne stehen, weinend und trauernd, und werden sagen: Wehe, wehe! die große Stadt, die bekleidet war mit feiner Leinwand und Purpur und Scharlach und übergoldet mit Gold und Edelsteinen und Perlen! denn in **einer** *Stunde ist der so große Reichtum verwüstet worden. Und jeder Steuermann und jeder, der nach irgendeinem Orte segelt, und Schiffsleute und so viele auf dem Meer beschäftigt sind, standen von ferne und riefen, als sie den Rauch ihres Brandes sahen, und sprachen: Welche Stadt ist gleich der großen Stadt? Und sie warfen Staub auf ihre Häupter und riefen weinend und trauernd und sprachen: Wehe, wehe! die große Stadt, in der alle, die Schiffe auf dem Meere hatten, reich wurden von ihrer Kostbarkeit! denn in* **einer** *Stunde ist sie verwüstet worden.«*

Dreimal wird in diesem Abschnitt geklagt (Verse 9.16.19). Menschen, die an Babylon verdient haben, sind entsetzt, da ihre Lebensgrundlage zusammenbricht. Wie furchtbar, wenn man den persönlichen Gewinn mehr geliebt hat als die Wahrheit, wenn man die Augen verschlossen hat vor den Gräueln Babylons, vor ihren Lügen, ihrem anmaßenden Auftreten, ihrer Unduldsamkeit gegenüber allen, die sich ihr nicht beugten, weil man an ihr reich werden konnte. In *einer Stunde,* wie ebenfalls dreimal versichert wird, fällt Babylon, und sie wird jedes Mal »die Große« genannt. So groß, so reich, so mächtig sie war, sie fällt. Das, was so sicher und unerschütterlich geschienen hatte, bricht mit einem Schlag zusammen, um sich nie mehr zu erheben.

Die Freude des Himmels über den Sturz Babylons (18,20)

»Seid fröhlich über sie, du Himmel, und ihr Heiligen und ihr Apostel und ihr Propheten! denn Gott hat euer Urteil an ihr vollzogen.«

Die Reichen der Welt jammern, der Himmel hingegen jubelt – ja, der Gerechte freut sich der göttlichen Gerichte über alle Gottlosigkeit (vgl. Ps 5,11.12; 48,11.12; 58,11; 137,8.9). Wo wollen wir am Ende stehen? Dort, wo man in ohnmächtiger Verzweiflung sein Entsetzen hinausheult, oder dort, wo man jubelt? Natürlich dort, wo man jubelt. Ist es dem Zufall überlassen, wo man steht? Hat der eine Glück und der andere Pech gehabt? Nein, man kann das Ende vorher wissen und sich vorher auf die richtige Seite stellen. Oder heißt es nicht, dass Gott »euer Urteil« an Babylon vollzogen hatte? Die Glaubenden hatten schon zuvor in ihrem Herzen, mit ihrem Mund und mit ihren Taten das babylonische System verurteilt; dazu ist ihnen – und auch uns – schließlich zuerst *Gottes* Urteil über die Hure gezeigt worden, wie wir in 17,1 lasen. Sehen wir, wie wichtig es ist, Gottes Gedanken über die Mächte und Kräfte, die die Welt regieren, zu kennen? Und wie können wir sie anders kennenlernen als durch Sein Wort? Wie wichtig ist es dann aber, uns durch beständiges Lesen und Studieren der Bibel die Sinne schärfen zu lassen (Hebr 5,14). So und nicht anders werden wir durch Gottes Geist befähigt, die Geister zu unterscheiden (1Kor 12,10), und werden dann auch das Wesen der Hure, das Geheimnis der Gesetzlosigkeit, das sich seit den Tagen der Apostel beständig in der Christenheit regt (2Thes 2,7), durchschauen.

Wir lesen im Alten Testament von einem Geschehen, das ebenfalls sehr eindrücklich demonstriert, dass man auf der Seite des Siegers stehen muss, um am Ende zu den Lachenden (Ps 126,1.2) zu gehören. Nach dem Tod Sauls war der Thron über Israel umkämpft: Sauls Sohn Isboset machte David die Krone streitig. Am Ende siegte David. Wir wären natürlich auf Davids Seite gestanden; schließlich kennen wir den Ausgang des jahrelangen Ringens. Man hatte es aber bereits vorher wissen können: Gott hatte David zum König salben lassen. Das war bekannt (2Sam 5,2). Gott hatte auch vor ganz Israel demonstriert, dass David der von ihm erwählte Mann war, der Israel von den Philistern, ihren Bedrückern, befreien konnte (1Sam 17 und 18).

Nun hat aber Gott Davids größeren Sohn, der zugleich Sein Sohn ist, zum König über die Erde bestimmt (Ps 2,6). Gott hat das aller Welt sagen lassen (Mt 28,18.19), damit man sich *hier und jetzt* auf Seine Seite stelle, sich zu Seiner Gefolgschaft schlage und an Seiner Seite kämpfe wie damals David mit seinen 400 Getreuen von der Höhle Adullam aus (1Sam 22,1.2). Ja, Gott lässt das Ende nicht über diese Zivilisation hereinbrechen, bevor nicht *allen Nationen* die frohe Botschaft von der Königsherrschaft Jesu Christi verkündigt worden ist (Mt 24,14). Damit ist jeder aufgerufen, die richtige Seite zu wählen. Und stehen wir auf Seiner Seite, lassen wir uns nicht davon beeindrucken, dass die Großen der Wirtschaft, Politik und Religion sich gegen Gottes Gesalbten auflehnen (Ps 2,1.2) und Seine kommende Herrschaft mit tausend einleuchtenden Beweisen wegzuerklären suchen. Vielmehr fragen wir nach den Absichten des wahren Königs, fragen nach Seinem Willen, leben, um einzig Ihm zu gefallen, und richten unser ganzes Leben darauf aus, dass die Gestalt dieser Welt vergeht (1Kor 7,31) und dass unser Herr ewig regieren wird und wir mit Ihm. Wie groß wird unser Jubel sein!

»Babylon wird nie mehr gefunden werden« (18,21-24)

»Und ein starker Engel hob einen Stein auf wie einen großen Mühlstein und warf ihn ins Meer und sprach: so wird Babylon, die große Stadt, mit Gewalt niedergeworfen und nie mehr gefunden werden. Und die Stimme der Harfensänger und Musiker und Flötenspieler und Trompeter wird nie mehr in dir gehört werden, und nie mehr wird ein Künstler irgendwelcher Kunst in dir gefunden werden, und das Geräusch des Mühlsteins wird nie mehr in dir gehört werden, und das Licht einer Lampe wird nie mehr in dir scheinen, und die Stimme des Bräutigams und der Braut wird nie mehr in dir gehört werden; denn deine Kaufleute waren die Großen der Erde; denn durch deine Zauberei sind alle Nationen verführt worden. Und in ihr wurde das Blut von Propheten und Heiligen gefunden und von allen denen, die auf der Erde geschlachtet worden sind.«

Das Ende Babylons erinnert an Matthäus 18,6, wo ebenfalls von einem Mühlstein und vom Meer die Rede ist: »Wer irgendeines dieser Kleinen, die an mich glauben, ärgern wird, dem wäre nütze, dass ein Mühlstein an seinen Hals gehängt und er in die Tiefe des Meeres versenkt würde.« Wer Glaubenden Hindernisse in den Weg legt, wer Menschen daran hindert, zum Sohn Gottes zu kommen, dem soll solches widerfahren. Es kann kein Zufall sein, dass Babylons Ende just hiermit verglichen wird, denn es hat keine religiöse Organisation gegeben, die so viele Christen geschunden und gejagt und so vielen Menschen den Zugang zum ewigen Leben verbaut hat wie Babylon, die große Hure, die sich gerne die wahre Kirche Christi, die allein selig machende, nennt. Ihr gilt daher der Weheruf von Matthäus 23,13: »Wehe euch, Schriftgelehrte und Pharisäer, Heuchler, denn ihr verschließt das Reich der Himmel vor den Menschen; denn ihr geht nicht hinein, noch lasst ihr die Hineingehenden eingehen.«

Beachten wir die sechsmalige Wiederholung dieses unerbittlichen »nie mehr«! Alles, was je das Herz und das Gemüt des Menschen hat erfreuen können, alles Lichtvolle, Harmonische, Liebliche, wird ewig schwinden. Das allein ist schon Hölle für den Menschen, der darin Gott ähnlich ist, dass er ein ästhetisches Wesen ist. Wenn seinen Sinnen alle Schönheit, Vielfalt, Harmonie in Klang, Bewegung, Farbe und Form genommen ist, muss er seelisch verkümmern. Alles Schöne, alles Liebliche, das wir mit unseren Sinnen genießen, rührt von Gott her. Alles Gute kommt von Ihm, alles Lichtvolle vom Vater der Lichter (Jak 1,17). Er ist der Quell aller Schönheit, selbst Inbegriff aller Harmonie. Von Ihm getrennt zu sein, heißt daher, von allem ewig getrennt zu sein, was Sinn und Gemüt froh stimmen kann. Das ist die Hölle.

Gleichzeitig ist es eine frohe Botschaft zu wissen, dass nie wieder ein solches System der Bosheit entstehen wird. Nach dem Tausendjährigen Reich wird der Satan zwar noch einmal ausgehen und die Menschen verführen; aber das wird ein kurzer, heftiger Ausdruck der Bosheit des Menschen sein, der sogleich vom Himmel gestraft wird (20,7-9). Und dann wird ein neuer Himmel und eine neue Erde sein, in der es nie mehr Sünde geben wird.

Wie krass widerspricht aber damit das göttliche Urteil dem Selbsturteil Babylons, die sich selbstsicher als Königin gewähnt hatte, die Traurigkeit nie sehen würde (Vers 7).

Zwei Gründe werden für das schreckliche Gericht genannt: Durch ihre *Zauberei* hatte sie die Nationen verführt. Sie hatte den Namen des Höchsten missbraucht, das Heiligste entweiht; daher ist ihr Gericht gerecht. Und sie hatte die *Geliebten Gottes getötet*. Wer sie aber antastet, tastet den Augapfel Gottes an (vgl. Sach 2,12). Das ist für die Heiligen auch tröstlich. Schon zum vierten Mal in diesem Buch werden wir daran erinnert, dass Gott alles ungerecht vergossene Blut rächen wird (siehe 6,10; 16,5.6; 17,6). Es wird in 19,2 ein fünftes Mal in Erinnerung gerufen. Gott hat seit den Tages Kains immer wieder gesagt, dass Er den Menschen richten wird, der Menschenblut vergießt (1Mo 4,11.15,; 9,5.6; 4Mo 35,33; Ps 9,13; 106,38). Er vergisst die Seinen nicht; Er wird alle an Seinen Heiligen verübten Gewalttaten rächen.

Wenden wir das jetzt noch etwas weiter an: So, wie wir hier lesen, dass Gott alles ungerecht vergossene Blut der Gläubigen ans Licht bringt, so lehrt die Bibel, dass jegliche von Menschen an Menschen verübte Gewalttat von Gott, dem absolut gerechten »Richter der ganzen Erde« (1Mo 18,25), geahndet wird. Sonst müssten wir verzweifeln, wenn wir uns damit abzufinden hätten, dass brutale Tyrannen Tausende, ja, Millionen von Menschen gequält, ausgehungert, gefoltert und ermordet haben, um sich dann mit einem Schuss durchs Gehirn aus dem Leben zu verabschieden und der Verantwortung zu entziehen. Wäre damit die Sache tatsächlich aus, wäre das Leben auf dieser Erde von solcher Ungerechtigkeit und von so großem Zynismus, dass man tatsächlich folgern müsste, alles Leben sei sinnlos, ein absurder, oder schlimmer noch, böser Witz, wie ihn nur ein teuflisches Gehirn ausbrüten könnte. Als Hermann Göring vor das Nürnberger Tribunal geführt wurde, um als Kriegsverbrecher abgeurteilt zu werden, murmelte er vor sich hin: »Wenigstens dreizehn Jahre anständig gelebt.« Wenig später stieg er durch Selbstmord aus dem Leben. Wie dankbar müssen wir sein, dass diese dreizehn »anständig« verlebten Jahre vor Gott in der Waage des Heiligtums gewogen werden, und dass es vor diesem Gericht kein Entrinnen gibt. Es gibt Gerechtigkeit. Es ist ein Gott, der einem jeden vergilt, was seine Taten verdient haben. Wie trostvoll ist die von den hebräischen Propheten verkündigte Hoffnung: »Denn zur Gerechtigkeit wird zurückkehren das Gericht« (Ps 94,15).

Kapitel 19:
Die Hure gerichtet, die Braut bereitet

In diesem Kapitel werden Himmel und Erde einander gegenübergestellt. Es enthält vier Abschnitte. In den beiden ersten Abschnitten wird uns gezeigt, wie der Himmel den Gott des Himmels und der Erde anbetet und wie die himmlischen Erlösten mit ihrem Gott und Erlöser vollkommen vereint werden. In den beiden darauffolgenden Abschnitten sehen wir, wie der Herr des Himmels zusammen mit Seinen Erlösten erscheint, um die Welt zu richten, und wie die Gottlosen vom Erdboden gefegt werden (siehe Ps 37,28; 104,35; 119,119).

1.	Der Himmel betet an, weil Gott die große Hure gerichtet hat	19,1-5
2.	Der Himmel freut sich, weil die Hochzeit des Lammes gekommen ist	19,6-10
3.	Der König erscheint mit Seiner Braut	19,11-16
4.	Der König und die Könige der Erde	19,17-21

Das große Halleluja: Der Himmel betet an, weil Gott die große Hure gerichtet hat (19,1-5)

»Nach diesem hörte ich wie eine laute Stimme einer großen Volksmenge in dem Himmel, welche sprach: Halleluja! das Heil und die Herrlichkeit und die Macht unseres Gottes! denn wahrhaftig und gerecht sind seine Gerichte; denn er hat die große Hure gerichtet, welche die Erde mit ihrer Hurerei verderbte, und hat das Blut seiner Knechte gerächt an ihrer Hand. Und zum zweiten Mal sprachen sie: Halleluja! Und ihr Rauch steigt auf von Ewigkeit zu Ewigkeit. Und die vierundzwanzig Ältesten und die vier lebendigen Wesen fielen nieder und beteten Gott an, der auf dem Thron sitzt, und sagten: Amen, Halleluja! Und eine Stimme kam aus dem Thron hervor, die sprach: Lobt unseren Gott, alle seine Knechte, und die ihr ihn fürchtet, die Kleinen und die Großen.«

In 18,20 war angesichts des Sturzes Babylons der Himmel aufgefordert worden, fröhlich zu sein und zu jubeln. Hier kommt der Himmel dieser Aufforderung nach. Eine große Volksmenge jubelt, weil Gottes Herrlichkeit im Gericht über die große Hure aufgestrahlt ist. Bis zum Vers 6 dieses Kapitels wird viermal das hebräische Wort *Halleluja* gebraucht. Es kommt im Neuen Testament außer hier *nie vor*. Daher sollten wir auch sehr sparsam mit diesem Wort umgehen, dies umso mehr, als es den Namen des Herrn enthält: *hallelu* bedeutet »lobt!«, woran *jah* angehängt ist, das ist *Jahweh*, der Name des Ewigen.

Es werden uns die *Gründe* genannt, warum der Himmel jubelt: Dreimal steht ein erklärendes »denn«. Das zeigt uns, dass Anbetung immer begründet ist. Sie wird durch Erkenntnis des Wesens, der Wege und der Werke Gottes geweckt. Das ist sehr wichtig in einer Zeit, da immer mehr Christen heidnische Vorstellungen von Anbetung haben: Sie denken, anbeten heiße, sich in erhabene Gefühle hineinzusteigern, sich durch äußerliche Stimulantien wie entsprechende Musik, Händeklatschen, Tanzen usw. in eine besondere Stimmung hineinversetzen zu lassen. Das ist vollständig heidnisch. So dienen etwa Hindus oder muslimische Derwische ihren Göttern. Nicht aus Umständen oder Gefühlen, sondern von Gott selbst geht der Anstoß zur Anbetung aus: »Von dir kommt mein Lobgesang in der großen Versammlung« (Ps 22,26) und: »Von dir kommt alles und aus deiner Hand haben wir gegeben« (1Chr 29,14) bekennt David. Gott anbeten heißt, Ihm auf das, was Er gesagt und getan hat, mit unseren vernünftig und wissend formulierten Worten zu antworten. Dazu müssen wir aber zuerst Gott kennen, müssen wissen, wer Er ist und was Er getan hat. Daher kann nichts außer der Beschäftigung mit Gott in Seinem Wort uns zur Anbetung bewegen und befähigen. So und nicht anders lernen wir, Gott in Geist und in Wahrheit anzubeten (Joh 4,24), mit dem Geist und mit dem Verstand zu lobsingen (1Kor 14,15).

Als ersten Grund für den Jubel lesen wir: »Denn wahrhaftig und gerecht sind seine Gerichte.« Beten wir Gott nicht an, weil Er gerecht gerichtet hat? Er hat Seinen Sohn an unserer Stelle gerichtet. Die vollkommen gerechte Strafe für all unsere Bosheit, Lüge und Unreinheit lag auf Ihm. So ist Gottes gerechtes Gericht auch die Grundlage aller Heilsgewissheit. Wir könnten nie sicher sein, dass unsere Sünden tatsächlich vergeben sind, hätte Gott nicht das gerechte Strafmaß dafür an Seinem Sohn verhängt. Und wir beten an, weil Er am Ende alle Gottlosigkeit, alles, was den Sohn Gottes und Sein unvergleichliches Werk geschmäht hat, richten wird.

»Ihr Rauch« ist der Rauch der großen Hure, wie das Griechische zeigt (*ho kapnós autês*). Er steigt auf von Ewigkeit zu Ewigkeit. Zu Gott aufsteigender Rauch spricht von der Befriedigung, die Gottes Liebe und Heiligkeit im Gericht erfährt. Von den Brandopfern stieg ein Rauch lieblichen Geruchs zu Gott auf (3Mo 1,9): Im stellvertretenden Gericht des Opfers wurde Gottes gerechtem Zorn über die Sünde und Gottes Liebe zu den Sündern vollkommen Genüge getan (Eph 5,2). Gott wurde geehrt. Was lernen wir hieraus, wenn wir dies auf das ewige Schicksal Babylons anwenden? Der von der gerichteten Hure aufsteigende Rauch lehrt, dass Gottes Heiligkeit nur Genüge geschehen kann, wenn Sünde *ewig bestraft* wird. Das ewige Gericht über alle Unreinheit und Sünde ist der einzige Weg, auf dem ein heiliger Gott sich verherrlichen kann, wenn Er mit Sünde umgehen muss. Daher kann es keine Allversöhnung geben, daher muss die Pein ewig sein (Mt 25,41.46). Der sündige Mensch lehnt sich polternd dagegen auf; der Heilige fällt gleich den vierundzwanzig Ältesten nieder und betet an. Hier begegnen wir übrigens den vierundzwanzig Ältesten zum letzten Mal. Wie beim ersten Mal (Offb 4,10) sehen wir, wie sie in Anbetung vor Gott niederfallen; dort vor dem Schöpfer, in Kapitel 5 vor dem Erlöser, in Kapitel 11 vor dem kommenden Herrscher, hier endlich vor dem gerechten Richter.

Die Hochzeit des Lammes (19,6-10)

»Und ich hörte wie eine Stimme einer großen Volksmenge und wie ein Rauschen vieler Wasser und wie ein Rollen starker Donner, die sprachen: Halleluja! denn der Herr, unser Gott, der Allmächtige, hat die Herrschaft angetreten. Lasst uns fröhlich sein und frohlocken und ihm Ehre geben; denn die Hochzeit des Lammes ist gekommen und seine Frau hat sich be-

reitet. Und es wurde ihr gegeben, dass sie sich kleide in feine Leinwand, glänzend und rein; denn die feine Leinwand sind die Gerechtigkeiten der Heiligen. Und er spricht zu mir: Schreibe: Glückselig, die geladen sind zum Hochzeitsmahl des Lammes! Und er spricht zu mir: Dies sind die wahrhaftigen Worte Gottes. Und ich fiel zu seinen Füßen nieder, ihn anzubeten. Und er spricht zu mir: Siehe zu, tue es nicht. Ich bin dein Mitknecht und der deiner Brüder, die das Zeugnis Jesu haben; bete Gott an. Denn der Geist der Weissagung ist das Zeugnis Jesu.«

Hier betet der Himmel wiederum an; diesmal, weil »der Herr, unser Gott, der Allmächtige, die Herrschaft angetreten« hat. Die erlöste Seele kann sich über nichts mehr freuen als über die Tatsache, dass endlich alles dem Willen ihres Erlösers und Herrn unterworfen ist. Wo nur Sein Wille regiert, ist Seligkeit. Das wusste Howell Harris, der walisische Freund und Mitarbeiter von George Whitefield. Er schrieb einmal in sein Tagebuch:

»Den Willen meines Retters zu tun, das ist der Himmel für mich, was Sein Wille auch sei.«

»Denn die Hochzeit des Lammes ist gekommen«: Erneut wird begründet. Wir sollen wissen, warum wir uns freuen; wir sollen auch wissen, warum wir Gott die Ehre geben. Hier wird die Aussage von V. 7 weiter erläutert. Wenn der Allmächtige die Herrschaft angetreten hat, wird die Braut mit dem Lamm vereint werden. Die Hochzeit des Lammes lässt sich von der Herrschaft des Herrn nicht trennen. Lehrt das uns nicht abermals, dass es für uns kein höheres Glück geben kann, als dass der Allmächtige regiert?

Dieser Allmächtige, der die Herrschaft antritt, wurde einmal Mensch, um als Lamm »in Schwachheit gekreuzigt« zu werden (2Kor 13,4). »Hochzeit« spricht von dem Tag, da zwei Menschen anfangen, in die tiefste Beziehung zueinander zu treten, die unter Menschen überhaupt möglich ist. Wenn nun die endliche Vereinigung der Braut des Lammes mit dem Bräutigam »Hochzeit« genannt wird, dann müssen wir daraus schließen: Gott, der Schöpfer, der die Ehe ausgedacht und dem Menschen bereitet hat, wollte uns damit in der Schöpfung eine Idee, ein schwaches Abbild, davon geben, was Ihm selbst die innigstmögliche Gemeinschaft mit dem Menschen bedeutet. Dieser allmächtige Gott, von dem man denken müsste, dass Er so groß, so unnahbar, so vom Ergehen von uns armseligen Menschenkindern unberührt ist, dass wir nie in Seine Nähe kommen könnten, Er selbst hat das Buch der Offenbarung schreiben lassen. Wir finden darin Seine Gedanken. Es sind nicht unsere Gedanken, dass Er ein Mensch und sogar ein Lamm geworden ist, und dass Er mit Seinen Erlösten diese innigste Gemeinschaft haben will.

Das Hochzeitsmahl des Lammes ist die Erfüllung der großen Sehnsucht des Lammes. Bevor der Herr ans Kreuz ging und zum letzten Mal mit Seinen Jüngern das Passah feierte, sagte Er: »Mit Sehnsucht habe ich mich gesehnt, dieses Passah mit euch zu essen, ehe ich leide« (Lk 22,15). Er nahm damit das große Mahl vorweg, von dem es nie mehr wie bei jenem Passahmahl ein schmerzvolles Auseinandergehen geben würde. Er sprach von jenem Tag, da Seine Sehnsucht gestillt sein würde: wenn »es erfüllt sein wird im Reich Gottes« (Lk 22,16). Endlich ist der Tag der Erfüllung da. Sehnen wir uns nach diesem Tag? Der Herr hat sich noch mehr als wir danach gesehnt. In Johannes 2 lesen wir von einer Hochzeit, zu der der Herr geladen war. Sie fand »am dritten Tag« statt. Die Brautleute hatten also die Tage gezählt, bis es endlich so weit war. Zählen wir nicht auch gewissermaßen die Tage, fragen wir nicht oft: »Wie lange noch, Herr?« (vgl. Ps 35,17). So groß unser Verlangen nach Ihm sein mag, Sein Verlangen nach uns ist größer. Mit noch größerem Recht als die Sulamitin von ihrem Geliebten können wir von unserem Herrn sagen: »Ich bin meines Geliebten, *und nach mir steht sein Verlangen*« (Hl 7,11).

Das Weib des Lammes »hat sich bereitet«. Wie? Am Richterstuhl des Christus (2Kor 5,10). Dort hat der Herr jeden Erlösten in Sein Licht gestellt und alles geoffenbart, was dieser als Christ unterlassen oder begangen, aber nicht bereinigt hatte. Es muss im Leben eines jeden Christen noch Verschiedenes ins rechte Licht gerückt werden, zahllose Sünden, die wir nicht bemerkt hatten, müssen uns vor Augen gestellt werden. Wie dankbar dürfen wir sein, dass wir dann alles entsprechend dem alles durchdringenden Blick des gerechten Richters mit Ihm verurteilen und auf immer bereinigen dürfen! Wohl werden wir erschrecken über der Bosheit, zu der wir auch als erlöste Menschen fähig waren, aber gleichzeitig werden wir erst richtig erkennen, wie groß die Gnade war, die all das getragen und getilgt hat. So werden wir vor dem Richterstuhl des Christus passend gemacht (Kol 1,12) für das Vaterhaus (Joh 14,2).

Es wurde der Braut gegeben, sich zu kleiden in feine Leinwand, »denn die feine Leinwand sind die Gerechtigkeiten der Heiligen«. Mit »Gerechtigkeiten« sind gemeint die *gerechten Taten* der Gläubigen (vgl. Jak 2,18.20). Was die Erlösten aus Liebe zu ihrem Herrn und aus Dankbarkeit für die Erlösung getan haben, wird der Herr öffentlich belohnen. Der Herr wird das, was Seine Gemeinde zu Seiner Ehre im Zeugnis für Ihn in einer Welt getan hat, die den Sohn Gottes hasst und verachtet, einst vor aller Welt kundtun. So wird Er an jenem Tag verherrlicht und bewundert werden in allen, die geglaubt haben (2Thes 1,10). Er wird uns dafür, dass wir Ihm geglaubt haben, Ihm vertraut haben, Ihm nachgefolgt sind, öffentlich ehren. Wahrlich, der ist glückselig, der dieses Ziel vor Augen hat und an jenem Tag zu dieser Schar gehören wird!

Weil das Gesicht kommender Glückseligkeit so überwältigend ist, begreifen wir, dass Johannes vor dem Boten, der ihm das verkündigt hat, niederfällt. Die Gefahr ist immer groß, dass man die Lehrer der göttlichen Wahrheiten anbetet anstatt den Urheber der göttlichen Wahrheiten. Und ist das nicht allzu oft im Lauf der Gemeinde Jesu Christi durch die Jahrhunderte geschehen, dass man oft genug den Lehrern der Gemeinde die Ehre gegeben hat, die allein dem Sohn Gottes zusteht? Wahrer, vom Geist Gottes gewirkter Dienst, führt hingegen dazu, dass die Gläubigen *Jesus* besser erkennen, von Ihm ergriffen und bezwungen werden; »denn der Geist der Weissagung ist *das Zeugnis Jesu*«.

Das Erscheinen des Königs aller Könige (19,11-16)

»Und ich sah den Himmel geöffnet, und siehe, ein weißes Pferd, und der darauf saß, genannt Treu und Wahrhaftig, und er richtet und führt Krieg in Gerechtigkeit. Seine Augen aber sind eine Feuerflamme, und auf sei-

nem Haupt sind viele Diademe, und er trägt einen Namen geschrieben, den niemand kennt, als nur er selbst; und er ist bekleidet mit einem in Blut getauchten Gewand, und sein Name heißt: Das Wort Gottes. Und die Kriegsheere, die im Himmel sind, folgten ihm auf weißen Pferden, angetan mit weißer, reiner Leinwand. Und aus seinem Mund geht hervor ein scharfes, zweischneidiges Schwert, damit er damit die Nationen schlage; und er wird sie weiden mit eiserner Rute, und er tritt die Kelter des Weines des Grimmes des Zornes Gottes, des Allmächtigen. Und er trägt auf seinem Gewand und auf seiner Hüfte einen Namen geschrieben: König der Könige und Herr der Herren.«

Der Himmel öffnet sich. Das, was nach materialistischem, rationalistischem Dogma nicht sein darf, geschieht am Ende doch. Der Himmel *ist*, unabhängig davon, ob man das gelten lässt oder nicht. Die Wirklichkeit kümmert sich nicht um die Theorien, die Menschen über sie anstellen. Und so ist unsere Welt nicht nur räumlich, sondern auch zeitlich begrenzt, weil Gott sie so gefügt hat. Sie hat einen Anfang, und sie hat ein Ende. Der jenseitige Gott wird am Ende aus Seiner Welt in diese hereinbrechen. Meinen wir, Er werde die Fürsten im Reich der Philosophie, der Religion, der Theologie, der Ökonomie usw. zuerst um Erlaubnis fragen? Wir sind die Toren, wenn wir uns gegen den Himmel auflehnen, die wir nicht einmal ein Gehirn hätten, das beständig Gedanken gegen die Wahrheit des göttlichen Wortes produziert, hätte der unsichtbare, jenseitige Gott es nicht geschaffen. Wir sind die Betrogenen. Der im Himmel thront, lacht unserer täppischen Anläufe gegen Ihn (Ps 2,4; Spr 1,26); aber eines Tages »wird er zu ihnen reden in seinem Zorn und in seiner Zornglut sie schrecken« (Ps 2,5).

Er führt bei Seinem zweiten Kommen Krieg; denn Er kommt diesmal nicht, um Sünde zu sühnen und Sünder selig zu machen (1Tim 1,15; Hebr 9,28). Und er führt Krieg »in Gerechtigkeit«. Wie viele Reiche, Herrscher und Feldherren haben ihre kriegerischen Unternehmungen als einen *bellum iustum*, einen gerechten Krieg ausgegeben! Hier aber geschieht ein vollkommen gerechter und in seiner Gerechtigkeit für den Schuldigen unerträglicher Krieg. Die Augen des Herrn und Anführers sind Feuerflammen, die alles verzehren, das sich Ihm widersetzt. Er trägt einen Namen geschrieben, den niemand kennt als nur Er selbst. Er ist in Seiner Person unauslotbar. Der Mensch als Geschöpf vermag den Schöpfer nie zu ergründen. In der Bibel drückt der *Name* den Charakter einer Person aus. Das bedeutet, dass niemand die Tiefen Seiner Gottheit, das Geheimnis Seiner Person, der wahrer Gott und wahrer Mensch in einem ist, ergründen kann als nur Er selbst: »Niemand erkennt den Sohn als nur der Vater, und niemand erkennt den Vater als nur der Sohn, und wem irgend er ihn offenbaren will« (Mt 11,27). Jesus ist Gott, und als solcher ist Er unumschränkt, ohne Ursache, ohne Herkunft, ohne Anfang, ohne Werden.

Und in Vers 13 werden wir wieder daran erinnert, dass dieser ewige Gott, der sich dem Zugriff des Geschöpfes entzieht, als Mensch unter uns gewesen ist, gelitten hat und in den Tod gegangen ist: Er ist bekleidet mit einem in *Blut* getauchten Gewand. Es ist aber nicht fremdes Blut, das Er vergoss. Er ist wahrhaftig der gute Hirte, der gute Herrscher und König, der Sein Leben ließ für die Schafe Seiner Herde (Joh 10,11).

Und wie heißt Sein Name? *Das Wort Gottes.* Er, der selbst das Wort ist (Joh 1,1), kam, um alle Worte Gottes zu erfüllen (Mt 3,15; 5,17; 26,53.54; Joh 19,28-30). Weil Gott wahr, weil Sein Wort absolut zuverlässig ist, ist Er für uns in den Tod gegangen. Sein Tod am Kreuz ist die große Widerlegung der Lüge Satans, der im Garten Eden unterstellt hatte, dass Gottes Wort nicht wahr sei. Jesus ging in den Tod und bewies damit, dass der Lohn der Sünde der Tod ist und bleibt. Er offenbarte damit aber auch, dass Gott wahrhaft Liebe ist und dem Menschen nichts vorenthält, sondern bereit ist, diesem mit dem Sohn auch alles zu schenken (Röm 8,32). Und wenn Er zum zweiten Mal kommt, wird Er wiederum bestätigen, dass Gottes Wort wahr ist: Alle Gerichte, vor denen Sein Wort den Menschen gewarnt hat, werden den Menschen dann treffen; alle Verheißungen, die dasselbe Wort dem Glaubenden gegeben hat, werden in Erfüllung gehen.

Und Er kommt nicht allein. Die Kriegsheere, die Ihm folgen, sind gleich gekleidet wie er. Kol 3,4 sagt: »Wenn Christus, unser Leben, geoffenbart werden wird, werdet *auch ihr mit ihm* geoffenbart werden in Herrlichkeit.« Er, der alles für uns getan hat, der uns so hilflose wie rebellische Menschen errettete, lässt uns an Seiner Herrlichkeit teilhaben. Womit haben wir das verdient? Aber damit nicht genug; Er legt sogar Wert darauf, uns vor aller Welt offenbar zu machen, wenn Er selbst erscheint.

Das Schwert aus dem Munde des Königs ist ein weiterer Hinweis auf Sein Wort (Hebr 4,12). Dieses wird den Menschen richten, wie Er bereits bei Seinem ersten Kommen erklärt hatte (Joh 12,48).

Auf Seiner Hüfte trägt Er den Namen geschrieben »Herr der Herren und König der Könige«. Die Hüfte gilt als der Sitz der Kraft. Das lernen wir an der Geschichte Jakobs. Als Gott diesen Mann knicken musste, damit er endlich aufhöre, auf seine eigene Kraft zu setzen, und beginne, stattdessen auf Gott und Seine Gnade zu vertrauen, fasste Er ihn am Hüftgelenk an. Seither war Jakob ein gebrochener Mann (1Mo 32,25.26.31). Steht der Name auf der Hüfte des Herrn, heißt das, dass Er jetzt nicht mehr allein durch den Geist im Herzen der Gläubigen regiert, sondern kommt, um mit unwiderstehlicher Gewalt Seine Herrschaft über alle Schöpfung aufzurichten.

Der König und die Könige der Erde (19,17.18)

»Und ich sah einen Engel in der Sonne stehen, und er rief mit lauter Stimme und sprach zu allen Vögeln, die inmitten des Himmels fliegen: Kommt her, versammelt euch zum großen Mahl Gottes! und fresst Fleisch von Königen und Fleisch von Obersten und Fleisch von Starken und Fleisch von Pferden und von denen, die darauf sitzen, und Fleisch von allen, sowohl von Freien als Sklaven, sowohl von Kleinen als Großen.«

Zwei Dinge sind hier wichtig. Wenn die Könige und Obersten nicht beerdigt, sondern von den Vögeln des Himmels gefressen werden sollen, dann ist das entsprechend alttestamentlichem Vorbild der Ausdruck dafür, dass sie bleibender Schande preisgegeben werden (1Sam 17,46). Wir sahen bereits in Kapitel 11, dass die Menschen den toten Zeugen des Herrn im kurzlebigen Gefühl ihres Triumphes die Beerdigung verweigerten, um sie der öffentlichen Verhöhnung preiszugeben. Wir lernen in diesem Gesicht entsprechend, dass der Mensch, der sich der Herrschaft des Königs aller Könige widersetzt hat, ewiger Schmach und Schande preisgegeben wird. Das ist genau das Gegenteil von dem, was wir im vorangegangenen Abschnitt lasen: Die Glaubenden haben teil an der ewigen Herrlichkeit des Sohnes Gottes (vgl. Dan 12,2).

Sodann beachten wir, wie das Wort »Fleisch« fünfmal wiederholt wird. Es erinnert daran, dass alle menschliche Kraft, aller menschlicher Genius – eben »Fleisch« – nichts vermag gegen Gott selbst (vgl. Jes 31,1-3; Jer 17,5; Ps 20,8.9; 146,3.4; 147,10; Röm 8,6-8); denn »alles Fleisch ist wie Gras und seine Herrlichkeit wie des Grases Blume. Das Gras ist verdorrt, und seine Blume ist abgefallen. Aber das Wort des HERRN bleibt in Ewigkeit« (1Petr 1,24.25).

Das Gericht des Lebendigen (19,19-21)

»Und ich sah das Tier und die Könige der Erde und ihre Heere versammelt, Krieg zu führen mit dem, der auf dem Pferd saß, und mit seinem Heer. Und es wurde ergriffen das Tier und der falsche Prophet, der mit ihm war, der die Zeichen vor ihm tat, durch die er die verführte, die das Malzeichen des Tieres annahmen und die sein Bild anbeteten, – lebendig wurden die zwei in den Feuersee geworfen, der mit Schwefel brennt. Und die Übrigen wurden getötet mit dem Schwerte dessen, der auf dem Pferde saß, welches Schwert aus seinem Munde hervorging; und alle Vögel wurden von ihrem Fleisch gesättigt.«

Das letzte, eitle Aufbegehren des durch die Sünde verfinsterten und von Satan verführten Menschen ist in seiner Torheit unfassbar. Aber Sünde macht den Menschen zum Toren (Ps 14,1): Satan ist mit seinem Gefolge aus dem Himmel geworfen worden, nachdem er versucht hatte, Michael und dessen Engel zu überwinden (Offb 12,7). Hier stiftet er die Menschen an, gegen den Himmel selbst zu kämpfen, wie wir bereits in 16,13.14.16 lesen konnten. Das Ende der gegen den wiederkommenden Herrn versammelten Heere ist gewiss. Die Anführer, das Tier und der falsche Prophet, werden *lebendig* in den Feuersee geworfen, also ohne vorher im Gericht offenbar geworden zu sein (vgl. Ps 55,16; Ps 140,11), wie dies das Teil aller übrigen Menschen ist (Offb 20,11-15). Das zeigt die Ungeheuerlichkeit ihrer Bosheit. Damit werden sie in entgegengesetzter Weise aus allen Übrigen herausgehoben, als es einst zwei geehrte Diener des Herrn geworden waren: Henoch und Elia sind (bisher) die einzigen zwei Sterblichen, die *lebendig* in den Himmel aufgenommen wurden.

Die übrigen Menschen werden getötet, um nach Ende der tausendjährigen Regierung des Messias vor dem großen weißen Thron zu erscheinen, wo sie das Urteil ewiger Verdammnis aus dem Munde des Richters entgegennehmen werden.

Zum fünften Male in diesem Buch (nach 1,16; 2,12.16; 19,15) lesen wir vom richtenden Schwert, das aus dem Munde des Herrn hervorgeht. Sein Wort wird die Menschen treffen wie ein Schwerthieb. Wenn das Wort Gottes als scharfes, zweischneidiges Schwert jetzt die Gläubigen prüft, ausforscht und überführt (Hebr 4,12.13), wird es dann nicht auch so sein, dass es die gegen Gott rebellierenden Menschen schlagartig von der Wahrhaftigkeit und Gerechtigkeit (vgl. Joh 16,10) des kommenden Königs und der Abscheulichkeit ihrer Auflehnung überführen wird? Sie werden – zu spät! – innewerden, dass ihr Gericht gerecht ist (Joh 16,11). Und sie werden an ihrem Leib erfahren, dass dieses Wort nicht nur die sittlich zwingende Kraft der Wahrheit besitzt, sondern auch die schöpferische (Ps 33,6) und zerschmetternde Kraft (Jer 23,29) des Allmächtigen. Es wird kein Entrinnen geben.

Kapitel 20: Die tausend Jahre

Dieses Kapitel setzt die zukünftigen Ereignisse in chronologischer Reihenfolge fort. In den Versen 2-7 steht sechsmal »tausend Jahre«. Es ist dies die einzige Stelle in der ganzen Bibel, die eine Angabe über die Dauer des Messianischen Reiches nennt. Von hier stammt die Bezeichnung »Tausendjähriges Reich«, oder lateinisch »Millennium«. Das Kapitel enthält vier Abschnitte:

1. Satan wird gebunden: für tausend Jahre 20,1-3
2. Gerechtigkeit und Leben herrschen: für tausend Jahre 20,4-6
3. Letzter Aufstand des Bösen: nach den tausend Jahren 20,7-10
4. Das letzte Gericht über das Böse und die Bösen: für ewig 20,11-15

Nachdem wir im Kapitel 19 vom gerechten Gericht des wiederkommenden Sohnes Gottes über die gottlosen Lebenden gelesen haben (Verse 19-21), zeigt uns das erste Gesicht, wie nicht allein der Sünder, sondern auch der Urheber und Anstifter zu aller Sünde gerichtet wird. Satan war es gewesen, der die Menschen zur Rebellion gegen den Himmel gereizt hatte – was freilich den Menschen der Verantwortung für seine Auflehnung gegen seinen Schöpfer nicht enthebt. Dennoch muss in diesem Buch, das ja eine »Enthüllung« (1,1) ist, der Schleier des Sichtbaren, des sinnlich Wahrnehmbaren beiseitegezogen werden, damit der Blick frei wird für die verborgene Quelle des Geschehens.

Wie auf den 2. Abschnitt der 3. folgt, ist bedeutungsvoll: Die Bosheit des Menschen nach tausend Jahren glückseligen Lebens unter der Regierung des Messias und Seiner Heiligen zeigt sich darin, dass er die erste Gelegenheit zur Rebellion ergreift. Der Umfang der Rebellion kommt in zwei Wendungen zum Ausdruck: »wie der Sand des Meeres« und »die Breite der Erde«. Die Größe der Bosheit zeigt sich darin, dass die Menschen »das Heerlager der Heiligen« und »die geliebte Stadt« vernichten wollen.

Sie hassen alles, was für Gott bestimmt ist, und alles, was Er liebt. Nachdem der Seher uns auf diese Weise gezeigt hat, wie böse der Mensch wirklich ist, verstehen wir, dass das im 4. Abschnitt beschriebene ewige Gericht gerecht und verdient ist.

Satan gebunden: für tausend Jahre (20,1-3)

»Und ich sah einen Engel aus dem Himmel herniederkommen, welcher den Schlüssel des Abgrundes und eine große Kette in seiner Hand hatte. Und er griff den Drachen, die alte Schlange, welche der Teufel und der Satan ist; und er band ihn tausend Jahre, und warf ihn in den Abgrund und schloss zu und versiegelte über ihm, damit er nicht mehr die Nationen verführe, bis die tausend Jahre vollendet wären. Nach diesem muss er eine kleine Zeit gelöst werden.«

Der Feind Gottes und des Menschen wird nun dahin geworfen, wo schon seine Dämonen nicht hinwollten: in den Abgrund (Lk 8,31). Er muss daher durch einen göttlichen Engel gezwungen, in sein Gefängnis verbannt werden. Beachten wir, wie in diesem Abschnitt zum nunmehr zweiten Mal in diesem Buch (nach 12,9) der Widersacher mit seinen vier Namen genannt wird: Drache, alte Schlange, Teufel und Satan. Damit soll unterstrichen werden, dass alles Wirken des Bösen in all seinen Varianten der Bosheit endlich unterbunden sein wird.

Als »Drache« wird der Satan nur in diesem Buch bezeichnet. Er wird damit als der Verderber, der Zerstörer, der Mörder der Heiligen dargestellt, wie die verschiedenen Stellen belegen, wo das Wort gebraucht wird (12,4.7.13.17; 13,4.7; 16,13.14).

Die »alte Schlange« ist der Lügner, der mit seiner Lüge unsere Ureltern zu Ungehorsam gegen ihren Schöpfer verleitete (1Mo 3,1) und der mit seiner List die Glaubenden ebenso zu verführen sucht (Eph 6,11; 2Kor 11,3).

Der »Teufel« ist der Verleumder – das ist die Bedeutung des griechischen Wortes *diabolos* – und Zerwürfnisstifter, der Verkläger (12,10), der damit die Gläubigen von Gott und voneinander entfremdet.

»Satan« ist der Feind als Widersacher. Das zugrunde liegende hebräische Wort bedeutet »sich widersetzen; trotzen«. Er widersetzt sich Gott und seinen Absichten und verleitet den Menschen dazu, sich ebenso Gott zu widersetzen.

Welche Befreiung wird das für die Menschen bedeuten, wenn dieser Verderber endlich gebunden ist und er sie nicht mehr verführen kann, wenn er sie nicht mehr anstiften kann, Gott zu misstrauen! Wie glücklich wird der Mensch sein, wenn er endlich Gott freudig und vertrauensvoll unterworfen und von seinem gütigen Schöpfer vollkommen abhängig ist! Sein Friede wird wie ein Strom (Jes 48,18), seine Freude wie ein sprudelnder Quell sein.

Nach den tausend Jahren »muss er eine kleine Zeit gelöst werden«: Beachten wir das Wörtlein »muss«. Es ist eine göttlich gefügte Notwendigkeit. Es geschieht »nach diesem«, d.h. erst nachdem die von Gott bestimmte Frist abgelaufen ist, kein Tag vorher; »eine kleine Zeit«, d.h. er darf nur so lange wirken, wie Gott es bestimmt.

Gerechtigkeit und Auferstehung zum Leben: für tausend Jahre (20,4-6)

»Und ich sah Throne; und sie saßen darauf, und es wurde ihnen gegeben, Gericht zu halten; und die Seelen derer, welche um des Zeugnisses Jesu und um des Wortes Gottes willen enthauptet waren, und die, welche das Tier nicht angebetet hatten, noch sein Bild, und das Malzeichen nicht angenommen hatten an ihre Stirn und an ihre Hand, und sie wurden lebendig und kamen zur Herrschaft mit dem Christus tausend Jahre. Die übrigen Toten wurden nicht lebendig, bis die tausend Jahre vollendet waren. Dies ist die erste Auferstehung. Glückselig und heilig, wer teilhat an der ersten Auferstehung! Über diese hat der zweite Tod keine Gewalt, sondern sie werden Priester Gottes und des Christus sein und mit ihm herrschen tausend Jahre.«

Dreimal steht in diesen Versen die Zeitangabe »tausend Jahre«. Erstmals wird damit gesagt, wie lange die von den alttestamentlichen Propheten angekündigte Herrschaft des Messias über *diese*

Schöpfung dauern wird. Man spricht daher auch vom »Tausendjährigen Reich«. Vergleichen wir Vers 3 mit Vers 6, wird deutlich, dass die Herrschaft der Heiligen mit Christus über diese Schöpfung so lange dauert wie die Verbannung des Teufels. Während dieser gebunden ist, regiert Christus mit Seinen Heiligen. Sobald er aus seinem Gefängnis losgelassen wird, erheben sich die Menschen erneut gegen diese Herrschaft.

In diesen Versen 4-6 wird der Lohn beschrieben, den Gott denen gibt, die sich anders als die große Masse der Menschheit nicht verführen ließen, Gott zu trotzen, sondern sich Ihm und der Herrschaft Seines Sohnes unterordneten. Sie vertrauten Gott, sie glaubten Ihm und nicht der Lüge; und wer sich so vor Gott gedemütigt hat – denn an Gott glauben, heißt, vor Ihm zu bekennen, dass man ohne Ihn nichts kann und nichts ist –, den wird Gott erhöhen (1Petr 5,6). Lesen wir hier nicht von »Thronen«? Wer bereit war, von seinem Thron herabzusteigen und sich vor dem Thron Gottes niederzuwerfen, den wird der Sohn Gottes erhöhen und auf Seinem Thron sitzen lassen (Offb 3,21; 4,4). Wer vor Gott bekannt hat, dass Er Herr und König ist, den wird Gott zur Herrschaft mit Seinem Sohn erhöhen. Er wird darum genau das bekommen, was der ungläubige Mensch eigenmächtig an sich reißen wollte.

Wenn die Erlösten mit Christus die Herrschaft antreten, kommen sie zu ihrer wahren Schöpfungsbestimmung; denn der Mensch wurde geschaffen, um über diese Schöpfung zu herrschen (1Mo 1,26). Dann lesen wir, dass sie dem Tod ewig entrinnen und zu ewigem, unvergänglichem Leben auferstehen. Das ist die andere, im Schöpfungsbericht genannte Bestimmung des Menschen. Er ist zum Leben geschaffen (1Mo 2,7). Durch die Sünde verlor der Mensch sowohl die Herrschaft als auch das Leben; er wurde ein Sklave der Sünde und verfiel dem Tod (Joh 8,34; Hebr 2,14). Durch den Glauben an Jesus, den Menschensohn, kommt er erst zu seiner wahren Bestimmung, wie es in Vers 4 ganz prägnant zusammengefasst wird: »Sie kamen zum Leben und zur Herrschaft« (so müsste man das Griechische *ezêsan kai ebasileusan* sinngemäß übersetzen).

Beachten wir den Ausdruck »mit Christus« (siehe auch 17,14; 19,14). Diese zwei Wörter umfassen das Wesen der gesamten christlichen Heilslehre. Christentum ist biblisch gesprochen nichts anderes, als mit Christus verbunden zu sein (siehe 1,17). Nach Römer 6 sind wir »mit ihm« gekreuzigt, begraben und auferstanden; nach Epheser 2 sind wir »mit ihm« erhöht. Nach 1Thes 4 werden wir allezeit »bei ihm« sein. Nach 1Jo 3 werden wir einst so sein, wie er ist. Nach 1Kor 15 sind die »Himmlischen«, das sind die Glaubenden, so wie der »Himmlische«, das ist Christus. Nach Joh 20 ist der Gott Jesu Christi auch der Gott der Glaubenden, ist dessen Vater auch der Glaubenden Vater. Das und nichts Geringeres ist Christentum.

Wer hat teil an der »ersten Auferstehung«? Wir lesen in Vers 4: die Märtyrer der großen Drangsalszeit. Sie verloren durch den Tod zwar ihren Anteil an den Segnungen des messianischen Friedensreiches, werden dafür aber von Gott mit Höherem belohnt: Sie dürfen als *Auferweckte* mit Christus herrschen, also mit Ihm jenes herrliche Reich *verwalten und regieren*, und das ist mehr, als es »lediglich« als Untertan zu genießen. So ist es denn unmöglich, dass wir aus Treue zu Gott irgend je einen Verlust erleiden können (Ps 84,12); in der Zeit mögen wir wie die Verlierer aussehen, in der Ewigkeit werden wir mit unvergleichlich Größerem belohnt, als wir auf der Erde je aufgeben konnten (vgl. Röm 8,18; 2Kor 4,17).

Zur »ersten Auferstehung« gehört auch die Entrückung der christlichen Gemeinde, die den in diesem Buch beschriebenen Gerichten vorangehen wird (1Kor 15,51-55; 1Thes 4,13-18; Phil 3,20.21; Offb 3,10.21; 4,1).

Der letzte Aufstand des Bösen: nach den tausend Jahren (20,7-10)

»Und wenn die tausend Jahre vollendet sind, wird der Satan aus seinem Gefängnis losgelassen werden und wird ausgehen, die Nationen zu verführen, die an den vier Ecken der Erde sind, den Gog und den Magog, sie zum Krieg zu versammeln, deren Zahl wie der Sand des Meeres ist. Und sie zogen herauf auf die Breite der Erde und umzingelten das Heerlager

der Heiligen und die geliebte Stadt; und Feuer kam von Gott hernieder aus dem Himmel und verschlang sie. Und der Teufel, der sie verführte, wurde in den Feuer- und Schwefelsee geworfen, wo sowohl das Tier ist als auch der falsche Prophet; und sie werden Tag und Nacht gepeinigt werden von Ewigkeit zu Ewigkeit.«

Die tausend Jahre werden ein Ende haben; das bedeutet, dass man die Zahlenangabe wörtlich auffassen muss und nicht etwa als einen symbolischen Ausdruck für eine endlose Periode der Glückseligkeit. Sobald der Satan aus seinem Kerker entlassen wird, geht er aus, die Menschen erneut zu verführen. Das zeigt, dass er unfähig ist, sich zu bessern. Er ist seinem Wesen nach unveränderlich böse, weshalb er auch ewig gerichtet werden muss. Er muss »aus seinem Gefängnis losgelassen werden«. Das bedeutet, dass er sich nicht selbst befreien kann. Er kann nichts tun als nur das, was Gott ihn nach Seinem Willen tun lässt. Der Widersacher geht vom Anfang bis zum Ende am Gängelband Gottes. Aber was zeigt uns dieses Geschehen über den Menschen? Was wird er tun nach tausend Jahren einer vollkommenen Regierung, die unvorstellbare Wohlfahrt, Glück, Frieden und Genuss gebracht hat? Wird er aus Dankbarkeit Seinem Herrn und Schöpfer gegenüber diesem letzten Anlauf Satans trotzen?

Weit gefehlt! Die erste Gelegenheit der Verführung, die sich ihm bietet, ergreift er sofort. Eigentlich hätten wir erwartet, dass die Menschen sich aufgrund einer langen Geschichte der Sünde, der Gewalttat, der Kriege, der Bedrückungen und Übervorteilungen, der Lüge und der Tücke, der Zerstörung und der Quälereien besonnen hätten, um dem Teufel zu widerstehen und zu sagen, sie wollten nicht mehr unter seine Fuchtel; sie hätten jetzt die Güte und Freundlichkeit ihres Schöpfers und das Glück Seines Regiments genossen. Aber nein! Sie reichen dem Teufel erneut die Hand. Damit wird das Ende des Millenniums zum letzten Beweis – wenn es nach Jahrtausenden der bisherigen Menschheitsgeschichte noch eines Beweises bedurfte –, dass der Mensch unverbesserlich böse ist. Hätte er auch nur die Spur eines guten Kerns, dann hätte dieses Gute jetzt zum Durchbruch kommen müssen. Es ist aber, wie Paulus bereits verzweifelt ausgerufen hatte, »nichts Gutes« im Fleisch (Röm 7,18). Es *vermag nicht* Gott untertan zu sein (Röm 8,7); denn er will Ihm nicht untertan sein. Und warum will er es nicht? Weil er es nicht will. Er ist aus sich heraus böse; sein Wille ist dem Bösen ergeben. Darum sündigt er mit Willen und kann nichts anderes wollen. Die menschliche Natur ist nicht renovier- oder reformierbar. Daher müssen wir ja, wollen wir das Reich Gottes sehen, von Neuem geboren werden (Joh 3,3.5; 2Kor 5,17); und daher hat Gott unsere alte Natur, die Sünde im Fleisch, im Kreuzestod Jesu Christi *gerichtet* (Röm 8,3).

Die Menschen hatten sich während der Herrschaft des Messias nur deshalb nicht gegen die Herrschaft Christi aufgelehnt, weil der Satan gebunden war, und weil sie die Herrlichkeit des Sohnes Gottes sahen. Die adamitische Natur bricht daher durch, sobald der Satan sie wieder anspricht.

Der Hass des Teufels und der von ihm angeführten Menschen richtet sich erneut gegen die Heiligen Gottes: Sie umzingeln das Heerlager der Heiligen (vgl. 4Mo 1 und 2). Diesmal antwortet der Himmel unverzüglich, denn der Mensch muss nicht mehr erprobt werden; zudem sündigt er jetzt nicht mehr unwissend, sondern sehenden Auges und mit erhobener Hand. Daher lässt Gott dem Menschen keine Gnadenfrist mehr. Er stürzt augenblicklich ins Verderben. Auch der Teufel ist damit endlich am Ende seiner unseligen Laufbahn angelangt. Nur ewige Pein kann seine gerechte Strafe sein.

Das letzte Gericht über das Böse und die Bösen: für ewig (20,11-15)

»Und ich sah einen großen, weißen Thron, und den, der darauf saß, vor dessen Angesicht die Erde entfloh und der Himmel, und keine Stätte wurde für sie gefunden. Und ich sah die Toten, die Großen und die Kleinen, vor dem Throne stehen, und Bücher wurden aufgetan; und ein anderes Buch ward aufgetan, welches das des Lebens ist. Und die Toten wurden gerichtet nach dem, was in den Büchern geschrieben war, nach ihren Werken. Und das Meer gab die Toten, die in ihm waren, und der Tod und

der Hades gaben die Toten, die in ihnen waren, und sie wurden gerichtet, ein jeder nach seinen Werken. Und der Tod und der Hades wurden in den Feuersee geworfen[12]*. Dies ist der zweite Tod, der Feuersee. Und wenn jemand nicht geschrieben gefunden wurde in dem Buch des Lebens, so wurde er in den Feuersee geworfen.«*

Der Thron, den Johannes sieht, ist groß; denn keiner kann ihm entkommen. Und er ist weiß; denn Gerechtigkeit und Gericht sind seine Grundfeste (Ps 89,15).

Vor dem, der auf dem Thron sitzt, entfliehen Himmel und Erde: Der Richter ist der Allmächtige, der die Macht hat, aus dem Nichts ein ganzes Universum ins Dasein zu rufen, und der die Macht hat, durch ein Wort das gleiche Universum entschwinden zu lassen. Wir haben hier ein Gericht vor uns, das umfassend, das gerecht und das unwiderstehlich ist. Ahnen kann der Mensch, was das heißt, begreifen kann er es nicht. Allmacht und Heiligkeit verbunden im Gericht! Davor ist der Sünder hilflos.

Wer vor diesem Gericht erscheinen muss, wird ohne Ausnahme dem »zweiten Tod« verfallen. Das beweist unwiderlegbar, dass nur solche, die nicht durch den Glauben an den Sohn Gottes eine neue Geburt erlebt und damit ewiges Leben empfangen haben, in dieses Gericht kommen. Als der Sohn Gottes verhieß: *»Wer mein Wort hört und glaubt dem, der mich gesandt hat, kommt nicht ins Gericht, sondern er ist aus dem Tod ins Leben hinübergegangen«* (Joh 5,24), verhieß er Befreiung von diesem Gericht.

Es ist wichtig, dass wir das Zeugnis der Bibel ernst nehmen. Wer ohne Christus stirbt, wird in den Feuersee geworfen. Von diesem sagt der Sohn Gottes selbst, dass sein Feuer nicht erlösche (Mk 9,43-48). Die ungläubige Seele wird also nicht etwa aufgelöst oder vernichtet; nein, hier auferstehen Menschen im Leib »zu *ewigem* Abscheu« (Dan 12,2). Der Rauch ihrer Qual steigt auf von Ewigkeit zu Ewigkeit (Offb 14,11). Das ist so erschütternd und so ernst,

---

12 Wenn es hier heißt »der Hades wurde in den Feuersee geworfen«, dann sind die Menschen gemeint, die im Hades sind, so wie Mt 3,5 sagt: »Ganz Jerusalem ging zu ihm hinaus.« Nicht die Stadt, sondern ihre Bewohner gingen hinaus zu Johannes.

dass wir es nicht unterschlagen wollen und auch nicht umdeuten dürfen; vielmehr sollen wir auch aus diesem Grund den Menschen das Evangelium verkünden. Paulus sagt: »Da wir den Schrecken des Herrn kennen, überreden wir die Menschen« (2Kor 5,11).

Wenn das Buch des Lebens aufgeschlagen wird, dann heißt das nicht, dass der Richter zuerst nachlesen muss, ob der vor ihm Stehende dort aufgeführt sei oder nicht. Nein, der Mensch selbst muss davon überzeugt werden, dass sein Name nicht im Buch des Lebens steht. Im Licht Gottes – daher sieht Johannes einen »großen *weißen* Thron« – wird er auch wissen warum. Wie schrecklich ist es, wenn er nach Jahren und Jahrzehnten, in denen er die Sünde beschönigt und die Schuld verdeckt hatte, erlebt, was ein Mose einst erlebte: »Du hast unsere Ungerechtigkeiten vor dich gestellt, unser verborgenes Tun vor das Licht deines Angesichts« (Ps 90,8).

Wie unerträglich ist das, wenn es zu spät ist! Er hat den Sohn Gottes verworfen, er hat das Blut des Lammes, das seine Schuld getilgt hätte, für gemein geachtet (vgl. Hebr 10,29). Und jetzt werden aus den Büchern die Werke des Menschen präsentiert. Es muss unerträglich sein, in der Gegenwart Gottes alles vor sich zu sehen, was man sein Leben lang geleistet hat. Alles würde ein Mensch geben, wenn seine Taten vor dem Angesicht dessen, vor dem Himmel und Erde entfliehen, zugedeckt wären! Nicht nur Untaten, auch vermeintliche Wohltaten werden dann als das erscheinen, was sie sind: »glänzende Laster« (Augustinus; siehe Jes 64,5). Durch den Richter überführt, wird der Mensch sein Urteil annehmen und bekennen, dass es vollkommen gerecht ist. Er wird die Knie beugen und bekennen müssen, dass der von ihm in eine Ecke verdrängte oder geschmähte Jesus Christus wahrhaftig Herr ist (Phil 2,11). Und dann wird er als ein um seine Schuld vollkommen Wissender in den Feuersee geworfen werden. Wie unerträglich ernst ist das! Vergessen wir nicht, dass es uns der Gott, der Liebe ist, gesagt hat. Er ist Liebe, immer, auch wenn Er richten muss. Und aus Liebe hat Er uns die Wahrheit enthüllt. Kann jemand daran zweifeln, dass Jesus Christus die Liebe selbst ist? Und doch hat auch Er wiederholt und unmissverständlich gelehrt, dass der Mensch, der nicht an Ihn glaubt, *ewig verloren ist*.

Wer an den Sohn [Gottes] glaubt, hat das ewige Leben, wer aber dem Sohn nicht glaubt, wird das Leben nicht sehen, sondern der Zorn Gottes bleibt auf ihm (Joh 3,36).

Dann wird er auch zu denen zur Linken sagen: Geht von mir, Verfluchte, in das ewige Feuer, das bereitet ist dem Teufel und seinen Engeln (Mt 25,41).

Der Feuersee wurde, wie Mt 25,41 sagt, für den Teufel und für seine Engel bereitet, nicht für den Menschen. Das bedeutet auch, dass der Mensch nicht für den Feuersee bereitet wurde. Gott hat den Menschen nicht mit dem Vorsatz geschaffen, ihn zu verdammen. Es ist das einheitliche Zeugnis der ganzen heiligen Schrift, dass der Mensch verdammt wird, weil er selbst die Sünde wählt. Umgekehrt bezeugt die Bibel einheitlich, dass ein Mensch nur deshalb errettet wird, weil Gott ihn zum Heil erwählt. Aus dieser doppelten Wahrheit ergibt sich, dass der Mensch niemand anders als sich selbst anklagen kann, wenn er verdammt wird, und dass er niemand anders als allein Gott die Ehre geben kann, wenn er errettet wird. Die Verdammnis ist ganz und ausschließlich im Menschen begründet; das Heil ist ebenso ganz und ausschließlich in Gott begründet. Wir können auch sagen: Weil Gott gerecht ist, verdammt Er den Sünder; und weil Gott souverän ist, rettet Er Sünder. Die Verdammnis ist nicht ein Ausdruck der Souveränität Gottes, sondern der Gerechtigkeit Gottes. Die Errettung ist hingegen ein Ausdruck der Souveränität Gottes. Weil Er souverän ist, hat Er das Recht und hat Er auch die Macht, aus der Menge der Schuldigen und Verlorenen einige zum Heil auszuwählen und ewig zu retten. Ist es ihm nicht erlaubt, mit dem Seinigen zu tun, wie Er will? Blickt unser Auge böse, weil Er gütig ist (Mt 20,15)?

Drei verschiedene Gerichte

Der Richterstuhl Christi	**Der Thron Seiner Herrlichkeit**	**Der große weiße Thron**
Preisgericht	Völkergericht	Endgericht
Lohn oder Verlust, 1Kor 3,14.15	Tod oder Eingang ins messianische Reich, Mt 25,34	Ewiges Leben oder ewige Verdammnis, Offb 20,11-15
Urteil über Treue und Untreue im Dienst, 2Kor 5,10	Urteil über die Aufnahme der Boten Christi, Mt 25,35-40	Urteil über Glauben oder Werke Offb 20,12
nach der Entrückung	nach der großen Drangsal	nach dem Millennium
Gericht der Brüder, Röm 14,10	Gericht der Lebenden, 2Tim 4,1; 1Petr 4,5	Gericht der Toten, 2Tim 4,1; Offb 20,12.13

Kapitel 21 und 22: Vollendung in Herrlichkeit

Die beiden Schlusskapitel behandeln zwei große Themen – die ewige Herrlichkeit und das himmlische Jerusalem –, an die sich das Schlusswort des ganzen Buches fügt. Ich habe die beiden Hauptthemen in drei Abschnitte gegliedert:

1.	Der neue Himmel und die neue Erde	21,1-8
2.	Die Braut des Lammes, das himmlische Jerusalem	21,9-27
3.	Der Thron Gottes und des Lammes	22,1-5
4.	Schlusswort	22,6-21

Mit 21,1-8 fahren wir *chronologisch* fort mit den heilsgeschichtlichen Ereignissen, die von Kapitel 19 an so aufeinander folgen:

Die Wiederkunft des Königs der Könige auf die Erde (19,11-16); das Gericht der Lebendigen (19,17-21); die tausendjährige Verbannung Satans (20,1-3); die erste Auferstehung und das Tausendjährige Reich (20,4-6); der letzte Aufstand Satans am Ende des Tausendjährigen Reiches (20,7-10); das letzte und ewige Gericht (20,11-15). An dieses Letztgenannte schließt sich unmittelbar der in 21,1-8 geschilderte Zustand der Ewigkeit an, das ist die verherrlichte Neuschöpfung. Ab 21,9 geht Johannes zeitlich wieder zurück und beschreibt ausführlich die Herrlichkeit der Braut des Lammes im Tausendjährigen Reich (V. 9-27). Er beschließt seine Gesichte mit einem letzten Blick auf den Thron Gottes und des Lammes, von dem alles ausgeht (22,1-5).

Kapitel 21

Der neue Himmel und die neue Erde (21,1-8)

Diese Schöpfung wird vergehen (Ps 102,27; Mt 24,35; 1Kor 7,31; 1Jo 2,17); die neue Schöpfung wird nie vergehen. Denn sie ist nicht

»neu« im Sinne eines neuen Bleistiftes, den wir nehmen, wenn der alte bis auf einen Stummel heruntergespitzt ist. Sie ist »neu« im Sinne von etwas noch nie Dagewesenem. Viermal steht in diesem Abschnitt das Wort »neu«; zweimal steht »das Erste ist vergangen«. Das Zweite ist besser als das Erste. Was Gott dem Menschen in der Erlösung gibt, ist besser, als das, was der Mensch durch die Sünde verlor.

»Und ich sah einen neuen Himmel und eine neue Erde; denn der erste Himmel und die erste Erde waren vergangen, und das Meer ist nicht mehr. Und ich sah die heilige Stadt, das neue Jerusalem, aus dem Himmel herniederkommen von Gott, bereitet wie eine für ihren Mann geschmückte Braut. Und ich hörte eine laute Stimme aus dem Himmel sagen: Siehe, die Hütte Gottes bei den Menschen! Und er wird bei ihnen wohnen, und sie werden sein Volk sein, und Gott selbst wird bei ihnen sein, ihr Gott. Und er wird jede Träne von ihren Augen abwischen, und der Tod wird nicht mehr sein, noch Trauer noch Geschrei noch Schmerz wird mehr sein; denn das Erste ist vergangen. Und der auf dem Thron saß, sprach: Siehe, ich mache alles neu. Und er spricht zu mir: Schreibe, denn diese Worte sind gewiss und wahrhaftig. Und er sprach zu mir: Es ist geschehen. Ich bin das Alpha und das Omega, der Anfang und das Ende. Ich will dem Dürstenden aus der Quelle des Wassers des Lebens geben umsonst. Wer überwindet, wird dieses ererben, und ich werde ihm Gott sein, und er wird mir Sohn sein. Den Feigen aber und Ungläubigen und mit Gräueln Befleckten und Mördern und Hurern und Zauberern und Götzendienern und allen Lügnern – ihr Teil ist in dem See, der mit Feuer und Schwefel brennt. Das ist der zweite Tod.«

Stichwort vorliegender Verse ist das Wort »neu«. Die neue Schöpfung ist die zweite Schöpfung (Vers 4). Wir lernen hieran, dass das Zweite besser ist als das Erste. Das ist eine heilsgeschichtliche Grundwahrheit: Der zweite Mensch ist herrlicher als der erste (1Kor 15,47). Der zweite, der Gnadenbund, ist ebenfalls besser als dessen früheres Gegenstück, der Gesetzesbund (Hebr 8,6). So wird auch das himmlische Paradies (Offb 2,7) herrlicher sein als das irdische, aus dem Adam vertrieben wurde.

Dass das Zweite, das Nachkommende, besser ist als das Ursprüngliche oder Erste, wollte Gott dem Menschen im Lauf der Heilsgeschichte immer wieder zeigen. So müssen im 1. Mosebuch die dort geschilderten Familien wiederholt erfahren, dass der Erstgeborene, auf den sie naturgemäß ihre Hoffnungen konzentriert hatten, vor dem Nachgeborenen zurücktritt: Abel, der Jüngere, ist vorzüglicher als Kain; Isaak, der Zweitgeborene, zum Segen ausgesondert vor Ismael. In Jakob wird der Jüngere erwählt und von Gott über Esau, den Erstgeborenen, gestellt; der sterbende Patriarch segnet Ephraim, den jüngeren der beiden Söhne Josephs, vor Manasse. David, der Jüngste, wird dem Erstgeborenen Isais vorgezogen. Von Hiob lesen wir, dass Gott sein Ende mehr segnete als seinen Anfang (Hi 42,12). Das erste Zeichen, das der Herr tat, war die Wandlung von Wasser zu Wein. Dabei wird einmal mehr hervorgehoben, dass das Zweite besser ist als das Erste (Joh 2,10). So gilt auch für die Erlösung: Was Gott in der Erlösung tut, ist größer als das, was Er in der Schöpfung tat. Die auf der Erlösung beruhende neue Schöpfung (Kol 1,20) überstrahlt die erste an Herrlichkeit. Auf unseren ersten Leib, den Leib der Niedrigkeit, folgt in der Auferstehung ein Leib der Herrlichkeit (1Kor 15,42.43; Phil 3,20.21). Dieser wird dem des zweiten Menschen gleich sein, der wiederum weit herrlicher ist als der erste (1Kor 15,47).

Das zeigt uns, dass Gott, der Schöpfer, das ungeheure Problem, die Sünde, die in Seine Schöpfung eingebrochen war, nicht allein gelöst hat, sondern das darüber hinaus auf einem solchen Weg getan hat, dass der Mensch in der Erlösung Höheres empfängt, als er durch die Sünde verloren hatte. Wenn wir das bedenken, können wir nicht anders als niederfallen und mit Paulus rufen: »O Tiefe des Reichtums sowohl der Weisheit als auch der Erkenntnis Gottes! Wie unausforschlich sind seine Gerichte und unausspürbar seine Wege!« (Röm 11,33). Was ist das doch für ein Gott, der so handelt, der Böses am Ende zu Gutem zu führen vermag (Röm 8,28; 1Mo 50,20)!

Die Stadt heißt heilig und sie wird verglichen mit einer Braut. Die verherrlichte Gemeinde – denn diese ist mit der Stadt und der Braut gemeint – wird mithin von zweierlei bestimmt sein: von

Heiligkeit und Liebe. Das sind die beiden sittlichen Wesenszüge Gottes, die Seinen Charakter vollkommen umfassen: »Gott ist Licht« (1Jo 1,5) – das ist absolute Heiligkeit – und »Gott ist Liebe« (1Jo 4,16). Aus diesen beiden lassen sich alle weiteren sittlichen Eigenschaften Gottes herleiten. Es wird also das himmlische Jerusalem, das ist die Gemeinde, vollkommen vom Charakter ihres Herrn selbst geprägt sein. Sie wird uneingeschränkt die unendliche Liebe und die Heiligkeit Gottes widerspiegeln, und das heißt nichts anderes, als dass sie *die Herrlichkeit Gottes* hat (Vers 11). Wie herrlich wird diese Stadt, wie selig diese Gemeinschaft sein, wenn nichts als Wahrheit und Liebe alle Beziehungen regiert! Doch davon weiter unten mehr.

Wenn die Gemeinde die Wesenszüge ihres Herrn hat, dann passt sie vollkommen zu Ihm. Endlich hat der Herr nun das empfangen, was Seinem Wesen entspricht und Seine Sehnsucht stillen kann. Es ist wie damals im Garten Eden, als Adam, der ein Bild auf Christus ist (Röm 5,14), niemanden hatte, der zu ihm passte. Das stellte er fest, nachdem Gott alle Tiere an ihm vorbeigeführt und er einem jeden seinen Namen gegeben hatte. Als Adam den Tieren Namen gab, zeigte er, dass er genau verstand, welchen Platz das jeweilige Geschöpf in Gottes Schöpfung einnahm. Aber nichts war da gewesen, mit dem sich Adam selbst hätte identifizieren können, bis Gott aus seiner Seite, aus seinem Wesen und seiner Substanz, die Frau schuf. Als er diese sah, rief er beglückt aus: »Endlich Gebein von meinem Gebein und Fleisch von meinem Fleisch!« (1Mo 2,23). Endlich hatte er ein vollkommenes Gegenüber, mit dem er innige Gemeinschaft haben und mit dem er einswerden konnte. Das alles ist nun, wie Paulus in Epheser 5,31.32 ausdrücklich sagt, ein *Bild auf Christus und seine Braut*. So wie damals Adam vor Freude aufjauchzte, als er seine Frau sah, wird Christus, der in Seinem Tod der letzte Adam war, frohlocken, wenn Ihm endlich Seine geliebte Braut zugeführt wird (Jud 24). Endlich hat Er ein Gegenüber, das Ihm vollkommen entspricht, weil es Ihm gleich ist (1Jo 3,2).

Endlich wird jede Feindschaft beendet sein. Gott wohnt bei den Menschen. Anstatt der Feindschaft (Röm 5,10; Kol 1,21), welche die Sünde in die Welt gebracht hatte, findet der Mensch wieder

Gemeinschaft. Und ist es nicht schön, dass hier steht »die Hütte« (*skênê*) und nicht »der Palast« Gottes? Ein Palast schafft Distanz, eine Hütte hingegen Nähe. Gott wird der erlösten Menschheit nicht wie ein unnahbarer Großkönig sein, vor dem man die Augen nicht aufzuschlagen wagt. Vielmehr wird Er so zugänglich, den Erlösten so nahe sein, wie wir es uns jetzt noch nicht vorstellen können. Daher heißt es hier »Hütte« oder »Zelt«. Natürlich soll das auch an das Zelt der Zusammenkunft erinnern wie auch an die Menschwerdung Gottes, als das Wort Fleisch wurde und »seine Hütte unter uns aufschlug«, wie man Johannes 1,14 (*eskênôsen*) wörtlich übersetzen sollte.

Er wird alle Tränen von unseren Augen abwischen; denn der Tod und alles, was mit dem Tod zusammenhängt – Schmerz, Geschrei und Trauer –, wird auf immer entschwinden und von Leben und Glückseligkeit verschlungen werden. Gott schuf den Menschen zum Leben. Obwohl es nicht leicht ist, Leben zu definieren, kann man es ganz sicher als *Gemeinschaft* und damit auch als eine Summe von Beziehungen darstellen. Das lehrt uns der Schöpfungsbericht. In 1Mo 2, wo uns die Erschaffung und das Leben Adams beschrieben werden, wird eine ganze Reihe von Beziehungen genannt, in denen er stand, Beziehungen, die ihm reines Glück bereiteten: Beziehung zu seinem Schöpfer, Beziehung zu seiner Frau, Beziehung zu den Tieren, zum Erdboden, zu den Pflanzen, zur Arbeit. Gott hatte den Menschen in alle diese Beziehungen gestellt und damit sein Leben reich, tief und beglückend gemacht. Das ist Leben. Die Sünde hat alle diese Beziehungen, und zwar samt und sonders, zerstört, sodass alles auseinanderfällt. Und das ist nichts anderes als Tod. Seither sind diese Beziehungen nur zu oft bedrückend, beängstigend, bitter oder frustrierend. In der neuen Schöpfung wird aber kein Tod mehr sein. Dann wird der Mensch in all diesen Beziehungen stehen, die nie mehr gestört, angegriffen oder zerrissen werden. Das Dasein wird wieder reines, unvermischtes und nie endendes Glück sein.

Die Verse 5 und 6 bezeugen die Zuverlässigkeit der Worte Gottes (Ps 119,89; 2Kor 1,20). Der auf dem Throne sitzt, der höchste und alles entscheidende Wille im Universum, wird alles neu machen. Wir folgen keinen Mythen (2Petr 1,16), träumen nicht von einem Wolkenkuckucksheim, einem in rosige Farben getauchten dermaleinst anbrechenden Paradies, das die Gehirne in fiebriger Schwärmerei ausgebrütet haben. Nein, als absolut nüchterne und realistisch kalkulierende Menschen verlassen wir uns auf das Zeugnis dessen, der als einzige Person im ganzen Universum uneingeschränkt glaubwürdig ist.

»Diese Worte sind gewiss und wahrhaftig.« Glauben wir das? Ist es nicht so, dass wir oft immer noch meinen, die mit den Augen und Ohren wahrnehmbare und messbare Welt sei die eigentliche Welt, sei die eigentliche Wirklichkeit, und das Jenseits sei unwirklich und ungewiss? Dabei ist es umgekehrt: Gott und Sein Wort ist in einem höheren Sinn wirklich all das, was wir mit unseren Sinnen wahrnehmen. Wie denn? Es war ja zuerst; das Wort war, bevor die Welten entstanden. Gott und Sein Wort ist ewig, die Welt, die wir wahrnehmen, ist aber vergänglich. Diese ist zwar auch wirklich, und das erfahren wir schmerzlich genug. Sie ist nicht etwa »Illusion«, wie gewisse Philosophien der Hindus sagen. Aber sie ist nur in einem abgeleiteten, in einem untergeordneten Sinn wirklich. In Psalm 119,89 steht: »In Ewigkeit steht dein Wort fest in den Himmeln.« Damit ist Gott und Sein Wort, der Himmel, wo Gott wohnt, die einzige ewige und unveränderliche und darum höchste Wirklichkeit. Ist es dann nicht mehr als vernünftig, mit dieser in erster Linie zu rechnen und für diese in erster Linie zu leben? Paulus kann sagen: »Wir schauen nicht das an, was man sieht, sondern das, was man nicht sieht; denn das, was man sieht, ist zeitlich, das aber, was man nicht sieht, ewig« (2Kor 4,18). Wer es ihm gleichtut, ist wahrhaft kein wirklichkeitsfremder Träumer; wer es aber nicht tut, der ist ein Blinder und ein Tor (Ps 14,1).

Der Vers 6 sagt uns, worin in besonderer Weise die neue Schöpfung herrlicher ist als die alte. Wir lesen, dass Gott dem Dürstenden das Wasser des Lebens »umsonst« (*dôrean,* wie in Röm 3,24) gibt. Das heißt aus Gnade, unverdient. Gott gibt es nicht, weil Er dazu durch unser Tun oder durch unsere Eigenschaften bewegt worden wäre; nein, Sein Tun ist gänzlich in Ihm begründet, durch Seinen Charakter und Willen motiviert. Das gilt für die Schöpfung wie für die Erlösung. Die Gabe ist daher frei und bedingungslos. Und wer zu Gott kommt und dieses Wasser des Lebens frei und bedingungslos entgegennimmt, den wird *nie mehr dürsten*, der wird nie mehr vom ewigen Leben abgeschnitten werden, wird nie mehr wie einst Adam im Paradies abfallen.

Adam konnte daher fallen, weil er nur so lange im Paradies bleiben durfte, als er gehorsam war. Das war die Bedingung, der er genügen musste. Als er versagte, verlor er die Wonne des Paradieses. Adam wurde in eine vollkommene Schöpfung hineingestellt, und in ihr musste er sich bewähren. In der Erlösung ist es anders. Wir werden durch die neue Geburt in eine neue Schöpfung hineingestellt, in der Gott alles für uns getan hat, und in der darüber hinaus Gott selbst sich dafür verbürgt, dass wir nie aus ihr verstoßen werden. Er gibt uns in der Wiedergeburt ein Herz, das Gott fürchtet, und so sorgt Er selbst dafür, dass wir nie mehr von Ihm abweichen (Jer 32,40). Im Neuen Bund, dem Gnadenbund, ist Jesus Bürge eines besseren Bundes geworden (Hebr 7,22). Er ist für uns gestorben, um uns mit Gott zu versöhnen (Röm 5,9), und Er lebt ewig, um uns im Glauben zu erhalten und zu vollenden (Röm 5,10; Hebr 7,25). Wir werden ewig das geschlachtete Lamm vor Augen haben (Offb 5,6) und in ewiger Anbetung Ihm unseren Dank bringen. Mit Ihm vor Augen, der uns nicht allein geschaffen hat – das wusste Adam ja auch –, sondern uns durch Seinen Tod erlöst hat, wird nie mehr wie damals im Garten Eden Misstrauen in unserem Herzen aufkommen. Zudem wird kein Versucher Zugang zum neuen Himmel und zur neuen Erde haben; denn »in ihnen *wohnt* Gerechtigkeit«, wie Petrus sagt (2Petr 3,13). »Wohnen« heißt »sich bleibend niedergelassen haben«. Die Gerechtigkeit wird die neue Schöpfung nie mehr verlassen; sie wird nie mehr durch Sünde verdrängt werden können. Daher wird es kein Abfallen mehr geben, es wird nie mehr zu einem Sündenfall kommen. Denn alles ist »umsonst«, beruht auf Gottes freier, souveräner Gnade, und »die Gnadengaben und die Berufung Gottes sind unbereubar« (Röm 11,29). Wie kostbar ist dieses Wort »umsonst«! Das ist das Evangelium.

Vergleichen wir Vers 7 mit Vers 3, stellen wir folgenden wichtigen Unterschied fest: Dort hieß es, Gott werde bei »ihnen«, also bei den Menschen als gesamte erlöste Menschheit wohnen. Hier aber werden wir daran erinnert, dass jeder *persönlich* glauben muss. Daher heißt es »*wer* überwindet«. So wird dem Irrtum vorgebeugt, Gottes Gnade sei ja so weit, dass Er alle Menschen erlösen werde, auch solche, die nie daran gedacht haben, an Ihn zu glauben. Nein, jeder muss persönlich »überwinden«, und das heißt persönlich glauben, sich vor Gott demütigen, sein Leben Seiner Führung anvertrauen. Gerade die nachfolgenden Verse bestätigen, dass jeder, der nicht glaubt, von der Herrlichkeit der neuen Schöpfung ausgeschlossen bleibt.

Und dann zeigt die Wendung »ich werde *ihm* Gott sein« im Gegensatz zu »Gott wird *ihr* Gott sein« (Vers 3), dass der Einzelne in der Gemeinschaft nie untergeht und zum anonymen Rädchen im Getriebe degradiert wird. Ist es nicht großartig, dass der ewige, unumschränkte Gott sich um eine jede einzelne erlöste Seele kümmert, dass Ihm jede einzelne Seele der Erwählten das Blut und das Leben Seines Sohnes wert war, und dass Er dich und mich *mit Namen* gerufen hat (Jes 43,1)?

Die Bibel zeigt damit deutlich, dass Gottes- und Menschenverachtung hinter Ideologien stehen, die aus dem Kollektiv alles und aus dem einzelnen Menschen nichts machen. Das gilt dem Grundsatz nach auch für alles Ekklesiastische, bei dem die Forderung des Kollektivs mehr gilt als die persönliche Verantwortung und der persönliche Glaube des Einzelnen. In diesem sehr grundlegenden Punkt liegt der Hauptunterschied zwischen dem katholischen und dem protestantischen Gemeinde- oder Kirchenverständnis. Der römisch-katholischen Kirche ist die Geschlossenheit der weltweiten Gemeinschaft wichtiger als das Gewissen des Einzelnen. Die Reformation begann damit, dass das Gewissen des einzelnen Gläubigen sich an Gott und an Sein Wort allein band.[13]

13 »Ich bin überwunden in meinem Gewissen und gefangen in dem Worte Gottes … weil wider das Gewissen etwas zu tun, weder sicher noch heilsam ist.« So lautete Martin Luthers Bekenntnis vor dem Reichstag zu Worms. Damit war der Sieg des Evangeliums über die Herrschaft der römischen Kirche ausgesprochen.

Die Überwinder sind die Glaubenden, wie wir in den Sendschreiben bereits sahen. Römer 8,37 sagt ebenfalls, dass der durch den Glauben Gerechtfertigte überwindet. Wer aber sind »die Feigen«? Das sind entsprechend die Ungläubigen. Unglaube ist Feigheit. Der Ungläubige macht das Gleiche wie Adam im Garten Eden. Er hatte etwas verbrochen, und dann setzt er sich ab. Er wollte nicht zu seiner Tat stehen. Wir wissen, dass wir gegen Gott gesündigt haben und noch immer gegen ihn sündigen. Gott ruft uns auf, Buße zu tun und an das Evangelium zu glauben (Mk 1,15; Apg 17,30). Und viele weigern sich zu glauben, weil sie nicht den Mut haben, sich auf die Seite Jesu Christi zu stellen, weil sie das Urteil des Ehegatten, des Arbeitgebers, der Berufskollegen usw. mehr fürchten als Gott. »Menschenfurcht legt einen Fallstrick; wer aber auf den HERRN vertraut, wird in Sicherheit gesetzt« (Spr 29,25).

Wer zu feige ist, um an den Sohn Gottes zu glauben, wird auch mit allen weiteren in diesem Vers genannten Unreinheiten befleckt bleiben: Unzucht, Hass, Lüge, Götzendienst. All das wohnt ja von Natur im Herzen von uns allen (Mt 15,19). Nur der Glaube an den Sohn Gottes kann uns davon befreien und uns damit von den ewigen Folgen der Sünde, dem Feuersee, dem zweiten Tod, bewahren.

Die Braut des Lammes, das himmlische Jerusalem (21,9-14)

»Und es kam einer von den sieben Engeln, welche die sieben Schalen hatten voll der sieben letzten Plagen, und redete mit mir und sprach: Komm her, ich will dir die Braut, das Weib des Lammes zeigen. Und er führte mich im Geiste hinweg auf einen großen und hohen Berg und zeigte mir die heilige Stadt, Jerusalem, herniederkommen aus dem Himmel von Gott; und sie hatte die Herrlichkeit Gottes.«

Wie oben bereits gesagt, geht der Seher zeitlich zurück, nachdem er vorher eine zusammenhängende Entwicklung bis zu ihrem Ende verfolgt hatte. In den verbleibenden Versen des Buches beschreibt Johannes die Herrlichkeit der Gemeinde im Tausendjährigen Reich. Vier Beobachtungen belegen das:

Die Schilderung knüpft an das Gericht über die Hure Babylon an, wie wir unschwer erkennen, wenn wir 21,9 mit 17,1 vergleichen. Es ist wiederum einer von den Engeln, »welche die sieben Schalen hatten«, der Johannes nun nicht das Urteil über die große Hure, sondern die Pracht der Braut des Lammes zeigt. Der Fall Babylons fällt mit dem Ende der Gerichte zusammen (16,19) und wird durch die Regierung des Messias abgelöst. Somit folgt auf den Sturz Babylons die Herniederkunft der Braut. Diese wird im hier Folgenden dargestellt.

Sodann lesen wir von *Heiden* und von ihren Königen (21,24). Beides wird es in der Ewigkeit nicht geben.

Ebenso wenig wird es in der Ewigkeit Unreines (21,27) oder Krankheiten geben, die Heilung brauchen (22,2).

Und schließlich wird in der Ewigkeit keine Zeit nach Mondläufen gerechnet werden, wie das gemäß 22,2 während des Millenniums noch der Fall ist.

Beachten wir auch den Wortlaut, mit dem der Abschnitt beginnt: »Und es kam einer von den sieben Engeln«: Er wird nicht durch die Formel eingeleitet, die sonst die chronologisch aufeinanderfolgenden Ereignisse einleiten (»und ich sah«; 19,1.6.11.17.19; 20,1.4.11; 21,1.2).

Obwohl noch nicht der ewige Zustand erreicht ist, ist die Gemeinde bereits zu ihrer Vollendung gelangt; denn sie hat »die Herrlichkeit Gottes«, wie wir in Vers 11 lasen. Wir wollen nun die Wesenszüge der vollendeten christlichen Gemeinde betrachten.

Sie wird »Braut« und »Ehefrau« des Lammes genannt. Für menschliche Erfahrung schließen sich diese beiden Bezeichnungen aus. Eine Braut kann noch nicht Ehefrau, und eine Ehefrau kann nicht mehr Braut sein. Die Gemeinde wird aber ewig beides bleiben. Was soll das bedeuten? Ich meine dies:

Die Braut verkörpert die *erste Liebe* zum Herrn. Oder ist es nicht so, dass eine Braut nur *einen Mann*, und diesen einen *über alles* liebt? Das und nichts anderes bedeutet die »erste Liebe«, nach der sich der Herr der Gemeinde – meist vergeblich – sehnt. Wehmütig dachte der Herr in den Tagen Jeremias an die Zeit zurück, da Israel wie eine Braut ihren Herrn noch innig und ausschließlich geliebt hatte (Jer 2,2). Mit Schmerzen muss der Herr auch einer Gemeinde vorhalten, sie liebe nicht mehr Ihn allein und Ihn über alles (Offb 2,4). Dann, wenn wir endlich beim Herrn sind, wird unsere erste Liebe nie mehr erkalten, wie das jetzt bei uns wankelmütigen Menschen der Fall ist. Wie unsagbar schön wird das sein!

Die Ehefrau steht für *erfüllte Sehnsucht* der Liebe und Treue in der Liebe. Wir können auch sagen: für erfüllte und beharrliche Liebe. Wie sehnen wir uns danach, endlich bei Ihm zu sein (1Thes 4,17); mag sein, wir sind gar »krank vor Liebe« (Hl 2,5; vgl. Spr 13,12). Und wie sehnen wir uns danach, dem Herrn nie mehr untreu zu werden, wie wir und wie die Gemeinde des Herrn es immer wieder geworden sind (siehe Offb 2,14.20-22).

Johannes darf von einem hohen Berg das Ziel der Erlösung sehen, und wir mit ihm. Das durfte einst ein Mose auch, als er vom Gipfel des Nebo die lieblichen Auen und Haine samt den Quellen und Bächen des gelobten Landes schauen durfte (5Mo 34). Anders als Mose werden wir aber in jenes Land eingehen, das uns Gott hier zeigt. Die Braut des Lammes kommt »aus dem Himmel«. Das ist ihre Herkunft (Eph 1,3.4), das ist ihre Berufung (Hebr 3,1) und ihr Ziel (Kol 3,1-4), das ist ihre wahre Heimat (Phil 3,20). So hatte einst auch Petrus im Gesicht gesehen, wie die weltweite Gemeinschaft der Heiligen im Bild eines Tuches vom Himmel herabgelassen und dann wieder dahin hinaufgezogen wurde (Apg 10,11.16).

Die Herrlichkeit der Gemeinde

Und sie hat »die Herrlichkeit Gottes«. Man kann »Herrlichkeit Gottes« auch umschreiben mit *Ausstrahlen, Sichtbarwerden des Charakters Gottes*. Das hatten wir schon gehört: Die Gemeinde wird in der Vollendung die Wesenszüge Gottes selbst haben, nämlich vollkommene Heiligkeit und Reinheit (sie heißt »die heilige Stadt« in Vers 10) und vollkommene Liebe (sie ist »Braut« und »Ehefrau«). In Johannes 17,22 hatte der Sohn Gottes in Seinem Gebet zum Vater gesagt: »Die Herrlichkeit, die du mir gegeben hast, habe ich ihnen gegeben.« Das wird hier erfüllt. Er wirkt durch Sein Wort und durch Seinen Geist an Seinen Geliebten, um sie eines Tages als eine vollkommene Braut ohne Flecken und ohne Runzel vor Gott, vor den Engeln und vor der ganzen Schöpfung präsentieren zu können (Eph 5,26.27). Wenn Er in Herrlichkeit erscheint, wird daher die Gemeinschaft aller Erlösten zusammen mit Ihm in Herrlichkeit erscheinen (Kol 3,4). Gott der Vater hat es zuvor bestimmt, dass Seine in Christus Erwählten am Ende Seinem Sohn gleichen sollen. Er wirkt beständig an uns durch alles, was Er uns im Leben erfahren und erdulden lässt, damit dieses hohe Ziel erreicht werde (Röm 8,28.29).

Halten wir einen Augenblick inne. Der ewige Gottessohn wurde Mensch, lebte ein Leben der vollkommenen Hingabe an Seinen Gott und Vater (Joh 6,38), war daher bereit, sich im Gehorsam (Phil 2,6-8) selbst zu opfern (Hebr 9,14). So verherrlichte Er als Mensch den Schöpfer (Joh 17,4), den der Mensch, die Krone der Schöpfung, durch seine Sünde, seinen Unglauben, seine Rebellion entehrt hatte. Darum hat Gott Ihn erhöht (Phil 2,9) und verherrlicht (Apg 3,13; Hebr 2,9). Jesus hat als *Mensch* gelitten und ist »in seine Herrlichkeit eingegangen« (Lk 24,26). Er war der erste Mensch, der in Gottes Herrlichkeit einging. In Jesus Christus empfing *ein Mensch* die Herrlichkeit Gottes. Und *diese* Herrlichkeit erwarb Er für uns, für Seine Erlösten, um sie uns zu geben. Was ist das doch für ein Gott!

Dann wird die Stadt ausführlich beschrieben:

»Ihr Lichtglanz war gleich einem sehr kostbaren Edelstein, wie ein kristallheller Jaspisstein; und sie hatte eine große und hohe Mauer und hatte zwölf Tore, und an den Toren zwölf Engel, und Namen darauf geschrieben, welche die der zwölf Söhne Israels sind. Nach Osten drei Tore, und nach Norden drei Tore, und nach Süden drei Tore, und nach Westen drei Tore. Und die Mauer der Stadt hatte zwölf Grundlagen, und auf denselben zwölf Namen der zwölf Apostel des Lammes.«

Es ist schon das zweite Mal, dass der *Jaspisstein* genannt wird. Wir lasen bereits in 4,3 von ihm, und er wird uns ein drittes und viertes Mal begegnen (in 21,18.19). 4,3 lehrt uns, dass er *das Aus-*

sehen Gottes symbolisiert; und 21,11 bestätigt es: Wenn es heißt, die Stadt habe »die Herrlichkeit Gottes«, und dann anschließend gesagt wird, ihr Lichtglanz gleiche einem Jaspis, dann schließen wir: Der Glanz des Jaspis symbolisiert das Aufscheinen, das Sichtbarwerden der Wesenszüge Gottes. Das Symbol ist äußerst sprechend, ist doch der in der Antike als Jaspis bekannte Edelstein unser Diamant. Wie der Diamant das Licht in alle Spektralfarben bricht, so wird das himmlische Jerusalem alle Seiten der Herrlichkeit Gottes in ihrer ganzen Vielfalt aufleuchten lassen. An der Gemeinde wird die ganze Schöpfung Gottes Herrlichkeit, Gottes vielfältige Weisheit und Liebe, Macht und Treue ablesen können. Wir lesen etwas ganz Ähnliches in Epheser 3,10: »Damit jetzt den Fürstentümern und Gewalten in den himmlischen Örtern durch die Gemeinde kundgetan werde die gar *mannigfaltige* Weisheit Gottes.« Dabei bedeutet das griechische Wort für »mannigfaltig«, *poikilos,* eigentlich *bunt schillernd.* Es ist wie ein Diamant, durch den das Licht der Sonne in die Farben des Spektrums aufgebrochen wird.

Der Bau der Gemeinde

Wie ist nun die verherrlichte Gemeinde gebaut, dass sie Gottes Herrlichkeit widerspiegeln kann? Und wie kann die Gemeinde jetzt schon etwas von der Herrlichkeit Gottes ausstrahlen (siehe 2Kor 3,18)? Wie kann jetzt schon geschehen, was wir in 1. Korinther 14,24.25 lesen, dass nämlich ein Ungläubiger in die Gemeinde kommt, ins Licht gestellt niederfallen und bekennen muss: »Gott ist unter euch«? Indem sie die drei in diesen Versen genannten Dinge besitzt. Welche drei? Eine *Mauer, Tore und Grundlagen.*

Eine um eine Stadt gezogene Mauer sorgt dafür, dass niemand in die Stadt eingehen kann, der nicht hineingehört. Darum wird bereits vom irdischen Jerusalem gesagt: »Jerusalem, die du aufgebaut bist als eine fest in sich geschlossene Stadt« (Ps 122,3). In die Gemeinde darf sich niemand einschleichen oder hineinstehlen (Gal 2,4; Jud 4; vgl. Joh 10,1), der nicht zu ihr gehört. Sie soll eine Gemeinschaft der Heiligen sein, der Blutserkauften. So lehrt uns die Mauer die große Lektion, dass die Gemeinde *abgesondert* ist von allem, was dem Herrn und Seinem Wesen widerspricht. Absonderung ist in den letzten Jahren wohl zu einer der unbeliebtesten Forderungen des Herrn an Seine Gemeinde geworden. Aber die Forderung besteht. Wollen wir als Gemeinde Wesen und Willen des Herrn widerspiegeln, dann müssen wir in Wort, Wandel und Lehre *heilig*, eben abgesondert, sein (1Petr 1,16), dann können wir nicht am gleichen Joch ziehen mit den Ungläubigen, können wir keine Gemeinschaft haben mit den Götzen, können wir uns nicht mit einem kirchlichen System identifizieren, das immer schamloser die Züge der großen Hure annimmt (2Kor 6,14-16), müssen wir uns trennen von »Gefäßen der Unehre« (2Tim 2,20), das heißt von Ungläubigen und Irrlehrern (2Tim 2,17-18).

Wozu nun braucht die Mauer Tore? Damit man aus- und eingehen kann. Und daher lesen wir wiederum im gleichen Psalm vom irdischen Jerusalem: »Unsere Füße werden in *deinen Toren* stehen, Jerusalem!« (Ps 122,2). Es sollen alle aufgenommen werden (Röm 15,7), die im Blut des Lammes gewaschen worden sind (Offb 1,5; 22,14), und die Erlösten sollen Umgang mit den Menschen der Welt haben, zu ihnen gehen, sie aufsuchen, um sie für den Sohn Gottes zu gewinnen, um sie durch »die Tür« (Joh 10,9) in die Stadt zu führen. Die Mauer hat je drei Tore in alle vier Himmelsrichtungen. Das zeigt uns, dass die Gemeinde den Auftrag hat, »alle Kreatur« (Mk 16,15), »alle Nationen« (Mt 28,19; Röm 1,5) mit dem Evangelium zu erreichen (Apg 1,8). Wir sollen auch als örtliche Gemeinde möglichst nach allen Seiten, zu allen Altersgruppen und sozialen Schichten, unsere Fühler ausstrecken und uns der Menschen annehmen, sie aufsuchen, sie für das wahre Leben zu gewinnen trachten. Eine vernünftige Stadt muss beides haben: hohe Mauern und funktionierende Tore. Manch eine Gemeinde hat heute so viele offene Tore, dass keine Mauer mehr geblieben ist. Alles und jedes zieht ungehindert ein und durchsetzt die Gemeinschaft mit Aberglauben, falschen Lehren, Heuchelei und Unreinheit. Andere Gemeinden wiederum haben nur noch Mauern und keine Tore mehr. Sie sind dann nicht für *den Herrn* abgesondert – denn wären sie es, ließen sie sich von ihm in die Welt senden (Joh 20,21; Apg 26,17) –, sondern eher jeder Beziehung zu den Menschen entfremdet. Wir sollen gewiss als Fremdlinge durch diese Welt gehen (1Petr 2,11), da wir nach der himmlischen Stadt unterwegs sind (Hebr 11,10). Es macht nichts, wenn wir weltfremd sind, aber wir dürfen dabei nicht *wirklichkeitsfremd* werden und die Welt räumen (1Kor 5,9.10; Joh 17,15), was übrigens auf nichts anderes als Egoismus zurückgeht. Oder ist Gleichgültigkeit gegenüber den Verlorenen, Bequemlichkeit, Leidensscheu, Furcht vor unangenehmen Konfrontationen etwas anderes als Egoismus – oder anders gesagt: Lieblosigkeit? Wie soll aber dann an der Gemeinde die Liebe Gottes gesehen werden?

Und die Stadt hat Grundlagen. Wir lesen in Epheser 2,20, dass die Gemeinde aufgebaut ist auf der Grundlage der Apostel und Propheten. Gemeint ist natürlich nichts anderes als »die Lehre der Apostel« (Apg 2,42). Zur Lehre der Apostel zählt selbstverständlich nicht nur das Neue Testament, sondern auch das Alte. Das zeigt sich daran, dass ein Paulus (z.B. im Römerbrief) laufend aus dem Alten Testament zitierte, um die neutestamentliche Lehre zu untermauern. So können wir sagen, dass die Gemeinde als Fundament das Wort Gottes selbst haben muss. Ein anderes Fundament taugt nicht. Den Herausforderungen der Zeit vermag eine Gemeinde, die teilweise auf Gottes Wort und teilweise auf Traditionen – manchmal schönfärberisch »geschichtlich Gewordenes« genannt – aufgebaut ist, nicht standzuhalten; ebenso wenig eine Stadt, die menschliche Ideen aus der Gedankenwelt der Psychologie, des Managements und des Unternehmertums dem göttlichen Wort überlagert. Das Fundament wird dann absacken, und das Haus stürzt ein. Hat das der Herr denn nicht ausdrücklich gesagt (Mt 7,24-27)? Daher kann eine Gemeinde, die etwas von Gottes Herrlichkeit widerspiegeln will, nicht anders, als sich ausschließlich und radikal am Wort Gottes zu orientieren (2Tim 3, 15-17; Jos 1,8; Ps 1).

Die Stadt Gottes (21,15-17)

»Und der mit mir redete hatte ein Maß, ein goldenes Rohr, auf dass er die Stadt messe und ihre Tore und ihre Mauern. Und die Stadt liegt viereckig,

und ihre Länge ist so groß wie die Breite. Und er maß die Stadt mit dem Rohre – zwölftausend Stadien; ihre Länge und ihre Breite und ihre Höhe sind gleich. Und er maß ihre Mauer, hundertvierundvierzig Ellen, eines Menschen Maß, das ist des Engels. Und der Bau ihrer Mauer war Jaspis, und die Stadt reines Gold, gleich reinem Glase.«

Die Stadt hat die Form eines Würfels, wie das Allerheiligste im Salomonischen Tempel: »Und das Innere des Sprachortes: zwanzig Ellen die Länge, und zwanzig Ellen die Breite, und zwanzig Ellen seine Höhe; und er überzog ihn mit geläutertem Gold« (1Kö 6,20). Ein Würfel ist das Symbol der Perfektion.

Dass die Länge und Breite und Höhe gleich sind, will auch besagen, dass das Volk Gottes in jeder Beziehung ihr Vollmaß erreicht hat, das, was der Apostel Paulus »die Fülle Gottes« nennt (Eph 3,19). Weil diese jetzt vom erlösten Menschen auch erfasst wird, heißt es »eines Menschen Maß«. Das, was wir jetzt nie ganz vermögen, werden wir dann in Gemeinschaft mit allen Erlösten tun: »erfassen, welches die Breite und Länge und Höhe und Tiefe sei« (Eph 3,18).

Die Zwölfzahl ist allem zugrunde gelegt. Die zwölf Tore der Stadt (V. 12) stehen für die vollkommene Verwaltung und Regierung. Wie im alten zwölfstämmigen Israel ist ein jeder in der Geburtsliste verzeichnet, mit Namen genannt und an seinen Ort gestellt (vgl. 4Mo 1-4). Das Ergebnis ist vollkommene Harmonie, ein gegenseitiges ungetrübtes Geben und Nehmen (Eph 4,16); denn jeder wird genau da sein, wo ihn Gott in Seiner vollkommenen Weisheit hingestellt hat. Das, was die Sünde im Leib Christi immer gestört oder zerstört hat, wird dann in Vollkommenheit funktionieren. Die verherrlichte Gemeinde wird vollkommen befähigt sein, ihren ewigen Auftrag vollständig zu erfüllen. Zwölftausend ist das Produkt von 3 x 4 x 10 x 10 x 10. Drei steht für die Dreieinigkeit, und so, wie die drei Dimensionen den Raum ausfüllen, so wird der dreieinige Gott das neue Jerusalem durchdringen, aber nicht nur dieses, sondern das ganze All, denn die Vier steht für die Weite der ganzen Schöpfung. Und die um drei potenzierte Zehnzahl besagt, dass nun Gottes Wort und Wille alles ewig beherrscht, so wie einst die Zehn Gebote, die »Zehn Worte« (5Mo 4,13) Gottes, das Herz und den Wandel des Volkes Gottes hatten regieren sollen.

Und dann lesen wir, dass die Mauer auf *Jaspis* gebaut ist. Das ist nun wirklich interessant. Jaspis ist, wie wir gesehen haben, ein Hinweis auf die Herrlichkeit Gottes. Diese wirkt wie eine Schutz- und Trennmauer. Die Herrlichkeit Gottes verbietet und verhindert, dass etwas Unreines in die Stadt eingeht. Offenbarte sich Gottes Herrlichkeit auch etwas mehr unter uns, schliche sich weit weniger Fremdes in die Gemeinden ein. Lebten wir für Ihn in Heiligkeit und Liebe, müssten wir nicht alle Tore ängstlich verschließen wie damals die Jünger aus Angst vor den Juden (Joh 20,19). Wir könnten sie dann allezeit offen lassen wie im himmlischen Jerusalem, wo nie Nacht, sondern immer Licht ist (Offb 21,25).

Eine Begebenheit in der Apostelgeschichte veranschaulicht das sehr schön. Die Gemeinde war in den ersten Tagen so sehr von göttlicher Liebe und göttlicher Heiligkeit regiert, dass nichts Unreines in der »Stadt« bleiben oder in die »Stadt« eingehen konnte. Wir lesen in Apg 4,34.35: »Denn es war auch keiner bedürftig unter ihnen; denn so viele Besitzer von Äckern oder Häusern waren, verkauften sie und brachten den Preis des Verkauften und legten ihn nieder zu den Füßen der Apostel; es wurde aber einem jeden ausgeteilt, so wie einer irgend Bedürfnis hatte.« Das war ein kraftvolles Zeugnis von der Liebe der Jünger untereinander. Darauf folgt unmittelbar die Heuchelei von Ananias und Saphira, die deswegen von Petrus gerügt und von Gott auf der Stelle gestraft werden (5,1-11). Das war eine machtvolle Offenbarung der Heiligkeit Gottes, wie sie gemäß Psalm 93,5 Seinem Haus gebührt.

Gottes Liebe und Gottes Heiligkeit: Seine Herrlichkeit zog sich wie eine Mauer um die Gemeinde; denn wir lesen: »Von den Übrigen aber wagte keiner sich ihnen anzuschließen, sondern das Volk erhob sie« (Apg 5,13).

Erging es dem Erzvater Jakob nicht gleich, als ihm Gott im Traum erstmals etwas vom Haus Gottes zeigte? Als Jakob von seinem Traum erwachte, wusste er: »Das ist nichts anderes als Gottes Haus.« Und wie fand er das? »Wie furchtbar ist dieser Ort!«, rief er entsetzt aus (1Mo 28,17). Warum war er ihm so unerträglich?

Weil er selbst noch so verbogen war. Er war auf der Flucht, weil er seinen Bruder hintergangen und seinen Vater im Namen des Herrn selbst angelogen hatte.

Dass nun niemand sich *anzuschließen* wagte, heißt aber nicht, dass deswegen keine Menschen gerettet wurden; im Gegenteil: »Umso mehr Gläubige wurden dem Herrn hinzugetan« (Apg 5,14).

Und »die Stadt war reines Gold, wie Glas«. Gold ist als Element, das man nicht herstellen kann, wahrscheinlich ein Hinweis auf die göttliche Natur. Auf alle Fälle wird im himmlischen Jerusalem unsere adamitische Natur nicht mehr der freien Entfaltung der *göttlichen Natur* im Wege stehen, die uns seit der Wiedergeburt innewohnt (vgl. 2Petr 1,4). Wir werden unserem Herrn dann gleich sein und Ihn daher auch sehen können, wie Er ist (1Jo 3,2). Keine Torheit, keine Sünde, keine Trägheit, keine Unreinheit, keine falschen Vorstellungen – alles Dinge, die uns heute Tag für Tag zusetzen – werden dann unsere glückselige Gemeinschaft mit Ihm trüben. Alles ist reines Gold, ohne Makel, ohne Schlacken, klar wie Glas.

»Die Grundlagen der Stadt waren geschmückt mit jedem Edelstein: die erste Grundlage, Jaspis; die zweite Saphir …«

Als Erstes wird der Jaspis genannt. Was lernen wir daraus? Dass der wirkliche Grund für alles Handeln Gottes die Offenbarung Seiner Herrlichkeit ist. Gott hat alles »seines Willens wegen« (Offb 4,11) und für sich (Kol 1,16) geschaffen, sei es das Werk der Schöpfung, sei es das Werk der Erlösung: »Preiset *den Herrn,* alle seine Werke an allen Orten seiner Herrschaft« (Ps 103,22).

»Und die zwölf Tore waren zwölf Perlen, je eines der Tore war aus ***einer*** *Perle, und die Straße der Stadt reines Gold, wie durchsichtiges Glas. Und ich sah keinen Tempel in ihr, denn Gott, der Herr, der Allmächtige, ist ihr Tempel, und das Lamm. Und die Stadt bedarf nicht der Sonne noch des Mondes, auf dass sie in ihr scheinen; denn die Herrlichkeit Gottes hat sie erleuchtet, und ihre Lampe ist das Lamm.«*

Die Perle erinnert uns an das Gleichnis vom Kaufmann, der Perlen suchte und, als er endlich eine Perle gefunden hatte, die alle anderen an Schönheit übertraf, alles hergab, um diese eine Perle zu besitzen (Mt 13,45.46). So hat Christus »die Gemeinde geliebt und sich selbst für sie hingegeben« (Eph 5,25). Wie teuer dem Sohn Gottes Seine Gemeinde ist, wird einst in alle Himmelsrichtungen aller Schöpfung proklamiert werden. Wenn sie aber Ihm so teuer ist, können wir dann die Gemeinschaft der Heiligen gering schätzen (vgl. Hebr 10,25)? Und wenn Er jeden einzelnen Seiner Erwählten so geliebt hat, wie können wir auch nur einen der Seinigen verachten (Mt 18,10)!

Was bedeuten wohl die *Straßen* aus Gold? Warum werden diese eigens erwähnt? Um es zu verstehen, müssen wir bedenken, dass Johannes in einer Zeit lebte, die in mancherlei Hinsicht zivilisierter war als unsere. Im Altertum diente die Straße nicht der möglichst schnellen und ungehinderten Durchfahrt, sondern der *Begegnung mit den anderen Bewohnern der Stadt*. Die Straße war der Ort, wo man sich grüßte, miteinander diskutierte und Neuigkeiten austauschte, kurz: Gemeinschaft hatte. So verstehen wir das Bild: Die Straße aus Gold bedeutet, dass im himmlischen Jerusalem alle Beziehungen der Erlösten untereinander göttlich vollkommen sein werden. Nichts wird den Austausch miteinander, die Freude aneinander, die Liebe zueinander mehr stören. Das muss unaussprechlich schön sein. Jetzt leiden wir auch als Erlöste noch darunter, dass wir in den Beziehungen zu den Glaubensgeschwistern sehr häufig fehlen. Unachtsamkeiten, mangelndes Feingefühl, Rücksichtslosigkeiten, Halbwahrheiten, Missverständnisse, Übertreibungen, sogar Gerüchte und Verleumdungen trüben oder verunmöglichen immer wieder unser Zusammenleben. Es muss wunderbar sein, wenn nichts solches mehr je stören wird.

Die Stadt braucht auch keinen Tempel, denn ein solcher erinnerte den Menschen beständig daran, dass Sünde Gott und den Menschen voneinander trennen. Wohl kam Gott im Tempel Seinem Volk nahe und bot der Tempeldienst einen Weg, auf dem der Sünder Gott nahen konnte, aber gerade dieser Umstand führte ihm beständig vor Augen, dass Sünde zwischen ihm und Gott stand. Die Opfer im Heiligtum erinnerten beständig daran, dass Distanz zwischen dem Anbeter und Gott überwunden werden musste. Das wird im himmlischen Jerusalem nicht mehr sein. Dort wird der Erlöste unmittelbaren Umgang mit seinem Gott und Erlöser haben. Er braucht auch keine indirekte Lichtquelle, wie es die Sonne ist. Denn wir lesen im Schöpfungsbericht, dass das Licht zuerst da war und dann erst die Sonne geschaffen wurde, diese also lediglich ein sekundärer Lichtspender ist. Nichts ist mehr mittelbar, unmittelbarer Umgang mit dem Urheber des Lebens selbst bestimmt alles. Die Erlösten laben sich dann an Gott selbst als dem Quell des Lebens. Wer zu ihm kommt, braucht nicht mehr jenes Wasser zu schöpfen, das den Durst nie wirklich stillen kann und daher immer nachgeschöpft werden muss (Joh 4,13.14). Gott selbst ist das Licht, und das Lamm ist die Lampe, das ist *gezielt eingesetztes* Licht. In Jesus Christus hat das Licht Gestalt angenommen, ist in diese dunkle Welt gekommen (Joh 1,5), und Gott hat befohlen, dass es in unsere ehemals finsteren Herzen hineinleuchten solle (2Kor 4,6).

»Und die Nationen werden durch ihr Licht wandeln, und die Könige der Erde bringen ihre Herrlichkeit zu ihr. Und ihre Tore sollen bei Tag nicht geschlossen werden, denn Nacht wird dort nicht sein. Und man wird die Herrlichkeit und die Ehre der Nationen zu ihr bringen. Und nicht wird in sie eingehen irgendetwas Gemeines und was Gräuel und Lüge tut, sondern nur die geschrieben sind im Buch des Lebens des Lammes.«

»Ihr Licht« ist das Licht, das von der Stadt ausgeht. Dem Erlösten ist Gott selbst Licht. Die Nationen, die auf der Erde wohnen, können aber das Licht nicht anders erkennen als über den Spiegel der verherrlichten Gemeinde. Das ist auch heute so, wie wir bereits in der Einleitung zu den sieben Sendschreiben feststellten: Zuerst sah Johannes die Leuchter, dann den Herrn (Offb 1,12.13). An den Christen können die Ungläubigen Christus selbst ablesen (2Kor 3,2). In jener Zeit, da Christus mit Seiner Gemeinde herrscht, werden alle Könige kommen und anerkennen, dass sie alles, was sie sind und haben, Ihm verdanken. Unvorstellbar, welcher Friede dann auf unserer jetzt so armen Erde herrschen wird (Ps 72,7.8.11)!

Kapitel 22

Der Thron Gottes und des Lammes (22,1-5)

Im ersten der sieben Sendschreiben hatte der Herr den Überwindern verheißen, dass sie vom Baum des Lebens essen würden, der im Paradies Gottes steht (2,7). Hier sehen wir nun die Überwinder im neuen Paradies, im himmlischen Paradies, im Paradies Gottes.

»Und er zeigte mir einen Strom von Wasser des Lebens, glänzend wie Kristall, der hervorging aus dem Throne Gottes und des Lammes. In der Mitte ihrer Straße und des Stromes, diesseits und jenseits, war der Baum des Lebens, der zwölf Früchte trägt und jeden Monat seine Frucht gibt; und die Blätter des Baumes sind zur Heilung der Nationen. Und keinerlei Fluch wird mehr sein; und der Thron Gottes und des Lammes wird in ihr sein; und seine Knechte werden ihm dienen, und sie werden sein Angesicht sehen; und sein Name wird an ihren Stirnen sein. Und Nacht wird nicht mehr sein, und kein Bedürfnis einer Lampe und des Lichtes der Sonne; denn Gott, der Herr, wird über ihnen leuchten, und sie werden herrschen von Ewigkeit zu Ewigkeit.«

Leben geht aus vom Thron Gottes. Ein lebensbringender Strom wird die Erde erneuern (Hes 47). Lernen wir hieraus nicht, dass dort, wo man sich der Herrschaft Gottes beugt, Leben quillt? Das Leben verschlingt den Fluch und damit den Tod: alles, was zersetzt, was entzweit, was zerstört, was Leid und Schmerz verursacht. Hier ist auch das Geheimnis eines erfüllten Christenlebens genannt. Wo wir uns bedingungslos unter Gottes Wort und Willen demütigen, erfüllt uns Sein Leben, Sein Geist, und wird unser Leben hier bereits voll, tief und fruchtbringend. Ich sage nicht leicht, ich sage nicht frei von Schmerz und Not. Solches gehört diesseits der Herrlichkeit zum Alltag auch des Christen wie der Rauch zum Feuer. Aber dann, wenn wir endlich bei Ihm, endlich zu Hause sind, wird aller Jammer verschwinden, der seit dem ersten Fluch, den Gott aussprach (1Mo 3), in der Welt war. Und fragen wir, wie das möglich ist, wird die Antwort sogleich gegeben: »der Thron Gottes und des Lammes wird in ihr sein«. Der erste und alle anderen Gründe beinhaltende Grund ist der: Gottes Thron steht dort. Dieser Thron heißt »der Thron Gottes und des Lammes«. Gott richtet Seine Herrschaft auf durch den Sohn, genauer: durch das Leiden und Sterben des Sohnes. Ohne Sein Erlösungswerk wären keine Knechte da, die Ihm dienten, wären keine erlösten Seelen da, die Sein Angesicht sähen.

Und wir dürfen Ihm dienen. Auf Hebräisch gibt es für »arbeiten« und »dienen« nur ein Wort. Wir werden in der Ewigkeit also auch arbeiten dürfen, für unseren Herrn. Arbeit ist ein Geschenk des Schöpfers an den Menschen. Gewiss, seit dem Sündenfall bedeutet Arbeit immer auch Anstrengung, Schweiß, Schmerz, bringt sie oft Enttäuschungen, wird sie zuweilen nicht gerecht belohnt. Dann aber wird Arbeit nur beglückend sein. Und wir werden Sein Angesicht sehen. Das Angesicht unseres Schöpfers und Erlösers, des Mannes von Golgatha. Was wird das sein! Der beglückendste Anblick, der dem Geschöpf gewährt werden kann. Ja, erst dann wird unsere gottgegebene Fähigkeit zu sehen ihren höchsten Sinn erfüllen: den Schöpfer zu sehen. Wir werden Ihn dann endlich sehen, so wie Er ist (1Jo 3,2). Dann werden wir ihm gleich sein: »Sein Name wird an ihren Stirnen sein« (vgl. Offb 14,1).

»Und Nacht wird nicht mehr sein«: In der ersten Schöpfung gab es Tag und Nacht. In der neuen Schöpfung wird nur noch ein ewiger Tag sein. Schon zum zweiten Mal hören wir, dass die Erlösten keine sekundäre Lichtquelle brauchen (siehe 21,23). Sie brauchen keine Sonne und keinen Mond, Gott selbst ist ihr Licht. Er wird »über ihnen leuchten«, und deshalb können sie »herrschen von Ewigkeit zu Ewigkeit«. Sein Licht gibt ihnen beides, die Erkenntnis und den Verstand, die sie dazu brauchen. Sie werden daher nie versagen; sie werden sich auch nie gegen Ihn auflehnen. Sein Licht wird sie daran hindern. Sie werden Sein Angesicht sehen und werden es daher nicht können und nicht wollen. Sie werden auf immer wissen, wer ihr Gott ist, sie werden Ihn darum immer lieben mit einer Liebe, die ins Unendliche wächst und im Unendlichen gleich weit, gleich tief und gleich stark sein wird wie die Liebe, mit der Gott sie von Ewigkeit her geliebt hat (Jer 31,3).

Wir werden mit Christus herrschen in alle Ewigkeit. Nie mehr werden wir irgendeiner Knechtschaft unterworfen sein, weder der Sünde (Joh 8,34) noch der Todesfurcht (Hebr 2,15). In den Versen 1 und 3 lasen wir von Seinem Thron. Wer sich vor Ihm gebeugt hat, wird ewig mit Ihm regieren. Wer sich selbst erniedrigt hat, wird erhöht werden (Mt 23,12).

Mit diesem Ausblick enden die Worte der Weissagung. Die verbleibenden Verse bilden ein Schlusswort.

Schlusswort (22,6-21)

»Und er sprach zu mir: Diese Worte sind gewiss und wahrhaftig, und der Herr, der Gott der Geister der Propheten, hat seinen Engel gesandt, seinen Knechten zu zeigen, was bald geschehen muss. Und siehe, ich komme bald. Glückselig, der da bewahrt die Worte der Weissagung dieses Buches! Und ich, Johannes, bin der, welcher diese Dinge hörte und sah; und als ich hörte und sah, fiel ich nieder, um anzubeten vor den Füßen des Engels, der mir diese Dinge zeigte. Und er spricht zu mir: Siehe zu, tue es nicht. Ich bin dein Mitknecht und der deiner Brüder, der Propheten, und derer, welche die Worte dieses Buches bewahren. Bete Gott an.«

Dreimal versichert uns der Herr in der Schlussrede: »Siehe, ich komme bald« (Verse 7.12.20). Das ganze Buch der Offenbarung weckt und nährt diese Gewissheit; es weckt auch den Ruf: »Komm, Herr Jesus!« (Verse 17.20). Und unsere Sehnsucht nach Ihm stärkt auch das Verlangen, Ihm zu gefallen (2Kor 5,7-9); »denn wer diese Hoffnung zu ihm hat, reinigt sich selbst, gleichwie er rein ist« (1Jo 3,3).

Das ist überdies ein weiteres Indiz dafür, dass die Entrückung der Gemeinde vor den Ereignissen liegt, die in den Kapiteln 6 bis 19 beschrieben werden. Wir sahen in den Kapiteln 11 bis 13, wie die Zeit der großen Drangsal exakt 42 Monate oder 1260 Tage dauert und durch das Erscheinen des Herrn beendet wird. Das werden die bedrängten Heiligen wissen, und sie werden dieses Wissen brauchen, um am Kommen des Herrn nicht zu verzweifeln. Der Gemeinde hat der Herr hingegen keinen Zeitpunkt und keine Termine genannt. Wir warten auf Sein Kommen (1Thes 1,9.10), und für uns gilt, was im Schlusswort ausdrücklich an die Gemeinde gerichtet ist (V. 16): Der Herr kommt bald. »Bald« bedeutet »jederzeit möglich«.

»Und er spricht zu mir: Versiegle nicht die Worte der Weissagung dieses Buches; die Zeit ist nahe. Wer unrecht tut, tue noch unrecht, und wer unrein ist, verunreinige sich noch, und wer gerecht ist, übe noch Gerechtig-

keit, und wer heilig ist, sei noch geheiligt. Siehe, ich komme bald, und mein Lohn mit mir, um einem jeden zu vergelten, wie sein Werk sein wird.«

Die Worte über den kommenden Herrn sind nicht versiegelt, das heißt, sie sind nicht unverstehbar. Gewiss, wir vermögen nicht jeden Vers und jede Einzelheit zu erklären, aber wir verstehen die Grundbotschaft dieses Buches: Der Herr kommt, und wir müssen unser ganzes Leben auf das Kommen Jesu Christi ausrichten. Ja, die Botschaft ist so unmissverständlich, dass sie sehr deutliche Reaktionen weckt: Der eine wird sie entrüstet ablehnen und umso trotziger in Unglauben, Selbstgefälligkeit und eitler Lust verharren. Der andere wird angespornt, sich noch entschiedener dem Herrn zu heiligen. An kaum einer neutestamentlichen Wahrheit scheiden sich die Geister so schroff wie an dieser. Entsprechend der Antwort darauf fällt das Ende eines jeden aus. Der Herr wird vollkommen gerecht belohnen; alles, was Er verheißen oder angedroht hat, wird Er tun. Er ist das Alpha und das Omega. Als Josua vor alters das Land der Verheißung erobert und als Erbe den 12 Stämmen ausgeteilt hatte, »fiel kein Wort dahin von allen den guten Worten, die der HERR zum Haus Israel geredet hatte; alles traf ein« (Jos 21,45). Wenn der kommt, der ein schärferes Schwert führt als der alttestamentliche Josua, wird es ebenso sein. Alles, was Er als »Alpha« von Anfang an gesprochen hat, wird Er als der »Omega« am Ende erfüllen.

»Glückselig, die ihre Kleider waschen, damit sie ein Recht haben am Baum des Lebens und durch die Tore in die Stadt eingehen! Draußen sind die Hunde und die Zauberer und die Hurer und die Mörder und die Götzendiener und jeder, der die Lüge liebt und tut.«

Schon das dritte Mal wird in diesem Buch der Baum des Lebens genannt (siehe 2,7). Wer sich im Blut des Lammes von seiner Sünde reinigt[14], findet wieder zum Leben, wer in seiner Sünde verharrt,

14 Statt »die ihre Kleider waschen« hat der überlieferte Text (Textus Receptus) »die seine Gebote halten«: Zur Not könnte man auch diese Lesart erklären: Der Herr hatte den Überwindern in Ephesus Zugang zum Baum des Lebens verheißen (2,7). Man erkennt die Heiligen und Überwinder daran, dass sie Gottes

bleibt ewig vom Leben ausgeschlossen. Das ist eine einfache Botschaft, von jedermann verstehbar, aber in ihrer Tragweite unabsehbar. Beachten wir den Ausdruck »der die Lüge liebt«. Der Mensch hatte einst im Paradies der Lüge mehr als der Wahrheit Gottes geglaubt und war vom Baum des Lebens, vom Paradies und damit von aller Glückseligkeit ausgeschlossen worden. Seit dem Sündenfall hasst der Mensch das Licht (Joh 3,19) und liebt die Lüge (2Thes 2,10.12). Wer aber aus der Wahrheit ist – und wer ist das, außer den Erwählten Gottes? –, hört die Stimme des Herrn (Joh 18,37), glaubt an Ihn und zeigt damit, dass er die Wahrheit liebt.

»Ich, Jesus, habe meinen Engel gesandt, euch diese Dinge zu bezeugen in den Versammlungen. Ich bin die Wurzel und das Geschlecht Davids, der glänzende Morgenstern.«

Jesus ist sowohl Herr als auch Nachfahre Davids (Mt 22,42-45). Er war vor ihm und kam nach ihm. Er ist der Ewige (vgl. Joh 1,14; 8,58), Er ist Gott. Und Er ist der Morgenstern: Während es noch dunkel und bevor die Sonne aufgegangen ist, leuchtet der Morgenstern auf. So kommt der Herr, um Seine Gemeinde aus der Welt zu holen, ehe Er für alle Welt sichtbar erscheint als »die Sonne der Gerechtigkeit« (Mal 3,20 [bzw. 4,2]). Und Petrus sagt uns, dass der Morgenstern »in unseren Herzen« aufgeht, sogar bevor Er kommt. Wie geschieht das? Indem wir uns mit Ihm in Seinem Wort beschäftigen: »So besitzen wir das prophetische Wort befestigt, auf welches zu achten ihr wohl tut als auf eine Lampe, welche an einem finsteren Ort leuchtet, bis … der Morgenstern aufgehe in euren Herzen« (2Petr 1,19). Beachten wir: Hier wird nach Kapitel 3 zum ersten Mal wieder die Versammlung (Gemeinde) erwähnt. In den Kapiteln 4 bis 19 sehen wir sie im Himmel: In 4,1 entrückt zum Herrn vor Seinen Thron, und in Kap. 19 mit dem Herrn ver-

---

Gebote halten (siehe auch 12,17). Darin unterscheiden sie sich von denen, die »draußen sind: die Hunde und die Zauberer … und jeder, der die Lüge liebt und tut«; vgl. Lk 13,25. Aber wie sollen wir das Nachfolgende verstehen: Wer die Gebote halte, habe »Anrecht am Baum des Lebens«? Dieses Anrecht kann uns nur durch das stellvertretende Werk Christi geschenkt werden. Es ist ausgeschlossen, dass der Sünder, der sich durch die Sünde jedes Recht und Anrecht verscherzt hat, sich zu irgendeiner Sache ein Anrecht erwerben könnte.

eint in der Hochzeit des Lammes, um dann mit Ihm zum Gericht zu erscheinen (19,14).

»Und der Geist und die Braut sagen: Komm! Und wer es hört, spreche: Komm! Und wen da dürstet, der komme; wer da will, nehme das Wasser des Lebens umsonst.«

Solange »die Braut«, d.i. die Gemeinde, auf der Erde ist, ist auch der Geist in ihr. Dieser hat sie gebildet und zu einem Leib geformt (1Kor 12,13), um in ihr zu wohnen (1Kor 3,16.17; Eph 2,22). Erst, wenn der Herr Seine Braut zu sich entrückt hat und damit Gottes Geist keine Wohnung mehr auf Erden hat, wird der Geist des Antichristen, der bereits seit dem 1. Jahrhundert wirksam ist (2Thes 2,7), ungehindert wirken können; erst dann wird der Gesetzlose, der Sohn des Verderbens, offenbar werden (2Thes 2,3).

Der Heilige Geist weist zum Sohn Gottes und neigt unsere Herzen Ihm zu. Das ist Sein vornehmster Dienst (2Petr 1,4; Joh 16,14). So ist Er es, der in uns, in der erlösten Schar, den Ruf weckt: »Komm, Herr Jesus!« Wann haben wir es das letzte Mal allein vor Gott gebetet, wann haben wir es als versammelte Gemeinde zuletzt gerufen? Die Antwort ist ein ziemlich zuverlässiger Gradmesser unserer Liebe zum Herrn.

Solange die Versammlung auf der Erde ist, ist noch Gnadenzeit; noch ergeht der Ruf Gottes in Gnade an die Sünder, noch lässt Gott verkünden, dass er die Welt im Opfer Christi mit sich versöhnt hat (2Kor 5,19). Erst, wenn die Gemeinde entrückt ist, beginnt die Gerichtszeit, von der ein großer Teil dieses Buches handelt. Der Heilige Geist will Sünder »überführen« (Joh 16,8-11) und zum Retter führen. Daher ruft Er, und daher rufen wir mit Ihm: »Wen da dürstet, der komme und nehme das Wasser des Lebens umsonst.« Wieder dieses wunderbare Wort »umsonst«, *dôrean*. Das Lebenswasser ist vollkommen frei. Gott gibt uns in Seiner freien Gnade das Leben, wir haben es mit nichts verdient.

»Ich bezeuge jedem, der die Worte der Weissagung dieses Buches hört: Wenn jemand zu diesen Dingen hinzufügt, so wird Gott ihm die Plagen hinzufügen, die in diesem Buche geschrieben sind; und wenn jemand von

den Worten des Buches dieser Weissagung wegnimmt, so wird Gott sein Teil wegnehmen vom Baum des Lebens und aus der heiligen Stadt, die in diesem Buche geschrieben ist.«

Weil die biblische Botschaft so groß, so ernst und so herrlich ist, verstehen wir, dass mit dem letzten Buch der Bibel Gottes Wort versiegelt wird. Jedes Herumflicken an ihm ist verboten. Wir dürfen zum Wort Gottes nicht menschliche Theorien, Heilslehren, Mythen, Philosophien, apokryphe »Evangelien«, »Apokalypsen« oder Traditionen hinzufügen; denn damit stellten wir *menschliche Worte* auf eine Ebene mit dem göttlichen Wort. Das wäre gotteslästerlich. Und wir dürfen nicht Teile der Bibel als nicht inspiriert deklarieren und tilgen wollen; denn damit zögen wir das ganze göttliche Wort auf die Ebene menschlicher Worte herab – auch das ist gotteslästerlich. Einzig ungebrochener Glaube an Gottes Wort macht uns zu Erben aller in diesem letzten Buch der Bibel geschilderten Herrlichkeit. Unglaube – und was anderes ist es, das dem Menschen die Kühnheit gibt, Gottes lebendige Aussprüche anzutasten? – schließt mich von allen von Gott bereiteten Segnungen ewig und unwiederbringlich aus.

»Der diese Dinge bezeugt, spricht: Ja, ich komme bald. – Amen; komm, Herr Jesus! Die Gnade des Herrn Jesus Christus ist mit allen Heiligen.«

Ein letztes Mal ruft uns unser Herr und Retter zu: »Ich komme bald.« Und wir entgegnen: »Komm, Herr Jesus!« Das ist die Antwort des Glaubens an Ihn. Und bis Er kommt, bleibt Seine Gnade mit uns. Es ist dies der letzte Satz der Bibel, das letzte Wort unseres Herrn an Seine Heiligen. Welch kostbares Wort! Durch alle Wechselfälle des Lebens hindurch, bei allen Klippen und Schlingen, an denen wir noch vorbeimüssen, bis wir endlich jenes große Ziel erreicht haben, bleibt Seine Gnade mit uns. Daher haben wir in allen unseren Anfechtungen und trotz mannigfaltigem Versagen großen Trost und große Gewissheit. Wir werden bald bei Ihm sein, wir alle, es wird keiner fehlen.

»Und also werden wir allezeit bei dem Herrn sein. So tröstet nun einander mit diesen Worten« (1Thes 4,17.18).